해국도지【二】

海國圖志 二

해국도지 海國圖志 【二】

초판 1쇄 인쇄　2022년 1월 10일
초판 1쇄 발행　2022년 1월 20일

—

저　　자 | 위원魏源
역주자 | 정지호·이민숙·고숙희·정민경
발행인 | 이방원
발행처 | 세창출판사

　　　　신고번호·제1990-000013호
　　　　주소·03736 서울특별시 서대문구 경기대로 58 경기빌딩 602호
　　　　전화·02-723-8660　팩스·02-720-4579
　　　　홈페이지·http://www.sechangpub.co.kr　이메일·edit@sechangpub.co.kr

—

ISBN　979-11-6684-066-1　94900
ISBN　979-11-6684-040-1　(세트)

—

이 역주서는 2017년 대한민국 교육부와 한국연구재단의 지원을 받아 수행된 연구임.
(NRF-2017S1A5A7020082)

—

해국도지
海國圖志

【二】
(권3)

위원魏源 저

정지호 · 이민숙 · 고숙희 · 정민경 역주

세창출판사

옮긴이의 말

『해국도지』 출판 배경

1839년 호광총독湖廣總督 임칙서林則徐(1785~1850)는 도광제道光帝(재위 1820~1850)의 특명을 받고 아편 무역을 단속하기 위해 흠차대신欽差大臣(특정한 사항에 대해 황제의 전권을 위임받아 처리하는 대신)으로 광주廣洲에 파견되었다. 그의 목적은 아편 수입의 급증에 따른 경제적 혼란과, 관료와 군인들의 아편 흡입으로 제국의 기강이 무너지는 것을 방지하기 위한 것이었다. 광주에 도착한 임칙서는 외국 상인에게서 약 2만여 상자의 아편을 몰수한 후 석회를 섞어 소각해서 바다로 흘려보냈다. 아편 1상자가 약 1백 명이 1년간 상용할 수 있는 양이라고 하니 당시 소각한 아편은 엄청난 양이었음을 알 수 있다.

임칙서는 아편을 단속하는 한편, 서양 정세에도 깊은 관심을 기울였다. 그러나 당시 서양의 실상을 알기 위한 중국 서적이 거의 없는 상황에서 그는 서양 사정에 관한 다양한 자료를 수집하여 번역하는 작업에 착수했다. 번역 팀은 양진덕梁進德, 원덕휘袁德輝, 아맹亞孟, 임아적林亞適 등으로 구성되었다. 이 중 양진덕은 중국 최초의 기독교 선교사로서 『권세양언勸世良言』을 저술한 양발梁發의 아들이다. 독

실한 기독교 가정에서 자란 그는 미국인 선교사 엘리자 콜먼 브리지먼Elijah Coleman Bridgman으로부터 영어를 배웠다고 한다.

임칙서는 수집한 자료 중에서 영국인 휴 머레이Hugh Murray(중국명 모단慕端)가 저술한 『세계지리대전The Encyclopaedia of Geography』(London, 1834)을 번역하게 한 후 이를 윤색하여 『사주지四洲志』를 편찬했다. 『사주지』는 원저의 요점을 간추려서 20분의 1 분량으로 요약했다고 하는데, 임칙서가 윤색에 어느 정도 관여했는지는 명확하지 않다. 임칙서는 1841년 6월에 아편전쟁의 책임을 지고 이리伊犁로 좌천되었는데, 도중 양주揚洲 근처 경구京口(강소성 진강鎭江)에서 위원을 만나 『사주지』를 비롯해 그동안 수집한 다양한 자료 등을 전해 주었다.

공양학자公羊學者이면서 일찍부터 해방海防에 관심이 높았던 위원은 임칙서가 전해 준 『사주지』 등의 자료를 토대로 1년 만인 1842년 『해국도지海國圖志』 50권본을 출간했다. 그 후 1847년에는 60권본으로 증보 개정했고, 1852년에는 방대한 분량의 100권 완간본을 출간했다. 『해국도지』는 그 서명에서도 알 수 있듯이 대륙 중심의 중국이 처음으로 해양을 통한 세계 여러 나라에 관심을 기울이게 된 기념비적인 서적이라고 할 수 있다.

위원은 『해국도지』 서문에서 이 서적의 특징에 대해 "이전 사람들의 책이 모두 중국인의 입장에서 서양을 언급한 것이라면, 이 책은 서양인의 관점에서 서양을 언급한 것이다"라고 밝히고 있다. 나아가 "서양의 힘을 빌려 서양을 공격하고(以夷攻夷), 서양의 힘을 빌려 서양과 화친하며(以夷款夷), 서양의 뛰어난 기술을 배워(爲師夷長技) 서양을 제압하기 위해서 저술한 것이다(以制夷而作)"라고 언급하고 있다. 당시 중화사상에 입각해 외국에 배운다고 하는 것에 저항감이 있었던 중국의 현실에서 위원은 서양을 제압하기 위해서는 서양의 뛰어난 기술을 배울 필요가 있다고 호소한 것이다. 근대 계몽사상가인 량치차오梁啓超는 『중국근삼백년학술사中國近三百年學術史』에서 『해국도지』에 대해 "근래 백 년 동안 중국의 민심을 지배했고, 오늘날까지 그 영향력이 적지 않을 뿐만 아니라 … 중국 사대부의 지리에 관한 지식은 모두 이 책에서 비롯되었다"라고 높게 평가하고 있다.

위원의 생애

위원魏源(1794~1857)은 청대 정치가이며 계몽사상가이다. 호남성湖南省 소양邵陽 사람으로, 자는 묵심默深, 묵생墨生, 한사漢士이며, 호는 양도良圖이다. 그의 아버지 위방로魏邦魯(1768~1831)는 강소성 가정현嘉定縣 등에서 지방관을 역임했다. 위원은 주로 강소성 지역에서 활동하면서 해방에 대해 관심이 높았는데, 이러한 해방 의식의 형성 배경에는 이 지역이 해상으로부터 피해를 입기 쉬운 곳이라는 지역적 특성이 작용한 듯하다.

위원은 유봉록劉逢祿으로부터 공양학公羊學을 전수받았다. 공양학은 『춘추공양전春秋公羊傳』에 입각하여 성인의 미언대의微言大義(간결한 언어로 심오한 대의를 논하는 것)를 연구하는 학문이다. 그는 특히 동중서董仲舒 『춘추번로春秋繁露』의 미언대의 중에서 '도道'와 '세勢'의 관계에 주목했다. 도뿐만 아니라 세를 중시하는 그의 사상은 세상을 일대 변국으로 보고 다양한 정치 개혁을 착수하는 데 밑거름이 되었던 것이다.

위원은 도광 2년(1822) 향시鄕試에 합격해 거인擧人이 되었으나 이후 거듭되는 과거 시험의 낙방으로 결국은 연납捐納을 통해 관직에 진출했다. 이후 내각중서內閣中書로 일하면서 황실 도서를 이용할 수 있게 되어 이를 바탕으로 『성무기聖武記』를 저술했다. 이 책은 위원이 10여 년의 시간을 들여 청조의 흥기에서 아편전쟁에 이르기까지 국내의 여러 반란이나 주변 민족의 평정 등에 대해 서술한 것으로 청조의 전법戰法, 군사, 재정에 대해 종합적으로 논한 것으로 평가되고 있다. 위원은 37세가 되던 1830년 임칙서 등과 함께 선남시사宣南詩社를 결성했다. 이는 문인들의 모임이지만, 아편 엄금론을 주장한 황작자黃爵滋, 고증학자로 유봉록에게서 공양학을 전수받은 공자진龔自珍 등 당시로서는 개혁적 성향을 지닌 인사들의 교류 공간이었다. 위원은 1840년 아편전쟁이 발발하자 임칙서의 추천으로 양절총독 유겸裕謙의 막료로 들어갔다. 영국 장교 앤스트러더Anstruther를 만난 것은 바로 이 시기이다. 위원은 앤스트러더에게서 영국의 제반 상황을 전해 듣고 1841년 『영길리소기英吉利小記』라는 소책자를 출간하면서 서양에 대해 본격적인 관심을 기울였다. 마침 같은 해 아편전쟁 패배의 책임을 지고 이리로 좌천되어 가던 임칙서에게서

『사주지』를 비롯해 서양 관련 자료를 전해 받았다. 위원은 "서양 오랑캐를 물리치려면 먼저 서양 오랑캐의 실정을 자세하게 파악하는 데서 시작해야 한다(欲制外夷者, 必先悉夷情始)"(『해국도지海國圖志』 권1 「주해편籌海篇」)라는 인식하에 이듬해인 1842년 마침내 『해국도지』 50권본을 편찬하게 되었다.

위원은 도광 25년(1845)에 비로소 진사가 되어 고우현高郵縣 지주知洲를 지냈으나 만년에는 벼슬을 버리고 불교에 심취했다. 주요 저작으로는 『공양고미公羊古微』, 『동자춘추발미董子春秋發微』, 『춘추번로주春秋繁露注』, 『시고미詩古微』, 『서고미書古微』, 『원사신편元史新篇』, 『고미당시문집古微堂詩文集』, 『성무기』 등이 있는데, 경학經學, 사학史學, 지리학, 문학, 정치, 경제 및 군사 등 다방면의 내용을 다루고 있다.

『해국도지』의 판본

『해국도지』는 모두 3종의 판본이 있다. 50권본(1842), 60권본(1847), 100권본(1852)이 그것이다. 그 외, 후에 영 존 앨런Young John Allen에 의하여 20권본이 증보된 120권본이 있는데, 여기에서는 전자인 3종의 판본에 대해 설명한다.

1. 50권본

『해국도지』 50권본은 이 책의 「서敍」에 따르면, "도광 22년(1842), 임인년 가평월(음력 12월) 양주에서 내각중서 소양 사람 위원이 쓰다(道光二十有二載, 歲在壬寅嘉平月, 內閣中書魏源邵陽敍于揚洲)"라고 되어 있다. 즉 1842년 12월 57만 자에 이르는 『해국도지』 50권본이 처음으로 세상에 모습을 드러낸 것이다. 이 책에는 23폭의 지도와 8쪽에 이르는 서양 화포 도면이 수록되어 있다. 「서」에 따르면, 임칙서의 『사주지』를 토대로 더 많은 내용을 첨가해서 "동남양·서남양은 원서(『사주지』)에 비해 10분의 8이 늘어났고, 대소서양·북양·외대양은 원서(『사주지』)보다 10분의 6이 더 늘어났다(大都東南洋·西南洋, 增于原書者十之八, 大小西洋·北洋·外大洋增于原書者十之六)"라고 기록하고 있다.

2. 60권본

『해국도지』60권본은 이 책의 「원서原敍」에 따르면 "도광 27년(1847)에 양주에서 판각되었다(道光二十七載刻于揚洲)"라고 기록하고 있다. 위원은 50권본을 출간한 이후 5년간의 노력 끝에 60여만 자로 확충해 『해국도지』60권본을 편찬한 것이다. 이 책은 50권본에 비해 해외 각 나라의 당시 상황과 서양의 기예技藝 부분 1권을 8권으로 확충했는데, 위원에 따르면 임칙서가 번역한 서양인의 『사주지』와 중국 역대의 사지史志, 명明 이래의 도지島志 그리고 최근의 외국 지도와 외국 저술에 의거하여 편찬했다고 한다.

3. 100권본

『해국도지』100권본은 "함풍 2년(1852)에 책 내용을 더 보태 100권본으로 만들어서 고우주에서 판각했다(咸豊二年重補成一百卷, 刊于高郵洲)"고 한다. 『해국도지』「후서後敍」에 따르면 함풍 2년 88만 자로 확충해서 100권본을 출간했다고 언급하고 있는데, 이 책에서는 지도 75폭, 서양 기예 도면도가 57쪽, 지구천문합론도식地球天文合論圖式 7폭이 보충되었다. 이후 이를 정본으로 하여 위원의 사후에도 중국 각지에서 100권본에 대한 재간행이 이루어졌다. 그중에서 위원의 후손인 위광도魏光燾가 광서光緒 2년(1876)에 『해국도지』를 재간행했는데, 이 책에는 좌종당左宗棠의 서문이 실려 있다. 최근에는 지난대학暨南大學의 천화陳華 등이 주석을 단 악록서사본岳麓書社本(1988)이 간행되어 『해국도지』를 읽어 나가는 데 유익함을 주고 있다. 본 역주 작업은 광서 2년본 『해국도지』를 저본으로 삼아 악록서사본 및 그외 판본 등을 참조하여 진행했음을 미리 밝혀 둔다.

『해국도지』의 구성 및 내용

『해국도지』의 구성은 다음과 같다.

권수	구성
권1~2	주해편籌海篇
권3~4	해국연혁각도海國沿革各圖
권5~70	동남양東南洋(동남아시아, 일본), 서남양西南洋(인도, 서·중앙아시아), 소서양小西洋(아프리카), 대서양大西洋(유럽), 북양北洋(러시아와 발틱 국가들), 외대서양外大西洋(남북아메리카)의 인문지리
권71~73	동서양 종교, 역법, 기년법 비교표
권74~76	세계 자연지리 총론: 오대주와 곤륜崑崙에 대한 서양의 지도 소개
권77~80	주해방론籌海總論－중국 저명인사의 해방론에 대한 상주문과 해방관련 글
권81~83	청대 신문잡지에 실린 대외 관련 기사
권84~93	해방을 위한 대포, 포탄 등 무기 12종에 관한 논의와 도설
권94~95	망원경 제작 방법 등 서양의 과학 기술에 대한 소개, 아편의 중국 수입 통계 등.
권96~100	지구천문합론地球天文合論, 칠정七政과 일월식日月蝕 등 14종의 지구과학적 자연현상에 대한 해설

각 권의 요지는 다음과 같다.

권1~2 주해편은 『해국도지』를 편찬하는 목적이라고 할 수 있는 해방론을 다룬 부분이다. 여기에서 위원은 아편전쟁에서 패한 교훈을 근거로 방어와 화친에 대해 논한다. 먼저 '방어란 무엇인가? 어떻게 방어할 것인가?'라는 문제에 대해 "바다를 지키는 것은 해구海口를 지키는 것만 못하고, 해구를 지키는 것은 내륙의 하천을 지키는 것만 못하다"라는 원칙하에 해안보다는 내지 하천의 방비를 강화할 것을 주장한다. 특히 안남국과 미얀마가 영국을 무찌른 사례를 들어 중국의 지세를 활용한 방어책의 중요성을 강조하며, 나아가 군사 모집의 방법과 용병술에 대해 서술하고 있다. 내부의 방어를 견고히 한 후 외국의 공격을 막기 위해서는 적을 이용해 적을 공격하는 이른바 '이이공이以夷攻夷'를 제기한다. 당시 적국인 영국과 사이가 좋지 않은 러시아와 프랑스를 끌어들여 영국을 견제하게 하는 방안이다. 이와 함께 해상전을 위해 광동과 복건 등지에 조선소를 건설해서 군함을 비롯한 선박을 제조하고 적합한 인재를 양성해 해군력을 강화할 것을 주장한다. 화친에 대해서는 단지 열강과의 충돌이 두려워 그들의 요구를 수용(예를 들면 아편 무역을 허용)하기보다는 대체 무역을 통해 그들의 이익을 보장해 주어 화친할 것을 논하고 있다.

권3~4에서는 동남아시아와 서남아시아·아프리카·대서양 유럽 및 남북아메리카의 연혁과 함께 지도를 수록하고 있다. 역사적으로는 지도를 통해 한대부터 위진 남북조, 당대, 원대까지 역대 사서에 기록된 서역 각 나라의 연혁을 서술하여 세계 각 나라의 지리를 한눈에 볼 수 있게 했다.

권5~18의 동남양에서는 역사적으로 중국과 관계가 깊은 베트남을 필두로 해서 태국, 미얀마[이상을 연안국(海岸諸國)으로 분류], 루손, 보르네오, 자와, 수마트라, 일본[이상을 섬나라(海島諸國)로 분류] 등 각 나라의 지리, 역사, 문화 특색 및 중국을 비롯한 서양 국가들과의 대외관계를 서술하고 있다. 동남아시아의 주요 국가를 기술하면서 일본을 포함시킨 이유에 대해 바다로부터 침입을 막은 해방의 경험이 있기 때문이라고 하며, 조선과 류큐는 해방과는 거리가 멀어 언급하지 않는다고 밝히고 있다. 그리고 베트남을 제일 먼저 서술하고 있는 것에 대해 베트남이 역사상 중요한 조공국인 것도 있지만, 그보다도 지리적 여건을 이용해 여러 차례 네덜란드를 비롯한 서양 선박을 물리친 사실에서 중국이 해방을 하는 데 유의할 만한 사례라고 언급하고 있다. 나아가 베트남에서 아편을 금지한 것도 일본에서 기독교를 금지한 것과 함께 높게 평가하고 있다. 이 동남양에서는 중국에서 동남아시아 제 지역으로 가는 항로에 대해서도 상세하게 소개하고 있어 마치 독자로 하여금 직접 여행하는 기분을 느끼게 해 준다.

권19~32에서는 서남양의 인도 및 서아시아에 대해 서술하고 있다. 먼저 인도를 동인도·서인도·남인도·북인도·중인도로 나누어 이들 지역에 존재했던 왕국의 지리, 역사, 문화 등에 대해 언급하고 아울러 중국을 비롯한 서양 국가들과의 대외관계에 대해 서술하고 있다. 그리고 영국 동인도 회사의 설립과 해산 과정, 영국 속지의 지리, 역사, 문화, 종교, 인구, 풍속 등을 기술하고 있다. 또한 페르시아, 유다 왕국, 터키의 지리, 역사, 문화 및 서양과의 대외관계에 대해 기술하고 있는데, 여기에서는 특히 천주교가 중국에 어떠한 경로를 통해 전래되었는지를 보여 주는 『대진경교유행중국비大秦景敎流行中國碑』 전문을 소개하고 있다. 위원은 천주교의 교리에 대해서도 많은 지면을 할애해서 소개하면서 그 교리의 문제점에 대해 비판적인 자세를 보이고 있다.

권33~36의 소서양에서는 아프리카대륙에 대한 전반적인 소개를 비롯해서 이집트, 에티오피아 등 아프리카대륙 국가들의 역사, 지리, 문화, 대외관계 등에 대해서 기술하고 있다. 특히 로마와 카르타고의 전쟁에 대해 상세하게 서술하고 있어 흥미롭다.

권37~53의 대서양에서는 유럽대륙에 대한 전반적인 소개를 하고 포르투갈을 필두로 해서 유럽 각 나라의 역사, 지리, 문화, 대외관계 등에 대해 기술하고 있다. 포르투갈 편에서는 옹정제 시기 포르투갈 국왕에 대한 하사품으로 일반적인 은상 외에 인삼, 비단, 자기 등 수십여 가지 품목을 구체적으로 기록하고 있어 서양과의 조공무역 일단을 살피는 데 유익하다. 위원은 영국에 대해 특히 많은 관심을 보여 다른 국가에 비해 많은 지면을 할애하여 영국의 역사, 지리, 문화, 정치, 경제, 사회, 대외관계 등에 대해 상세하게 소개하고 있다. 영국과의 아편전쟁이 『해국도지』 편찬에 중요한 계기가 되었음을 보여 주는 좋은 사례라 하겠다.

권54~58 북양·대서양에서는 러시아와 북유럽 국가의 역사, 지리, 민족, 언어, 정치 제도, 종교, 문화 등에 대해 상세하게 소개하고 있다. 특히 러시아 지역을 백해 부근, 백러시아, 발트해 연안, 신러시아, 시베리아 등 여러 지역으로 구분해서 각 지역의 복잡다단한 역사와 지리, 지역적 특성에 대해 고찰하고 있어 러시아에 대한 전반적인 이해를 돕는 데 유익하다. 위원이 러시아에 대해 영국과 마찬가지로 많은 지면을 할애하고 있는 것은 영국과 대립하고 있는 러시아를 이용해 영국을 견제하고자 하는 의도가 담겨 있는 것이라고 하겠다.

권59~70 외대서양에서는 콜럼버스의 아메리카대륙 발견 과정과 남북아메리카대륙의 위치와 기후, 물산의 특징에 대해 서술하고 있다. 특히 미국의 역사와 정치, 종교, 교육, 복지, 경제 및 미국인들의 인격 등에 대해서 상세하게 설명하고 있다. 보스턴 차 사건을 계기로 미국이 영국으로부터 독립을 쟁취하기까지의 과정을 상세히 살펴보면서 미국의 독립을 높게 평가하고 있다. 위원이 영국을 '영이英夷(영국 오랑캐)'라고 표기하면서도 미국을 '미이美夷'라고 표기하지 않은 것 역시 영국에 대한 적대적 감정과 함께 미국을 통해 영국을 견제하고자 하는 의도가 담겨 있는 것이라 하겠다.

권71~73 표에서는 동서양의 종교, 역법, 기년법의 차이에 대해 상세하게 서술하고 있다.

권74~76 지구총설에서는 불교 경전과 서양의 도설에 의거해 오대주와 세계의 지붕이라고 불리는 곤륜(파미르고원)의 자연지리 및 설화 등에 대해 상세한 소개를 하고 있다.

권77~80 주해총론은 당대 관료와 학자들의 변방과 해안 방어에 관한 각종 대책과 상주문을 모은 것으로 19세기 당시 중국 엘리트 지식인들의 영국, 프랑스 등 서양 각 나라에 대한 인식을 비롯해 영국을 제압하기 위한 방도 및 급변하는 시국에 적절한 인재 양성 등을 논하는 내용을 다루고 있다.

권81~83 이정비채夷情備采에서는 『오문월보澳門月報』를 비롯한 서양 신문 잡지에 실린 내용을 통해 외국의 눈에 비친 중국의 모습을 소개하고 있으며, 서양의 중국에 대한 관심 및 아편 문제, 중국 해군의 취약점 등을 상세하게 서술하고 있다.

권84~93에서는 해방을 위한 서양의 전함과 대포 및 포탄 등 병기 제조, 전술, 측량술 등을 도면과 함께 상세하게 소개하고 있다.

권94~95에서는 망원경 제작 방법 등 서양의 다양한 과학 기술을 소개하고 있으며, 아편의 중국 수입량에 대한 통계를 다루고 있다.

권96~100에서는 포르투갈 출신의 예수회 선교사 호세 마르티노 마르케스José Martinho Marques의 저술에 의거하여 칠정七政, 즉 일日·월月·화성火星·수성水星·금성金星·목성木星·토성土星을 소개하고, 이외 일월식日月蝕, 공기, 바람, 천둥과 번개, 조수 및 조류, 지진, 화산 등 다양한 자연 현상의 발생 원인과 양상에 대해 구체적으로 설명하고 있다. 나아가 일월과 조수의 관계, 절기에 따른 태양의 적위, 서양 역법의 기원에 대해서도 다루고 있다.

『해국도지』의 조선 및 일본에의 전래

전근대 중국의 세계관은 고도의 문명을 자랑하는 중국(華)을 중심으로 해서 그

주변에 아직 문명이 미치지 않은 오랑캐(夷)가 존재한다고 하는 일원적인 세계관을 전제로 했다. 화이관에 입각한 중국의 지배 질서는 황제의 덕이 미치는 정도에 따라 중앙과 지방의 이원적 구조를 뛰어넘어 표면상으로는 전 세계에 걸쳐 있었다. 이른바 '천하일통天下一統'의 관념이 존재했던 것이다. 이러한 화이사상에 근거한 중화 세계 질서는 아편전쟁 이후 서구 열강의 침략을 받게 되면서 서서히 무너져 가기 시작한다. 중국이 서구 열강을 중심으로 하는 국제 질서에 편입하게 됨에 따라 '중국'은 더 이상 세계의 중심이 아니라 많은 나라 중의 하나에 불과하며, 세계는 서로 다른 문화를 가진 각 나라가 서로 경합하는 다원적인 공간이라고 하는 인식의 변화가 일어난 것이다. 이러한 인식의 변화는 당시 중국의 엘리트 지식인들에게는 일찍이 경험해 보지 못한 미증유의 세계였다. 위원이 편찬한 『해국도지』는 중국의 지식인들이 새로운 세계에 눈을 돌릴 수 있는 계기를 제공한 것으로, 그것은 단순히 지리적 세계뿐만 아니라 정신적 세계로의 길잡이 역할을 한 것이다. 이리하여 『해국도지』는 당시 중국 지식인들이 '천하'에서 '세계'로 세계상을 전환하면서 중화사상이라는 자기중심적 세계상에서 탈출하는 힘들고 어려운 여행길에 나설 수 있게 해 주었다.

『해국도지』 50권본은 출간되자마자 조선에 전래되었다. 남경조약이 체결되고 나서 1년여가 지난 1844년 10월 26일 조선은 겸사은동지사兼謝恩冬至使를 북경에 파견했는데, 이듬해인 1845년 3월 28일 겸사은동지사의 일행 중에서 정사正使 홍완군興完君 이정응李晟應, 부사 예조판서 권대긍權大肯이 『해국도지』 50권본을 가지고 귀국한 것이다. 이 50권본은 일본에는 전해지지 않았다. 이후 많은 학자들이 북경에 다녀올 때마다 『해국도지』를 구입해 들여와서 개인 소장할 정도로 인기가 높았다고 한다. 가령 김정희金正喜(1786~1856)는 『완당선생전집阮堂先生全集』에서 "『해국도지』는 반드시 필요한 책이다(海國圖志是必需之書)"라고 했으며, 또한 허전許傳(1792~1886)의 『성재집性齋集』에 실린 「해국도지발海國圖志跋」에는 "그 대강을 초록해 놓음으로써 자세히 살피고 검토하는 데 보탬이 된다(故略抄其槩, 以資考閱云爾)"라고 언급하고 있는 것으로 보아 당시에 이미 요약본도 있었음을 알 수 있다. 나아가 최한기崔漢綺(1803~1877)는 『해국도지』 등을 참고하여 『지구전요地球典要』를 썼고, 1871년 신미양요 중에 김병학金炳學은 『해국도지』를 인용하여 국왕에게 미국의 정세를 보고했으며, 1872년 박규수는 중국에 다녀온 뒤로 당시 청년 지식인들에게 해외에 관한 관심과 이해를 강조하며 『해국도지』를 권장했다고 할 정도로 『해국도지』는 조선의 지식인들에게 외국에 대한 이해를 넓히고 새로운 세계 문명지리에 대한 지식을 갖게 해 주었다. 특히 신헌申憲(1810~1884)은 『해국도지』에 제시된 무기도武器圖에 근거하여 새로운 무기를 만들었다고 할 정도이니 그 영향이 매우 컸음을 알 수 있다.

이러한 상황은 일본의 경우도 마찬가지이다. 『해국도지』는 1851년 처음 일본에 전해졌지만, 1854년 미일통상수교조약이 체결된 뒤에 정식으로 수입이 허가되었다. 그 뒤로 막부 말기에 가와지 도시아키라川路聖謨가 사재를 들여 스하라야 이하치須原屋伊八에게 번각翻刻 출간하게 함으로써 일반인에게도 알려졌다. 그 뒤로 메이지 원년(1868)까지 간행된 『해국도지』는 23종에 이를 정도로 널리 보급되었으며, 일본 근대화에 큰 영향을 미친 사쿠마 쇼잔佐久間象山, 요시다 쇼인吉田松陰, 사이고 다카모리西鄕隆盛 등은 이 책의 열렬한 독자였다고 전해진다.

『해국도지』 역주 작업의 경과 및 의의

『해국도지』 역주 작업은 한국연구재단 명저번역 사업의 일환으로 진행되었다. 번역진은 필자를 포함해 모두 4인으로 총 3년에 걸쳐 초벌 번역을 진행했으며, 이후 지속적이고 꼼꼼한 윤독 과정을 거치며 번역문에 대한 수정 작업에 전념했다. 위원이 『해국도지』의 서문에서 100권이라는 분량의 방대함에 너무 질리지 않았으면 좋겠다고 한 것에서 알 수 있듯이 방대한 분량으로 인해 당초 3년이라는 시간 내에 역주 작업을 마칠 수 있을까 하는 염려가 없지 않았으나, 번역진의 부단한 노력 끝에 무사히 번역 작업을 완수할 수 있게 되었다.

본 역주 작업은 광서 2년에 간행된 『해국도지』 100권을 저본으로 삼아 기존에 간행된 판본과의 비교 검토를 진행하면서 글자의 출입을 정리하는 것에서부터 시작했다. 이 작업에는 악록서사 교점본에 많은 도움을 받았다.

번역 작업은 그 자체로 험난한 여정이었다. 『해국도지』는 세계 문명지리서인

만큼 외국의 수많은 국명과 지명, 인명이 한자어로 표기되어 있는데, 독자들의 가독성을 위해 가급적 원어 명칭을 찾으려고 노력했다. 유럽과 아메리카의 경우 다른 대륙에 비해 명칭 확인이 비교적 용이했지만, 지금은 사라진 국명이나 전혀 알려지지 않은 지명 등의 원어 명칭을 찾는 일은 그 자체로 수고로운 일이었다. 끊임없는 노력을 기울였음에도 원어 명칭을 찾지 못해 한자어 명칭을 그대로 표기한 것도 있는데, 이에 대해서는 독자들의 양해를 구하는 바이다.

또한 이미 언급했듯이 100권이라는 방대한 분량에 각 권의 내용도 상당히 난해하여 해석하고 주석을 다는 일 역시 쉬운 작업은 아니었다. 지금까지 『해국도지』의 중요성을 모두 인식하고 있음에도 불구하고 아직 완역본이 나오지 않은 것 역시 역주 작업의 어려움을 간접적으로 말해 주는 것이다. 이에 본서는 『해국도지』에 대한 세계 최초의 역주서라는 점에서 그 의의를 높게 살 만하지 않을까 생각한다. 게다가 본 번역진의 완역 작업을 통해 그동안 일부 전문 연구자의 전유물이었던 『해국도지』를 일반 독자에게도 제공할 수 있게 되었다는 점에 의미를 부여하고자 한다. 그럼에도 불구하고 본 역주 작업에는 번역진이 미처 인지하지 못한 번역상의 문제가 있을 수 있으니, 독자 여러분의 아낌없는 질정을 바라는 바이다.

마지막으로 어려운 출판 여건 속에서도 좋은 책을 만들기 위해 항상 애쓰시는 세창출판사 관계자 여러분께 깊은 감사를 드린다. 특히 김명희 이사님과 정조연 편집자님의 끝없는 관심과 세세한 교정 덕분에 본서의 완성도를 한층 더 높일 수 있게 되었다고 생각한다.

고황산 연구실에서 역주자를 대표해 정지호 씀

차례

해국도지
海國圖志

【二】
(권3)

해국도지 전체 차례

일러두기 ─────────────────────────────────────

1. 본 번역은 『해국도지海國圖志』 광서光緖 2년본(平慶涇固道署重刊), 『해국도지』 도광
   본道光本과 천화陳華 등이 교점한 『해국도지』(岳麓書社, 1998)(이하 '악록서사본'으로 약칭)
   등 『해국도지』 관련 여러 판본을 참고, 교감하여 진행했다.

2. 『해국도지』는 다음 원칙에 준해 번역한다.
   ① 본 번역은 광서 2년본에 의거하되, 글자의 출입이나 내용상의 오류가 발견될
      경우 악록서사본 등을 참고하여 글자를 고쳐 번역하고 주석으로 밝혀 둔다.

      예) 태국은 미얀마의 동남東南[1]쪽에서 위태롭게 버텨 오다가 건륭 36년(1771)에
          미얀마에게 멸망되었다.
          暹羅國踦長, 居緬東南, 緬于乾隆三十六年滅之.
          1) 동남쪽: 원문은 '동남東南'이다. 광서 2년본에는 '서남西南'으로 되어 있
             으나, 악록서사본에 따라 고쳐 번역한다.

   ② 본 번역은 가능한 한 직역을 위주로 하고 직역으로 문맥이 통하지 않을 경
      우에는 본뜻에 벗어나지 않는 범위 내에서 의역하며, 문맥의 이해를 돕기
      위해 필요시 [   ]부분을 삽입해 번역한다.

   ③ 본 번역에서 언급되는 중국의 국명, 지명, 인명, 서명의 경우, 한국식 독음으
      로 표기하며, 조목마다 처음에만 한자어를 병기한다. 다만 홍콩, 마카오와
      같이 한국인에게 널리 알려진 지명의 경우는 그대로 사용하며, 지금의 지명
      으로 설명이 필요한 경우는 중국 현대어 발음으로 표기한다.

④ 중국을 제외한 외국의 국명, 지명, 인명, 서명의 경우, 외래어 표기법에 의거하여 해당 국가의 현대식 표기법을 따르고, 조목마다 처음에만 해당 지역의 영문 표기를 병기한다. 나머지 필요한 상황은 주석으로 처리한다. 외국의 국명, 지명, 인명 등에 대한 음역의 경우, 이해를 돕기 위해 두음법칙을 적용하지 않았다.

예) 캘리컷Calicut[1]
>   1) 캘리컷Calicut: 원문은 '고리古里'로, 인도 서남부의 캘리컷을 가리킨다. 지금의 명칭은 코지코드Kozhikode이다.

⑤ 외국 지명은 현대식 표기법을 따를 때 역사적 사건과 사실이 잘 드러나지 않는 경우가 있다. 안남安南의 경우, 오늘날의 베트남을 지칭하지만, 역사적으로 보면 베트남의 한 왕국 이름이다. 따라서 이 경우에는 부득이하게 한자음을 그대로 따르고 처음 나올 때 이를 주석에 명기한다.

예) 안남安南[1]
>   1) 안남安南: 지금의 베트남을 가리키는 말로, 당대에 이곳에 설치된 안남도호부安南都護府에서 유래되었다. 청대에는 베트남을 안남국, 교지국 등으로 구분하여 불렀다. 또한 안남국은 꽝남국을 가리키기도 한다.

⑥ '안案', '안按', '원안源案' 및 부가 설명은 번역문과 원문에 그대로 노출시킨다. 본문 안의 안과 부가 설명은 본문보다 작게 표기하고 안은 본문보다 연하게 다른 서체로 표기한다. 다만 본문 가장 뒤에 나오는 '안'과 '원안'의 경우는 번역문과 원문 모두 진하게 표기하고 본문 안의 안과 같은 서체로 표기해 구분한다.

예1) 이에 스페인 사람들은 소가죽을 찢어 몇천 길의 길이로 고리처럼 엮어 필리핀의 땅을 두르고는 약속대로 해 달라고 했다. 살펴보건대 마닐라 땅을 [소가죽 끈으로] 두르고 약속대로 해 달라고 했다고 해야 한다.

其人乃裂牛皮, 聯屬至數千丈, 圍呂宋地, 乞如約. 案: 當云圍蠻里喇地, 乞如約.

예2)　　　　　　　**영국·네덜란드령 아체와 스리비자야**

단, 3국은 같은 섬으로, 당唐나라 이전에는 파리주婆利洲 땅이었다.

수마트라의 현재 이름이 아체이다. 스리비자야의 현재 이름이 팔렘방Palembang이다.

英荷二夷所屬亞齊及三佛齊島

三國同島, 卽唐以前婆利洲地. 蘇門答剌, 今名亞齊. 三佛齊, 今名舊港.

예3) 위원이 살펴보건대 베트남의 서도는 후에에 있으니 곧 참파의 옛 땅이다. 여기에서
별도로 본저국을 가리켜 참파라고 하는데, 옳지 않다. 본저국은 캄보디아, 즉 옛
첸라국이다. 『해록』이 상인과 수군의 입에서 나온 책이기 때문에 보고 들은 것은
비록 진실에 속할지 모르지만, 고대의 역사사실을 고찰함에 있어 오류가 많다. 이
에 특별히 부록을 달아 바로잡는다. 참파의 동남쪽 바다에 있는 빈동룡국은 바로
『송사』에서 말하는 빈다라賓陀羅로, 빈다라는 참파와 서로 이어져 있고 지금도 나
란히 꽝남 경내에 속해 있는 것으로 보아 아마도 용내의 땅인 것 같다. 명나라 왕기
王圻가 편찬한 『속통고續通考』에는 『불경』의 사위성舍衛城이라고 잘못 가리키고 있
는데, 이에 대해서는 말루쿠제도Maluku 뒤에서 바로잡는다.

源案: 越南之西都, 在順化港, 卽占城舊地也. 此別指本底爲占城, 非是. 本底爲柬埔寨, 卽古眞
臘國. 『海錄』出於賈客舟師之口, 故見聞雖眞, 而考古多謬. 特附錄而辯之. 至占城東南瀕海, 尙
有賓童龍國, 卽『宋史』所謂賓陀羅者, 與占城相連, 今竝入廣南境內, 疑卽龍柰之地. 明王圻『續
通考』謬指爲『佛經』之舍衛城, 辯見美洛居島國後.

⑦ 주석 번호는 편별로 시작한다.

⑧ 본서에서 언급하고 있는 '원본'은 임칙서林則徐의 『사주지四洲志』이다.

예) 원본에는 없으나, 지금 보충한다.

해국도지 원서[1]

—

『해국도지』 60권은 무엇에 의거했는가? 첫째로 전 양광총독兩廣總督이자 병부상서兵部尙書였던 임칙서林則徐[2]가 서양인[3]의 저서를 번역한 『사주지四洲志』[4]에 의거했다. 둘째로 역대 사지史志[5] 및 명대明代 이래의 도지島志,[6] 그리고 최근의 외국 지도[7]·외국어 저술[8]에 의거했다. 철저하게 조사·고찰하고 일목요연하게 정리하여 새로운 길을 열고자 한다. 대체로 동남양東南洋,[9] 서남양西南洋[10]은 원본에 비해 10분의 8 정도를 증보했고, 대서양大西洋·소서양小西洋,[11] 북양北洋,[12] 외대서양外大西洋[13] 역시 10분의 6 정도를 증보했다. 또한 지도와 표를 날줄과 씨줄로 하고 다양한 사람들의 논점을 폭넓게 참고하여 논의를 진행했다.

  [이 책이] 이전 사람들의 해도海圖에 관한 서적과 다른 점은 무엇인가? 이전 사람들의 책이 모두 중국인의 입장에서 서양[14]을 언급한 것이라면, 이 책은 서양인의 관점에서 서양을 언급했다는 것이다.[15]

  이 책을 저술한 이유는 무엇인가? 서양의 힘을 빌려 서양을 공격하고

(以夷攻夷), 서양의 힘을 빌려 서양과 화친하며(以夷款夷), 서양의 뛰어난 기술을 배워(爲師夷長技) 서양을 제압하기 위해서 저술한 것이다(以制夷而作).

『주역周易』에 다음과 같은 기록이 있다.

"사랑과 증오가 서로 충돌함에 따라 길흉吉凶을 낳고, 장래의 이익과 눈앞의 이익을 취함에 따라 회린悔吝을 낳으며, 진실과 거짓이 서로 감응함에 따라 이해利害를 낳는다."[16] 그러므로 똑같이 적을 방어한다고 해도 그 상황을 아는 것과 모르는 것은 손익 면에서 아주 큰 차이가 난다. 마찬가지로 적과 화친한다고 해도 그 사정을 아는 것과 모르는 것은 손익면에서 커다란 차이가 있다. 과거 주변 오랑캐[17]를 제압한 경우에, 적의 상황을 물어보면 자기 집 가구를 대하듯이 잘 알고 있었으며, 적의 사정을 물어보면 일상다반사와 같이 잘 알고 있었다.

그렇다면 이 서적만 있으면 서양을 제압할 수 있다는 것인가? 그렇다고 할 수도 있지만, 아닐 수도 있다. 이것은 군사적 전략은 될 수 있지만, 근본적인 대책은 아니다. 유형의 전략이지 무형의 전략은 아니다. 명대 관료는 말하길 "해상의 왜환倭患을 평정하고자 한다면 우선 사람들의 마음속에 쌓인 우환을 다스려야 한다"라고 했다. 사람들의 마음속에 쌓인 우환이란 무엇인가? [이것은] 물도 아니고 불도 아니며 칼도 아니고 돈도 아니다. 연해의 간민奸民도 아니고 아편을 흡입하거나 판매하는 악인도 아니다. 그러므로 군자는 [무공을 칭송한] 「상무常武」와 「강한江漢」[18]의 시를 읽기 전에 [인정을 칭송한] 「운한雲漢」과 「거공車攻」[19]을 읽으면서 『시경詩經』의 「대아大雅」와 「소아小雅」 시인들이 발분한 원인을 깨달았다. 그리고 『주역』 괘사卦辭와 효사爻辭[20]의 내괘內卦(하괘), 외괘外卦(상괘), 소식괘消息卦[21]를 음미하면서 『주역』을 지은 자가 근심한[22] 원인을 알았다. 이 발분과 우환이야말로 하늘의 도(天道)가 부否를 다해서 태泰로 움직이게 하는 것²³이고 사람들의 마음(人心)이 몽매함을 벗어나 각성하게 하는 것이며 사람들의 재주(人才)가 허虛를 고쳐서 실實로 옮겨 가게 하는 것이다.

예전 강희康熙·옹정雍正 시기에 세력을 떨쳤던 준가르도 건륭乾隆 중기 순식간에 일소되어 버렸다.²⁴ 오랑캐의 아편²⁵이 끼친 해로움은 그 해악이 준가르보다 더 크다. 지금 폐하²⁶의 어짊과 근면함은 위로는 열조列祖²⁷에 부합하고 있다. 하늘의 운행과 사람의 일에 길흉화복²⁸은 언제나 번갈아 가며 변하는 것이니 어찌 [서양을] 무찔러 버릴 기회가 없음을 근심하는가? 어찌 무위武威를 떨칠 시기가 없음을 근심하는가? 지금이야말로 혈기 있는 자는 마땅히 분발해야 할 때이며, 식견을 가진 자는 마땅히 원대한 계획을 세워야 할 때이다.

첫째로, 허위虛僞와 허식을 버리고 재난에 대한 두려움을 버리며, 중병을 키우지 말고 자신의 안위만을 추구하지 않는다면 사람들의 우매한 병폐는 제거될 것이다.

둘째로, 실제의 일을 가지고 실제의 성과를 평가하고, 실제의 성과를 가지고 실제의 일을 평가해야 한다. 쑥은 삼 년간 묵혀서 쌓아 두고²⁹ 그물은 연못에 가서 엮고,³⁰ 맨몸으로 황하를 건너지 말며,³¹ 그림의 떡을 바라지 않는다면,³² 인재가 부족하다는 근심은 사라질 것이다.

우매함이 제거되면 태양이 밝게 빛나고, 인재가 부족하다는 근심이 사라지면 우레가 칠 것이다. 『전』에 이르기를 "누가 집안을 어지럽게 하고서 나라를 다스릴 수 있겠는가? 천하가 안정되니 월상越裳³³도 신하 되기를 청하네"라고 한다.³⁴

『해국도지』의 내용은 다음과 같다.

첫 번째, 「주해편籌海篇」³⁵에서는 방어를 통해 공격하고 방어를 통해 화친하며, 오랑캐를 이용해서 오랑캐를 제압하는 열쇠를 쥐고 있는 것은 누구인가에 대해 서술한다.

두 번째, 「각 나라 연혁도各國沿革圖」에서는 3천 년의 시간과 9만 리의 공간을 씨실과 날실로 삼으면서, 지도와 역사적 사실을 아울러 서술한다.

세 번째, 「동남양 연안 각 나라東南洋海岸各國」에서는 기독교[36]와 아편을 영내에 들어오지 못하게 하면 우리의 속국[37]도 또한 적개심을 불태울 수 있다는 것에 대해 서술한다.

네 번째, 「동남양 각 섬東南洋各島」에서는 필리핀[38]과 자와는 일본과 같은 섬나라이지만, 한쪽(필리핀과 자와)은 병합되고 한쪽(일본)은 강성함을 자랑하는 것은 교훈으로 삼을 만하다[39]는 것에 대해 서술한다.

다섯 번째, 「서남양 오인도西南洋五印度」에서는 종교가 세 차례나 변하고,[40] 국토는 오인도[41]로 분할되어 까치집(인도)에 비둘기(영국)가 거주하는 것과 같은 형국이니, 이는 중국[42]에게도 재앙이 되고 있는 것에 대해 서술한다.

여섯 번째, 「소서양 아프리카小西洋利未亞」에서는 백인[43]과 흑인[44]은 거주하는 영역이 멀리 떨어져 있는데도 불구하고 흑인이 부림을 당하고 내몰리고 있는데, 이에 대해서는 해외에서 온 외국인[45]에게 자문한 것을 서술한다.

일곱 번째, 「대서양 유럽 각 나라大西洋歐羅巴各國」에서는 대진大秦[46]과 해서海西[47]에는 다양한 오랑캐[48]가 살고 있는데, 이익과 권위로 반림泮林의 올빼미[49]와 같이 감화시킬 수 있다는 것에 대해 서술한다.

여덟 번째, 「북양 러시아北洋俄羅斯國」에서는 동서양에 걸쳐 있고 북쪽은 북극해에 접해 있으니, 근교원공近交遠攻 정책을 취할 시에 육상전에 도움이 되는 우리 이웃 국가에 대해 서술한다.

아홉 번째, 「외대양 미국外大洋彌利堅」에서는 영국의 침략에 대해서는 맹렬히 저항했지만, 중국에 대해서는 예의를 다하니 원교근공遠郊近攻 정책을 취할 시에 해상전에 도움이 되는 나라에 대해 서술한다.

열 번째, 「서양 각 나라 종교 표西洋各國敎門表」에서는 사람은 모두 하늘을 근본으로 하고 가르침은 성인에 의해 세워져 있으니, 이합집산을 되풀이하면서도 조리를 가지고 문란하지 않은 것에 대해 서술한다.

열한 번째, 「중국·서양 연표中國西洋紀年表」에서는 1만 리 영토의 기년紀年이 하나로 통일되어 있는 점에서 중화에는 미치지 못하지만, 단절되면서도 연속되어 있는 아랍[50]과 유럽[51]의 기년에 대해 서술한다.

열두 번째, 「중국·서양 역법 대조표中國西曆異同表」에서는 중국력은 서양력의 바탕이 되지만, 서양력은 중국력과 차이가 있으며, 사람들에게 농사짓는 시기를 알려 주는 것에 있어서는 중국력이 근간을 이루고 있다는 것에 대해 서술한다.

열세 번째, 「지구총설國地總論」에서는 전쟁은 지세의 이점을 우선하는데, 어찌 먼 변방이라고 해서 경시하겠는가! 쌀이나 모래로 지형을 구축해서 지세를 파악한다면[52] 조정은 전쟁에서 승리할 수 있다는 것에 대해 서술한다.

열네 번째, 「주이장조籌夷章條」에서는 지세의 이점도 사람들의 화합에는 미치지 못하며, 기공법奇攻法과 정공법正攻法을 병용한다면 작은 노력으로도 커다란 성과를 거둘 수 있다는 것에 대해 서술한다.

열다섯 번째, 「이정비채夷情備采」에서는 적을 알고 나를 알면 화친할 수도 있고 싸울 수도 있으니, 병의 증상을 알지 못하면 어찌 처방할 것이며, 누가 어지럽고 눈앞이 캄캄한 증상을 치료할 수 있겠는가에 대해 서술한다.

열여섯 번째, 「전함조의戰艦條議」에서는 해양국이 선박에 의지하는 것은 내륙국이 성벽에 의지하는 것과 같으니, 뛰어난 기술을 배우지는 않고 풍파를 두려워하는 것은 누구인가에 대해 서술한다.

열일곱 번째, 「화기화공조의火器火攻條議」에서는 오행이 상극하여 금金과 화火[53]가 가장 맹렬하니, 우레가 지축을 흔들듯이 공격과 수비도 같은 이치라는 것에 대해 서술한다.

열여덟 번째, 「기예화폐器藝貨幣」에서는 차궤와 문자[54]는 다르지만, 화폐의 기능은 같으니, 이 신기한 것을 유용하게 활용하기 위해서 어찌 지혜를 다하지 않겠는가에 대해 서술한다.

도광 22년(1842) 임인년 12월, 내각중서 소양 사람 위원이 양주에서 쓴다.

海國圖志原敍

一

『海國圖志』六十卷何所據? 一據前兩廣總督林尙書所譯西夷之『四洲志』. 再據歷代史志及明以來島志, 及近日夷圖·夷語. 鉤稽貫串, 創榛闢莽, 前驅先路. 大都東南洋·西南洋, 增於原書者十之八, 大·小西洋·北洋·外大西洋增於原書者十之六. 又圖以經之, 表以緯之, 博參群議以發揮之.

何以異於昔人海圖之書? 曰彼皆以中土人譚西洋, 此則以西洋人譚西洋也.

是書何以作? 曰爲以夷攻夷而作, 爲以夷款夷而作, 爲師夷長技以制夷而作.

『易』曰: "愛惡相攻而吉凶生, 遠近相取而悔吝生, 情僞相感而利害生." 故同一禦敵, 而知其形與不知其形, 利害相百焉. 同一款敵, 而知其情與不知其情, 利害相百焉. 古之馭外夷者, 諏以敵形, 形同几席, 諏以敵情, 情同寢饋.

然則執此書卽可馭外夷乎? 曰: 唯唯, 否否. 此兵機也, 非兵本也. 有形之兵也, 非無形之兵也. 明臣有言: "欲平海上之倭患, 先平人心之積患." 人心之積患如之何? 非水, 非火, 非刃, 非金. 非沿海之奸民, 非吸煙販煙之莠民. 故君子讀「雲漢」·「車攻」, 先於「常武」·「江漢」, 而知二雅詩人之所發憤. 玩卦爻內外

消息, 而知大『易』作者之所憂患. 憤與憂, 天道所以傾否而之泰也, 人心所以違寐而之覺也, 人才所以革虛而之實也.

昔準噶爾跳踉於康熙·雍正之兩朝, 而電埽於乾隆之中葉. 夷煙流毒, 罪萬準夷. 吾皇仁勤, 上符列祖. 天時人事, 倚伏相乘, 何患攘剔之無期? 何患奮武之無會? 此凡有血氣者所宜憤悱, 凡有耳目心知者所宜講畫也.

去僞, 去飾, 去畏難, 去養癰, 去營窟, 則人心之寐患祛, 其一. 以實事程實功, 以實功程實事. 艾三年而蓄之, 網臨淵而結之, 毋馮河, 毋畫餅, 則人材之虛患祛, 其二. 寐患去而天日昌, 虛患去而風雷行. 『傳』曰: "孰荒於門, 孰治於田? 四海旣均, 越裳是臣." 敘『海國圖志』.

以守爲攻, 以守爲款, 用夷制夷, 疇司厥楗, 述「籌海篇」第一.

縱三千年, 圍九萬里, 經之緯之, 左圖右史, 述「各國沿革圖」第二.

夷敎夷煙, 毋能入界, 嗟我屬藩, 尙堪敵愾, 志「東南洋海岸各國」第三.

呂宋·爪哇, 嶼埒日本, 或噬或驍, 前車不遠, 志「東南洋各島」第四.

敎閱三更, 地割五竺, 鵲巢鳩居, 爲震旦毒, 述「西南洋五印度」第五.

維哲與黔, 地遼疆閡, 役使前驅, 疇諏海客, 述「小西洋利未亞」第六.

大秦海西, 諸戎所巢, 維利維威, 實懷泮鴞, 述「大西洋歐羅巴各國」第七.

尾東首西, 北盡冰溟, 近交遠攻, 陸戰之鄰, 述「北洋俄羅斯國」第八.

勁悍英寇, 恪拱中原, 遠交近攻, 水戰之援, 述「外大洋彌利堅」第九.

人各本天, 敎綱於聖, 離合紛紜, 有條不紊, 述「西洋各國敎門表」第十.

萬里一朔, 莫如中華, 不聯之聯, 大食·歐巴, 述「中國西洋紀年表」第十一.

中曆資西, 西曆異中, 民時所授, 我握其宗, 述「中國西曆異同表」第十二.

兵先地利, 豈間遐荒! 聚米畫沙, 戰勝廟堂, 述「國地總論」第十三.

雖有地利, 不如人和, 奇正正奇, 力少謀多, 述「籌夷章條」第十四.

知己知彼, 可款可戰, 匪證奚方, 孰醫瞑眩, 述「夷情備采」第十五.

水國恃舟, 猶陸恃堞, 長技不師, 風濤誰讋, 述「戰艦條議」第十六.

五行相克, 金火斯烈, 雷奮地中, 攻守一轍, 述「火器火攻條議」第十七.

軌文匪同, 貨幣斯同, 神奇利用, 盍殫明聰, 述「器藝貨幣」第十八.

道光二十有二載, 歲在壬寅嘉平月, 內閣中書邵陽魏源敍於揚洲.

주석

1   원서: 이 서문은 원래 『해국도지』 50권본의 서문이다. 악록서사본에 따르면 이는 도광 22년 12월(1843년 1월)에 서술되어 도광 27년(1847) 『해국도지』 60권본을 출판할 때, 단지 50권본의 '5' 자를 '6' 자로 바꾸고 '서敍'를 '원서原敍'로 수정했다. 나머지 내용은 전부 50권본 그대로이다.

2   임칙서林則徐: 임칙서(1785~1850)는 청말의 정치가로 복건성 복주 출신이다. 자는 소목少穆, 호는 문충文忠이다. 1837년 호광총독湖廣總督으로 재임 중 황작자黃爵滋의 금연 정책에 호응해서 아편 엄금 정책을 주장했다. 호북湖北·호남湖南에서 금연 정책의 성공을 인정받아 흠차대신으로 등용되어 광동에서의 아편 무역을 단속하게 된다. 1839년 광동에 부임하여 국내의 아편 판매 및 흡연을 엄중히 단속하고 외국 상인이 소유하던 아편을 몰수했으며, 아편 상인을 추방하여 아편 무역을 근절하고자 했다. 그러나 이에 항의한 영국이 함대를 파견하자 이에 대한 책임을 지고 면직되어 신강성新疆省에 유배되었다.

3   서양인: 원문은 '서이西夷'이다.

4   『사주지四洲志』: 임칙서가 휴 머레이Hugh Muray 『세계지리대전The Encyclopaedia of Geography』의 일부를 양진덕梁進德 등에게 번역시킨 후, 직접 원고의 일부분을 수정해서 펴낸 책이다. 이하 본서에서 언급하고 있는 원본은 바로 『사주지』를 가리킨다.

5   사지史志: 『해국도지』에 인용되어 있는 24사를 비롯해 『통전通典』, 『문헌통고文獻通考』, 『속문헌통고續文獻通考』, 『황조문헌통고皇朝文獻通考』, 『통지通志』, 『수경주水經注』, 『책부원귀冊府元龜』, 『대청일통지大淸一統志』, 『광동통지廣東通志』, 『무역통지貿易通志』 등의 서적을 가리킨다.

6   도지島志: 『해국도지』에 인용되어 있는 주달관周達觀의 『진랍풍토기眞臘風土記』, 왕대연汪大淵의 『도이지략島夷志略』, 사청고謝淸高의 『해록海

錄』, 장섭張燮의 『동서양고東西洋考』, 황충黃衷의 『해어海語』, 황가수黃可垂의 『여송기략呂宋紀略』, 왕대해汪大海의 『해도일지海島逸志』, 장여림張汝霖의 『오문기략澳門紀略』, 진륜형陳倫炯의 『해국문견록海國聞見錄』, 줄리오 알레니Giulio Aleni의 『직방외기職方外紀』, 페르디난트 페르비스트Ferdinand Verbiest의 『곤여도설坤輿圖說』 등의 서적을 가리킨다.

7 외국 지도: 원문은 '이도夷圖'이다. 서양에서 제작된 지도를 가리킨다.

8 외국어 저술: 원문은 '이어夷語'이다. 서양인이 저술한 서적을 가리킨다.

9 동남양東南洋: 위원이 말하는 동남양은 동남아시아Southeast Asia 해역, 한국Korea·일본Japan 해역 및 오세아니아Oceania 해역 등을 가리킨다.

10 서남양西南洋: 위원이 말하는 서남양은 아라비아해Arabian Sea 동부에 있는 남아시아South Asia 해역 및 서남아시아 동쪽의 아라비아해 서부 등의 해역을 포괄해서 가리킨다.

11 대서양大西洋·소서양小西洋: 위원이 말하는 대서양은 서유럽West Europe 및 스페인Spain·포르투갈Portugal의 서쪽 해역, 즉 대서양Atlantic Ocean에 인접해 있는 여러 국가 및 북해North Sea의 남부와 서부를 가리킨다. 위원이 말하는 소서양은 인도양Indian Ocean과 대서양에 인접해 있는 아프리카Africa 지역을 가리킨다.

12 북양北洋: 위원이 말하는 북양은 북극해Arctic Ocean 및 그 남쪽의 각 바다에 인접해 있는 유럽Europe과 아시아Asia 두 대륙 일부, 일부 발트해 연안 국가의 해역, 덴마크Denmark 서쪽의 북해 동부 및 북아메리카North America의 그린란드Greenland 주위 해역, 즉 노르웨이Norway·러시아·스웨덴Sweden·덴마크·프로이센Preussen 5개국의 해역 및 크림반도 주변 해역을 가리킨다.

13 외대서양外大西洋: 위원이 말하는 외대서양은 대서양에 인접해 있는 남북아메리카 일대를 가리킨다.

14 서양: 대서양 양안의 구미 각 나라를 가리킨다.

15 이 책은 … 언급했다는 것이다: 도광 27년(1847)의 60권본의 5, 7, 13, 14, 16, 20~23, 25~33, 36~38, 40~43권은 유럽인 원찬(歐羅巴人原撰), 후관 임

칙서 역후관林則徐譯, 소양 위원 중집邵陽魏源重輯이라고 기록하고 있는데, 이 부분은 『사주지』를 원본으로 하고 다른 서적을 참고해서 증보한 것이다.

16 사랑과 증오가 … 낳는다: 『주역』 제12장 「계사전繫辭傳」 하에 보인다. 길吉은 좋은 것, 흉凶은 나쁜 것이다. 회悔는 후회하는 것이고, 린吝은 개선하려고 하지 않는 것이다. 흉과 길이 이미 벌어진 일이라면 회와 린은 일종의 전조와 같은 것으로 회는 길할 전조, 린은 흉할 전조가 된다.

17 주변 오랑캐: 원문은 '외이外夷'이다.

18 「상무常武」와 「강한江漢」: 모두 『시경』 「대아」의 편명이다. 주나라 선왕宣王이 회북淮北의 오랑캐를 정벌하여 무공을 떨친 것을 기리기 위해 지은 것이다.

19 「운한雲漢」과 「거공車攻」: 「운한」은 『시경』 「대아」의 편명이고 「거공」은 「소아」의 편명이다. 주나라 선왕이 재해를 다스리고 제도를 정비한 것 등 내정을 충실히 한 것을 기리기 위해 지은 것이다.

20 괘사卦辭와 효사爻辭: 『주역』은 본래 양(—)과 음(--)의 결합에 의해 64괘로 이루어져 있다. 이 64괘에 대한 설명을 괘사라고 한다. 그리고 괘를 구성하고 있는 (—)과 (--)을 효라고 하는데, 이에 대한 의미를 설명한 것을 효사라고 한다. 1괘당 6개의 효가 있어 효사는 모두 384개로 이루어져 있다.

21 내괘內卦(하괘), 외괘外卦(상괘), 소식괘消息卦: 원문은 '내외소식內外消息'이다. 모두 『주역』의 용어로서 끊임없는 변화를 의미한다.

22 『주역』을 지은 자가 근심한: 『주역』 「계사전」 하에 의하면 "『주역』이 흥기한 것은 중고 시대일 것이다. 『주역』을 지은 자는 근심을 품고 있을 것이다(『易』之興也, 其於中古乎. 作『易』者其有憂患乎)"라고 언급하고 있다.

23 부否를 다해서 태泰로 움직이게 하는 것: '부'와 '태'는 모두 『주역』 64괘의 하나이다. '부'는 막혀 있는 상태, '태'는 형통하고 있는 상태로서 양자는 정반대의 위치에 있다. '부'가 지극해지면 '태'로 변화하는데, 이는 분노와 우환이 막혀 있는 상태에서 형통하는 상태로 변화하는 것을 의

미한다.

24 준가르도 … 일소되어 버렸다: 준가르는 17세기 초에서 18세기 중엽에 걸쳐 세력을 떨친 서북 몽골의 오이라트계 몽골족이다. 17세기 말경 종종 중국의 서북 변경에 침입했으나 1755년 청나라군의 공격을 받아 준가르가 붕괴되고 나아가 1758년 완전히 멸망되었다.

25 오랑캐의 아편: 원문은 '이연夷烟'이다.

26 폐하: 도광제道光帝(재위 1820~1850)를 가리킨다.

27 열조列祖: 청조의 역대 제왕을 가리킨다.

28 길흉화복: 원문은 '의복倚伏'이다. 노자老子 『도덕경道德經』의 "화란 것은 복이 의지하는 곳이고, 복은 화가 숨어 있는 곳이다(禍兮福之所倚, 福兮禍之所伏)"라는 말에서 유래한다.

29 쑥은 삼 년간 묵혀서 쌓아 두고: 원문은 '애삼년이축지艾三年而蓄之'이다. 『맹자孟子』「이루離婁」하편에 "7년의 병을 치료하기 위해서는 삼 년간 숙성된 쑥이 필요하다(七年之病救三年之艾)"는 말이 있다.

30 그물은 연못에 가서 엮고: 원문은 '망임연이결지網臨淵而結之'이다. 『한서漢書』「동중서전董仲舒傳」에 "연못에 임해서 고기를 탐하는 것은 물러나 그물을 만드는 것보다 못하다(臨淵羨魚, 不如退而結網)"라는 말이 있다.

31 맨몸으로 황하를 건너지 말며: 원문은 '무풍하毋馮河'이다. 『논어論語』「술이述而」편에 "맨손으로 호랑이를 잡고 맨몸으로 황하를 건너다가 죽어도 후회가 없다는 사람과는 나는 함께하지 않을 것이다(暴虎馮河, 死而無悔者, 吾不與也)"라는 말이 있다.

32 그림의 떡을 바라지 않는다면: 원문은 '무화병毋畫餅'이다.

33 월상越裳: 서주 초기의 '월상'은 막연하게 중국 남쪽의 아주 먼 나라를 가리키기 때문에 정확한 지역은 알 수 없다. 삼국 시대 이후에 등장하는 '월상'은 대체로 베트남 중부의 월상현越裳縣을 가리키며, 지금의 하띤성 Ha Tinh 일대에 해당한다. 또한 라오스Laos나 캄보디아Cambodia를 가리키기도 한다.

34 『전』 … 한다: 『후한서後漢書』「남만전南蠻傳」에 의하면 월상은 베트남

의 남쪽에 있던 나라로 주공周公 시기 여러 번이나 통역을 거쳐서 입조해서 흰 꿩을 바쳤다는 일화가 등장하는데, "누가 집안을 … 신하 되기를 청하네"는 한유韓愈의 시 「월상조越裳操」에서 인용한 것이다.

35 「주해편籌海篇」: '의수議守', '의전議戰', '의관議款' 세 항목으로 구성되어 있다.

36 기독교: 원문은 '이교夷敎'이다.

37 속국: 원문은 '속번屬藩'이다.

38 필리핀: 원문은 '여송呂宋'이다.

39 교훈으로 삼을 만하다: 원문은 '전거불원前車不遠'이다. 이 말은 앞 수레가 넘어지면 뒤 수레의 경계가 된다는 의미의 '전거복철前車覆轍'과 은나라가 망한 것을 거울로 삼아야 할 것은 멀리 있지 않다는 의미의 '은감불원殷鑑不遠'의 앞뒤 두 글자를 따온 것이다.

40 종교가 세 차례나 변하고: 원문은 '교열삼경敎閱三更'이다. '종교의 나라'로로 불리는 인도는 힌두교와 불교의 탄생지이며, 10세기경에는 이슬람군이 인도의 델리 지방을 점거하면서 이슬람교가 전파되기 시작했다.

41 오인도: 원문은 '오축五竺'으로, 동인도·남인도·서인도·북인도·중인도를 가리킨다. 악록서사본에 따르면 오인도는 다음과 같이 구분되고 있다. 동인도Pracys는 지금의 인도 아삼주Assam 서부, 서벵골주West Bengal의 중부와 남부, 오디샤Odisha의 북부와 중부 및 현 방글라데시Bangladesh의 중부와 남부이다. 북인도Udicya는 현 카슈미르주Kashmir, 인도의 펀자브주Punjab, 하리아나주Haryana, 파키스탄의 서북 변경, 펀자브주 및 아프가니스탄의 카불강Kabul River 남쪽 양측 강변 지역이다. 서인도Aparanta는 현 파키스탄 중부와 남부, 인도 구자라트주Gujarat의 북부와 동부, 마디아프라데시주Madhya Pradesh의 북부와 서부, 라자스탄주Rajasthan의 남부이다. 『대당서역기大唐西域記』에는 '인도국'이 아니라고 명확히 밝히고 있다. 중인도Madhyadesa는 현 방글라데시 북부, 인도의 서벵골주 북부, 라자스탄주 북부, 우타르프라데시주Uttar Pradesh이다. 네팔Nepal을 중인도에 넣고 있는데, 이는 옳지 않다. 선학들도 이미 논한 바 있다. 남인도

Daksinapatha는 인도차이나반도상의 오디샤주의 남부, 중앙주의 동남부, 마하라슈트라주Maharashtra와 위에서 서술한 세 곳 이남의 인도 각주 및 서북쪽으로 면한 카티아와르반도Kathiawar Peninsular이다. 『대당서역기』에는 '인도국'이 아니라고 명확히 밝히고 있다. 위원이 『해국도지』를 편찬할 때 무굴 제국Mughal Empire은 이미 멸망하여 잘 알지 못했기 때문에 『직방외기』에서 언급한 동·북·중·서인도가 무굴 제국에 병합되었다고 하는 설의 영향을 크게 받았다. 확실하게 영국의 동인도 회사가 직접 통치하는 벵골(현 방글라데시와 인도의 서벵골주 지역)을 동인도로 하고 카슈미르를 북인도라 한 것을 제외하고는 예전 중·서인도 및 동·북인도의 나머지 지역을 '중인도'라고 했다. 또한 지금 이란의 아라비아반도에 이르는 일대를 '서인도'라고도 했다.

42 중국: 원문은 '진단震旦'으로, 지나支那와 같이 중국을 달리 부르는 말이다.

43 백인: 원문은 '석晳'이다.

44 흑인: 원문은 '검黔'이다.

45 해외에서 온 외국인: 원문은 '해객海客'이다.

46 대진大秦: 고대 로마 제국Roman Empire, 또는 동로마 제국Byzantium Empire을 가리킨다.

47 해서海西: 고대 로마 제국, 또는 동로마 제국을 가리킨다.

48 오랑캐: 원문은 '융戎'이다. 고대 중국은 주변 민족을 동이東夷, 서융西戎, 남만南蠻, 북적北狄으로 불렀다. 여기에서 융은 중국의 서쪽에 있는 이민족을 가리킨다.

49 반림泮林의 올빼미: 원문은 '반효泮鴞'이다. 『시경』 「노송魯頌·반수泮水」편에 "훨훨 날아다니는 올빼미가 반궁 숲에 내려앉았네. 우리 뽕나무의 오디를 먹고서는 나에게 듣기 좋은 소리로 노래해 주네(翩彼飛鴞, 集于泮林, 食我桑黮, 懷我好音)"라고 하는데, 이는 훨훨 나는 올빼미가 오디를 먹고 감화되었다는 것을 의미한다.

50 아랍: 원문은 '대식大食'이다. 대식은 원래 이란의 한 부족명이었는데, 후에 페르시아인은 이를 아랍인의 국가로 보았다. 중국은 당조唐朝 이후

대식을 아랍 국가의 명칭으로 사용하고 있다.

51 유럽: 원문은 '구파歐巴'이다.

52 쌀이나 모래로 … 파악한다면: 원문은 '취미화사聚米畫沙'이다. 『후한서』 권24 「마원열전馬援列傳」에 의하면, 후한 광무제가 농서隴西의 외효隗囂를 치기 위하여 친정했을 때, 농서 출신 복파장군伏波將軍 마원이 쌀을 모아서 산과 골짜기 등 지형을 그림처럼 만들어 보여 주자 광무제가 오랑캐가 내 눈앞에 들어왔다고 기뻐했다는 고사가 전해진다.

53 금金과 화火: 금과 화는 음양오행설의 목·화·토·금·수의 순서에 따라 상극(상승) 관계에 있다. 동시에 여기에서는 무기, 화기를 나타낸다. 『주역』에 "우레가 지축을 흔든다(雷奮地中)"라는 말이 있다.

54 차궤와 문자: 『예기禮記』 「중용·中庸」편에 "지금 천하의 수레는 차궤를 같이하고, 서적은 문자를 같이하며, 행실은 윤리를 같이한다(今天下車同軌, 書同文, 行同倫)"라고 한다. 여기에서 차궤, 문자, 행실은 넓은 의미에서 인류 사회의 문명을 의미한다.

해국도지 후서

—

　서양의 지리에 대해 이야기할 경우에는 명대 만력萬曆[1] 중엽 서양[2]인 마테오 리치Matteo Ricci[3]의 『곤여도설坤輿圖說』[4]과 줄리오 알레니Giulio Aleni[5]의 『직방외기職方外紀』[6]에서부터 시작해야 한다. 이들 책이 처음 중국에 소개되었을 때, 중국인들은 대체로 추연鄒衍[7]이 천하를 논하는 것과 같다고 생각했다.[8] 청조[9] 시기에 이르러 광동에서 통상무역[10]이 활발해지면서 중국어와 산스크리트어가 두루 번역됨에 따라 지리에 관한 많은 서적이 중국어로 번역·간행되었다. 예를 들면, 북경 흠천감欽天監[11]에서 근무하던 페르디난트 페르비스트Ferdinand Verbiest[12]와 미셸 베누아Michel Benoist[13]의 『지구전도地球全圖』가 있다. 광동에서 번역 출간된 것으로서 초본鈔本[14]인 『사주지四洲志』·『외국사략外國史略』[15]이 있고, 간행본으로는 『만국지리전도집萬國地理全圖集』[16]·『평안통서平安通書』[17]·『매월통기전每月統紀傳』[18]이 있는데, 하늘의 별처럼 선명하고 손금을 보는 것처럼 명료했다. 이에 비로소 해도海圖와 해지海志를 펼쳐 보지 않았으면 우주의 창대함과 남북극의 상하가 둥글다는 것을 몰랐다는 사실조차 몰랐을 것이다. 다만, 이 발행물들은 대부분 서양 상인들이 발행한 것으로 섬 해안가 토산물의 다양함, 항구도시 화물 선박의 수, 더위와 추위 등 하늘의 운행에 따른 절기에 대해서는 상세하다. 그리고 각 나라 연혁의 전모나 행정 구역의 역사로 보아 각 나라 사서史書에 9만 리를 종횡하고 수천 년을 이어져 온 산천 지리를 기록할 수 있을 것 같은데, [이들 책에서는] 유감스럽게도 아직 들어 보지 못했다.

다만 최근에 나온 포르투갈[19]인 호세 마르티노 마르케스José Martinho Marques[20]의 『지리비고地理備考』,[21] 미국[22]인 엘리자 콜먼 브리지먼Elijah Coleman Bridgman[23]의 『미리가합성국지략美理哥合省國志略』[24]은 모두 그 나라의 문인들이 고대 전적典籍[25]을 세세하게 살펴 [집필하여] 문장의 조리가 매우 분명해 이해하기가 쉽다. 그리고 『지리비고』의 「구라파주총기歐羅巴洲總記」 상하 2편[26]은 더욱 걸작으로, 바로 오랫동안 막혀 있던 마음을 확 트이게 해 주었다. 북아메리카[27]에서는 부락이 군장을 대신하고[28] 그 정관이 대대로 이어지는데도 폐단이 없고, 남아메리카[29] 페루국[30]의 금은은 세계에서 제일 풍부하지만, 모두 역대로 들은 바가 없다. 이미 [『해국도지』는] 100권을 완성해 앞에 총론을 제시해서 독자들로 하여금 그 대강을 파악한 후에 그 조목을 상세하게 알게 해 두었으니 분량의 방대함에 질려 탄식하지 않기를 바란다.

또한 예전 지도는 단지 앞면과 뒷면 2개의 전도全圖만 있고, 또한 각 나라가 모두 실려 있지 않아 좌우에 지도와 역사서를 모두 갖추는 바람을 채우지 못했다. 그런데 지금 광동과 홍콩에서 간행된 화첩畫帖[31] 지도를 보면 각각 지도는 일국의 산수와 성읍의 위치를 구륵鉤勒, 즉 동그라미로 표시하고 색칠해 두었으며 경도[32]와 위도[33]를 계산하는 데 조금도 어긋나지 않았다. 이에 고대부터 중국과 교류가 없었던 지역임에도 산천을 펼쳐 보면 마치 『일통지一統志』의 지도를 보는 것 같았고 풍토를 살펴보면 마치 중국 17개 성省의 지방지를 읽는 것 같았다. 천지 기운의 운행이 서북쪽에서 동남쪽으로 해서 장차 중외가 일가를 이루려고 하는 것인가!

무릇 그 형세를 자세하게 알면 다스리는 방법이 틀림없이 「주해편」에 들어 있다는 것을 알게 될 것이다. 「주해편」은 작게 쓰면 작은 효용이, 크게 쓰면 큰 효용이 있을 것이니 이로써 중국의 명성과 위엄을 떨칠 수 있다면 이는 밤낮으로 매우 원하던 바이다.

마르케스의 『천문지구합론天文地球合論』과 최근 수전에서 사용되었던 화공과 선박, 기기의 도면을 함께 뒤쪽에 부록으로 실어 두었으니, 지식을 넓히는 데 보탬이 되고, 유익하게 활용하는 데 도움이 되기를 바란다.

함풍咸豊 2년(1852), 소양 사람 위원이 고우주高郵洲에서 쓴다.

海國圖志後敍

—

　　譚西洋輿地者, 始於明萬曆中泰西人利馬竇之『坤輿圖說』, 艾儒略之『職方外紀』. 初入中國, 人多謂鄒衍之談天. 及國朝而粵東互市大開, 華梵通譯, 多以漢字刊成圖說. 其在京師欽天監供職者, 則有南懷仁·蔣友仁之『地球全圖』. 在粵東譯出者, 則有鈔本之『四洲志』·『外國史略』, 刊本之『萬國地理全圖集』·『平安通書』·『每月統紀傳』, 爛若星羅, 瞭如指掌. 始知不披海圖海志, 不知宇宙之大, 南北極上下之渾圓也. 惟是諸志多出洋商, 或詳於島岸土產之繁, 埠市貨船之數, 天時寒暑之節. 而各國沿革之始末·建置之永促, 能以各國史書誌富媼山川縱橫九萬里·上下數千年者, 惜乎未之聞焉.

　　近惟得布路國人瑪吉士之『地理備考』與美里哥國人高理文之『合省國志』, 皆以彼國文人留心丘索, 綱擧目張. 而『地理備考』之『歐羅巴洲總記』上下二篇尤爲雄偉, 直可擴萬古之心胸. 至墨利加北洲之以部落代君長, 其章程可垂奕世而無弊, 以及南洲孛露國之金銀富甲四海, 皆曠代所未聞. 旣彙成百卷, 故提其總要於前, 俾觀者得其綱而後詳其目, 庶不致以卷帙之繁, 望洋生歎焉.

又舊圖止有正面背面二總圖, 而未能各國皆有, 無以愜左圖右史之願. 今則用廣東香港冊頁之圖, 每圖一國, 山水城邑, 鉤勒位置, 開方里差, 距極度數, 不爽毫髮. 於是從古不通中國之地, 披其山川, 如閱『一統志』之圖, 覽其風土, 如讀中國十七省之志. 豈天地氣運, 自西北而東南, 將中外一家歟!

夫悉其形勢, 則知其控馭必有於「籌海」之篇. 小用小效, 大用大效, 以震疊中國之聲靈者焉, 斯則夙夜所厚幸也. 夫至瑪吉士之『天文地球合論』與夫近日水戰火攻船械之圖, 均附於後, 以資博識, 備利用.

咸豐二年, 邵陽魏源敍於高郵洲.

주석

1 만력萬曆: 명나라 제13대 황제 신종神宗 주익균朱翊鈞(재위 1573~1620)의 연호
이다.

2 서양: 원문은 '태서泰西'이다. 널리 서방 국가를 가리키는데, 일반적으로
서유럽과 미국을 의미한다.

3 마테오 리치Mateo Ricci: 원문은 '이마두利馬竇'이다. 마테오 리치(1552~1610)
는 이탈리아 마체라타Macerata 출신으로 1583년에는 광동에 중국 최초의
천주교 성당을 건립해 그리스도교를 전파했다. 그는 유학에도 상당히
조예가 깊었으며, 철저한 중국화를 위해 스스로 유학자의 옷을 입었다.
그리고 조상 숭배도 인정하는 융통성을 보여 유학자들로부터 '서양의
유학자(泰西之儒士)'라고 불리었다. 대표적인 저작으로 자신과의 대화 형
식을 빌려 천주교 교리를 설명한 『천주실의天主實義』가 있다.

4 『곤여도설坤輿圖說』: 청대 초기 흠천감을 맡고 있던 페르비스트(1623~1688)
는 천문 역법뿐만 아니라 세계 지리와 지도, 천주교 등 다양한 유럽 문
화를 소개했는데, 그중 세계 지리서로 간행한 것이 바로 『곤여도설』이
다. 이 책은 상하 2권 1책으로 구성되어 있다. 여기에서 마테오 리치의
저술이라고 한 것은 오류이다. 마테오 리치는 1601년 『만국도지萬國圖
志』를 그려서 만력제에게 선물했으며, 세계 지도 위에 지리학과 천문
학적인 설명을 덧붙여 놓은 『곤여만국전도坤輿萬國全圖』를 번역하기도
했다. 본문에서 『곤여도설』은 『곤여만국전도』의 오류가 아닌가 생각
한다.

5 줄리오 알레니Giulio Aleni: 원문은 '애유략艾儒略'이다. 알레니(1582~1649)는
이탈리아 출신의 예수회 소속 선교사이다. 중국의 복장과 예절을 받아
들여 '서양의 공자'라고 일컬어졌다.

6 『직방외기職方外紀』: 알레니가 한문으로 저술한 세계지리도지世界地理圖

志이다. 마테오 리치의 『만국도지』를 바탕으로 증보했으며, 아시아, 유럽, 아프리카, 아메리카 및 해양에 관한 내용을 적고 있다. 『주례周禮』에 기록된 관제 중에 직방씨職方氏가 있는데, 천하의 땅을 관장하기 위해 지도를 맡아 관리했다. 이에 따르면 천하는 중국과 주위의 사이四夷, 팔만八蠻, 칠민七閩, 구맥九貊, 오융五戎, 육적六狄으로 구성되어 있다. 이에 알레니는 중국 사람들에게 천하에는 이들 이외에 중국에 조공하지 않는 많은 나라가 있음을 이 책을 통해 알려 주려고 한 것이다.

7 　추연鄒衍: 추연(기원전 305~기원전 240)은 중국 전국 시대戰國時代 제齊나라 사람으로 제자백가 중 음양가陰陽家의 대표적 인물이다. 오행사상五行思想과 음양이원론陰陽二元論을 결합하여 음양오행사상을 구축했다.

8 　천하를 논하는 것과 같다고 생각했다: 여기에서 천문은 추연의 대구주설大九洲說을 말하는 것이다. 『사기史記』에 따르면, "중국을 이름 붙이기를 적현신주赤縣神洲라고 했다. 적현신주의 안에 구주九洲라는 것이 있는데, 우禹임금이 정한 구주가 바로 이것이나, 대구주는 아니다. 중국의 밖에는 적현신주 같은 것이 9개가 있는데, 이것이 구주인 것이다"라고 되어 있다. 즉 추연은 우공의 구주 전체를 적현신주라 하고 이와 똑같은 것이 8개가 더 합쳐져서 전 세계가 하나의 주를 구성하고 있다고 보았다. 추연의 대구주설은 처음에는 이단으로 받아들여졌으나, 서양의 세계 지도가 중국에 전래되면서 관심을 끌게 되었다고 한다.

9 　청조: 원문은 '국조國朝'이다.

10 　통상무역: 원문은 '호시互市'이다. 본래 중국의 역대 왕조가 국경 지대에 설치한 대외무역소를 가리키는데, 명청 시대에는 책봉 관계를 체결하지 않은 외국과의 대외무역 체제를 의미한다.

11 　흠천감欽天監: 명청 시대 천문·역법 등에 관한 일을 담당하던 기관으로 서양 선교사들이 황실의 천문을 살펴 주고 그 사업을 주도했다.

12 　페르디난트 페르비스트Ferdinand Verbiest: 원문은 '남회인南懷仁'이다. 벨기에 출신으로 1659년 중국에 와서 전도에 일생을 바쳤다. 당초 예수회 수사 아담 샬Adam Schall을 도와 흠천감에서 근무했는데, 이는 서양의 천

문학과 수학에 통달했기 때문이었다. 강희 원년(1662) 양광선楊光先을 중심으로 하는 보수파의 반대 운동에 부딪혀 아담 샬과 함께 북경 감옥에 갇혔다. 이어 보수파가 실각하자 다시 흠천감의 일을 맡게 되었으며, 궁정의 분수 등을 만들어 강희제의 신임을 받아 공부시랑工部侍郎의 직위를 하사받았다. 또한 서양풍의 천문기기를 주조하고 그것을 해설한 『영대의상지靈臺儀像志』(1674) 16권을 출판했으며, 같은 해에 『곤여도설坤輿圖說』이라는 세계 지도를 펴냈다.

13 미셸 베누아Michel Benoist: 원문은 '장우인蔣友仁'이다. 미셸 베누아(1715~1774)는 프랑스 출신의 예수회 선교사, 천문학자이다.

14 초본鈔本: 인쇄 기술에 의존하지 않고 손으로 직접 글을 써서 제작한 도서나 출판물을 가리킨다. 필사본이라고도 한다.

15 『외국사략外國史略』: 영국인 선교사 로버트 모리슨Robert Morrison의 작품으로 『해국도지』에 커다란 영향을 미쳤다.

16 『만국지리전도집萬國地理全圖集』: 광서 2년본에는 '『만국도서집萬國圖書集』'으로 되어 있으나, 악록서사본에 따라 고쳐 번역한다.

17 『평안통서平安通書』: 미국 선교사 디비 베툰 매카티Divie Bethune McCartee의 저서로, 기독교 교의와 과학 지식, 천문天文·기상氣象 관련 상식들을 소개하고 있다.

18 『매월통기전每月統紀傳』: 원명은 『동서양고매월통기전東西洋考每月統記傳』으로, 카를 귀츨라프Karl Gützlaff가 1833년에 광주廣州에서 창간한 중국어 월간지이다.

19 포르투갈: 원문은 '포로국布路國'이다.

20 호세 마르티노 마르케스José Martinho Marques: 원문은 '마길사瑪吉士'이다. 마규사馬圭斯, 혹은 마귀사馬貴斯라고도 한다. 마르케스(1810~1867)는 어려서부터 마카오의 성요셉 수도원에서 한학을 배웠다. 1833년 23세 때 통역사 자격을 취득한 후 마카오 의사회에서 통번역 일을 했으며, 1848년부터는 프랑스 외교사절의 통역에 종사했다.

21 『지리비고地理備考』: 전 10권으로 구성되어 있다. 제1권은 지리학, 천문학

과 기상학, 제2권은 지진, 화산 등 각종 자연 현상, 제3권은 포르투갈의 정치 무역을 비롯해 각 나라의 기원과 역사에 대해, 제4권에서 제10권은 지구총론, 유럽, 아시아, 아프리카, 아메리카, 오세아니아주의 정치, 지리, 경제 현상에 대해 서술하고 있다.

22 미국: 원문은 '미리가국美里哥國'이다.

23 엘리자 콜먼 브리지먼Elijah Coleman Bridgman: 원문은 '고리문高理文'이나, 비치문裨治文으로 표기하는 것이 일반적이다. 브리지먼(1801~1861)은 중국에 파견된 최초의 미국 프로테스탄트 선교사이다. 성서 번역 외에 영어판 월간지 *Chinese Repository*를 창간했다. 또한 싱가포르에서 한문으로 미국을 소개한 『미리가합성국지략』을 간행했는데, 이 책은 위원의 『해국도지』에서 미국 부분을 서술하는 데 중요한 참고자료가 되었다.

24 『미리가합성국지략美理哥省國志略』: 원문은 '『합성국지合省國志』'이다. 혹자는 이 말을 오해해서 『합성국지』가 『해국도지』 100권본에 이르러 비로소 인용되었다고 하지만, 악록서사본에 따르면 이미 『해국도지』 50권본에서 이 책을 인용하고 있다고 한다.

25 고대 전적典籍: 원문은 '구색索丘'이다. 『팔색八索』과 『구구九丘』를 아울러 칭한 것으로 일반적으로 고대의 모든 전적을 가리킨다.

26 『지리비고地理備考』의 「구라파주총기歐羅巴洲總記」 상하 2편: 위원은 『지리비고』의 「방국법도원유정치무역근본총론邦國法度原由政治貿易根本總論」의 전문을 각색해서 「구라파주총기」 상하 두 편으로 표제를 수정했다.

27 북아메리카: 원문은 '묵리가북주墨利加北洲'이다.

28 부락이 군장을 대신하고: 원문은 '이부락대군장以部落代君長'으로, 미국의 연방제를 가리키는 것으로 보인다.

29 남아메리카: 원문은 '남주南洲'이다.

30 페루국: 원문은 '패로국孛露國'이다.

31 화첩畵帖: 원문은 '책혈冊頁'이며, 화책畵冊이라고도 한다.

32 경도: 원문은 '개방리차開方里差'이다. 오늘날 시간대를 나타내는 이차의 원리는 원나라 이후 널리 알려져 절기와 시각, 일식과 월식을 예측하는

데 널리 적용됐다.

33 위도: 원문은 '거극도수距極度數'이다.

海國圖志
卷三

해국도지
권3

―

소양邵陽 위원魏源 찬

본권에서는 동남아시아와 서남아시아·아프리카·대서양 유럽의 연혁과 함께 지도를 수록하고 있다. 역사적으로는 지도를 통해 한대부터 위진남북조, 당대, 원대까지 역대 사서에 기록된 서역 각 나라의 연혁을 서술했고 지리적으로는 조선·안남국·오인도·페르시아·터키·러시아·일본·자와·오스트레일리아의 지도를 수록하여 아시아대륙 각 나라의 지리를 한눈에 볼 수 있게 했다. 본권에서는 역사성을 고려하여 지도를 원전 그대로 실었으며, 지도에 대한 설명은 별면에 실었다. 설명은 펼침면의 오른쪽 지도부터 왼쪽 지도 순이며, 각 지도에서는 오른쪽 위부터 왼쪽 아래 순으로 했다.

해국 연혁도 서설

  예로부터 연표는 연혁이 있고 지도는 연혁이 없기에 지도를 날실로 삼고 연표를 씨실로 삼아 지도를 횡으로 연표를 종으로, 지도를 오른쪽에 연표를 왼쪽에 두어 서로 체용體用할 수 있게 했다. 이는 연표로 역사를 서술하는 데 익숙하고 직접 가서 볼 수 있는 중국일 경우 가능하다. 반면에 연표로 알 수 없는 말을 사용하고 광활하며 끝없는 외국을 서술할 경우, 연표는 연표일 뿐이고 지도는 지도일 뿐이다. 만약 전문가가 아닐 경우, 한번 어긋나면 또 어긋나고 천 번 복잡해지면 천 번 생각이 많아진다. 이에 마테오 리치Mateo Ricci[1]·줄리오 알레니Giulio Aleni[2]·페르디난트 페르비스트Ferdinand Verbiest[3] 및 근래 영국인이 중국어로 편찬한 지도는 비록 방위와 도수度數가 근거가 있고 법칙이 있지만, 해구는 상세한 반면, 내륙은 소홀하고, 본토 말을 사용하고 옛 명칭을 없애 버린 경우는 다른 나라에 가서 온갖 떠드는 소리만 듣는 꼴이니 소리만 있고 글자는 없어 누가 주인인지 모른다. 진륜형陳倫炯[4]·장정부莊廷敷[5]의 지도는 그들의 원본에 근거했기에 각각 서로 일관되지 않다. 명나라 태감 정화鄭和[6]가 서양 지도를 제작할 때는 단지 인도양의 오인도[7]까지만 가 보았지, 아프리카까지는 가지 못했다.[8] 심지어는 코친Cochin,[9] 캘리컷Calicut,[10] 퀼론Quilon[11]을 하나의 섬으로 여겨 벵골Bengal[12]과 스리랑카Sri Lanka[13]의 서쪽에 줄지어 그려 놓았다. 또 호르무즈Hormoz[14]를 하나의 섬으로 여겨 팔렘방Palembang[15]과 자와Jawa,[16] 수마트라Sumatra[17]와 같은 섬으로 그렸다. 어찌 길을 잃은 아이가 동쪽을 가리키며 서쪽이라 하고 영郢 땅으로 가는 남자가 남쪽으로 간다면서 수레를 북쪽으로 모는 것[18]에만 그치겠는가! 아마도 태감 정화는 지도의 역사를 알지 못했고 조타수와 수군은 굽은 길을 따라서만 갔으니 배가 이른 곳의 순서에 따라 지도의 방위가 되었으리라. 또한 코친 서쪽 해안의 갠지스강Ganges River[19]과 호르무즈 양쪽 해안의 동쪽, 서쪽 바다[20] 서양 지도에서 말하는 서홍해西紅海·동홍해東紅海이다. 를 모두 대해로 혼동하여 결국 연안국을 지도에서는 섬나라로 만들어 버렸다. 저 몸소 겪은 이들도 오히려 이와 같은데, 또한 어찌 왕기王圻[21] 이하 [태양이라 여기면서] 구리 쟁반을 두드리고 초를 만지는 경험 없는 이들[22]을 탓할 수 있으리오! 아! 반드시 『원사元史』와 명나라 지도의 황당함, 역대 역사서의 잘잘못, 그리고 마테오 리치, 알레니, 페르비스트 지도의 번잡함을 살펴본 후에야 이 책과 이 지도가 반드시 있어야 함을 알 수 있을 것이다.

海國沿革圖敍

—

古有表沿革, 無圖沿革者, 圖經表緯, 圖橫表縱, 左之右之, 互相體用. 然以表書史所習, 足目所及之中國可也, 以表侏儷不經, 汗漫莫窮之外國, 則表自表, 圖自圖. 自非專門之士, 鮮不一齟而一齬, 千觳而千磧矣. 且利馬竇·艾儒略·南懷仁及近日英夷漢字之圖, 雖方位度數有準有則, 然詳海口, 疏腹內, 沿土語, 荒古名, 如適異國聞群咻, 有聲無詞, 莫適誰主. 陳倫炯·莊廷敷之圖據彼藍本, 各各不相貫串. 至明太監鄭和下西洋之圖, 僅至西南洋五印度, 尙未至小西洋. 甚乃圖柯枝·古里·小葛蘭爲一島, 而列於榜葛剌·錫蘭山之西. 又圖忽魯謨斯爲一島, 圖舊港·小爪哇與蘇門答剌爲同洲. 奚翅迷途之子指東謂西, 適郢之夫南轅北轍! 蓋閭尹不識圖史, 柁工·舟師, 紆折行駛, 以其舟行所至之先後爲圖地之方位. 又凡柯枝西岸之恒河與忽魯謨斯兩岸之東西海港, 卽西圖所謂西紅海·東紅海也. 皆混同大海, 遂致岸國圖成島國. 彼身歷之人尙如是, 又何責王圻以下之扣槃捫燭乎! 烏乎! 必觀『元史』·明圖之荒唐, 歷代諸史之明昧, 與利氏·艾氏·南氏諸圖之紛錯, 而後知斯書斯圖之必不可已.

주석

1 마테오 리치Mateo Ricci: 원문은 '이마두利馬竇'이다. 이탈리아 마체라타
   Macerata 출신으로 1583년에는 광동에 중국 최초의 천주교 성당을 건립
   해 그리스도교를 전파했다. 마테오 리치(1552~1610)는 유학에도 상당히
   조예가 깊었으며, 철저한 중국화를 위해 스스로 유학자의 옷을 입었다.
   그리고 조상 숭배도 인정하는 융통성을 보여 유학자들로부터 '서양의
   유학자(泰西之儒士)'라 불리었다. 대표적인 저작으로 자신과의 대화 형식
   을 빌려 천주교 교리를 설명한 『천주실의天主實義』가 있다.

2 줄리오 알레니Giulio Aleni: 원문은 '애유락艾儒略'으로 이탈리아 출신의 예
   수회 소속 선교사이다. 알레니(1582~1649)는 중국의 복장과 예절을 받아
   들여 '서양의 공자'라고 일컬어졌다.

3 페르디난트 페르비스트Ferdinand Verbiest: 원문은 '남회인南懷仁'이다. 페르
   비스트(1623~1688)는 벨기에 출신으로 1659년 중국에 와서 전도에 일생
   을 바쳤다. 당초 예수회 수사 아담 샬Adam Schall을 도와 흠천감欽天監에서
   근무했는데, 이는 서양의 천문학과 수학에 통달했기 때문이었다. 강희
   원년(1662) 양광선楊光先을 중심으로 하는 보수파의 반대 운동에 부딪혀
   아담 샬과 함께 북경 감옥에 갇혔다. 이어 보수파가 실각하자 다시 흠
   천감의 일을 맡게 되었으며, 궁정의 분수 등을 만들어 강희제의 신임을
   받아 공부시랑工部侍郎의 직위를 하사받았다. 또한 서양풍의 천문기기를
   주조하고 그것을 해설한 『영태의상지靈台儀像志』(1674) 16권을 출판했으
   며, 같은 해에 『곤여도설坤輿圖說』이라는 세계 지도를 펴냈다.

4 진륜형陳倫炯: 자는 차안次安, 호는 자재資齋로 복건성 동안현同安縣 안인
   리安仁里 고포촌高浦村 사람이다. 진륜형(1687~1751)은 어려서부터 부친을
   따라 동서양을 출입하면서 해상에 대해 잘 알았다. 건륭乾隆 7년(1742)에
   절강 영파寧波의 수사제독이 되었다.

5 장정부莊廷敷: 자는 안조安調, 호는 흡보恰甫로 무진武進 사람이다. 장정부
   (1728~1800)의 저서로는 『황조통속직공만국경위지구도설皇朝統屬職貢萬國經
   緯地球圖說』과 『해양외국도편海洋外國圖編』이 있다.

6 정화鄭和: 정화(1371~1434)는 중국 명나라 때 장군이자 환관, 무관, 제독,
   전략가, 탐험가, 외교관, 정치가이다. 본명은 마삼보馬三保로, 운남성雲
   南省 곤양昆陽의 무슬림 가정에서 태어났다. 영락제의 명을 받아 남해에
   대원정을 떠난 것으로 유명하다.

7 오인도: 동인도·남인도·서인도·북인도·중인도를 가리킨다.

8 아프리카까지는 가지 못했다: 사실 『정화항해도鄭和航海圖』는 멀리 아프
   리카 동쪽 해안까지 그리고 있다.

9 코친Cochin: 원문은 '가지柯枝'로, 지금 인도 서남부에 위치한 코친을 가리
   킨다.

10 캘리컷Calicut: 원문은 '고리古里'로, 인도 서남부의 캘리컷을 가리킨다. 지
    금의 명칭은 코지코드Kozhikode이다.

11 퀼론Quilon: 원문은 '소갈란小葛蘭'으로, 지금의 인도 서남부 퀼론이다.

12 벵골Bengal: 원문은 '방갈랄榜葛剌'로, 지금은 방글라데시와 인도의 서벵
    골주로 나뉘어 있다.

13 스리랑카Sri Lanka: 원문은 '석란산錫蘭山'으로, 옛 이름은 실론Ceylon이고
    지금의 스리랑카이다.

14 호르무즈Hormoz: 원문은 '홀로모사忽魯謨斯'이다. 『정화항해도』의 '홀로
    모사'는 지금의 이란 호르무즈섬(호르무즈해협은 키슘섬Qishm Island의 동쪽에 있다)
    에 14세기에 건설한 신항을 말한다.

15 팔렘방Palembang: 원문은 '구항舊港'으로 지금의 인도네시아 수마트라섬
    동남부의 큰 항구를 말한다.

16 자와Jawa: 원문은 '소조왜小爪哇'이다. 지금의 자와섬을 가리킨다.

17 수마트라Sumatra: 원문은 '소문답랄蘇門答剌'이다.

18 영郢 땅으로 … 북쪽으로 모는 것: 원문은 '적영지부남원북철適郢之夫南轅
    北轍'이다. 『전국책』「위책魏策」에 나오는 말로 위魏나라가 조趙나라를

공격하려고 하자 위나라의 신하 계량季梁이 초楚나라에 가려는 사람이
북으로 수레를 몰고 가는 이야기에 빗대어 왕을 만류한 이야기에서 나
왔다. 남쪽으로 가려고 하면서 수레는 북쪽으로 몬다는 뜻으로, 마음과
행동이 상반되거나 두 가지 사물이 정반대로 나가는 것을 비유하는 말
이다.

19 갠지스강Ganges River: 원문은 '항하恒河'이다. 코친의 서쪽 해안은 아라비
아해Arabian Sea이지 갠지스강이 아니다. 위원이 코친 밖의 방위를 잘못
안 것이다.

20 호르무즈 양쪽, 해안의 동쪽, 서쪽 바다: 원문은 '홀로모사양안지동서해
항忽魯謨斯兩岸之東西海港'이다. 악록서사본에 따르면, 호르무즈 양쪽 해안
의 동서쪽 해안은 오만만Gulf of Oman과 페르시아만Persian Gulf이지 위원이
주를 단 서홍해, 동홍해와는 관련이 없다.

21 왕기王圻: 명대 문헌 학자이자 장서가이다. 왕기(1530~1615)는 강교江橋 사
람으로, 자는 원한元翰이며 호는 홍주洪洲이다. 명대 가정嘉靖 44년(1565)
에 진사가 되었다. 청강지현淸江知縣, 만안지현萬安知縣, 섬서제학사陝西提
學使 등을 역임했다. 저서로는 『홍주류고洪洲類稿』 4권, 『삼재도회三才圖
會』 106권, 『양절염지兩浙鹽志』, 『속문헌통고續文獻通考』, 『익법통고謚法通
考』 등이 있다.

22 구리 쟁반을 두드리고 초를 만지는 경험 없는 이들: 원문은 '구반문촉扣
槃捫燭'이다. 이 말은 송宋나라 소식蘇軾의 「일유日喩」에서 나왔다. "선천
적으로 장님인 사람이 태양을 알지 못하여 태양을 볼 수 있는 사람에
게 물었다. 어떤 사람이 알려 주길 '태양은 구리 쟁반을 닮았소'라고 하
자 장님은 쟁반을 두드려 소리가 난다는 사실을 알았다. 다른 날 장님
은 종소리를 듣고 태양이라고 여겼다. 어떤 사람이 '태양은 촛불처럼
빛이 나오'라고 알려 주자 장님은 초를 만져 보고 그 모습을 알았다. 다
른 날 장님은 피리를 만져 보고는 태양이라고 여겼다(生而眇者不識日, 問之
有目者. 或告之曰: '日之狀如銅盤,' 扣盤而得其聲. 他日聞鍾, 以爲日也. 或告之曰: '日之光如
燭,' 捫燭而得其形. 他日揣籥, 以爲日也)." 태양은 구리 쟁반이나 초와는 다르나

경험해 보지 못한 사람은 구리 쟁반이나 초를 태양으로 잘못 여긴다는
말이다.

東南洋各國沿革圖

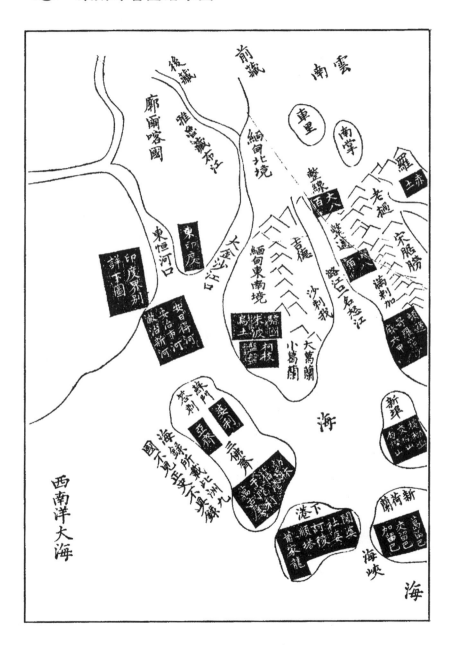

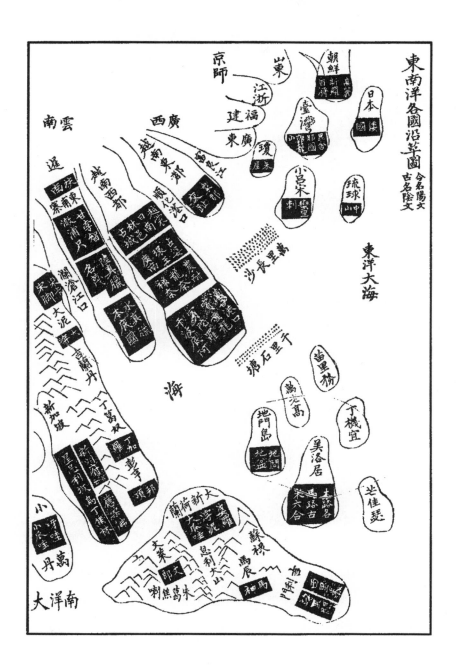

🐉 동남양 각 나라 연혁도

흰 바탕의 글자는 청말 당시의 명칭이고, 검은 바탕의 글자는 별칭이다.

조선朝鮮: 조선을 말한다.

　─고려高麗: 고려를 말한다.

　─신라新羅: 신라를 말한다.

　─백제百濟: 백제를 말한다.

산동山東: 지금의 산동성이다.

경사京師: 당시 청나라의 수도인 북경을 말한다.

강절江浙: 지금의 강소성과 절강성 일대이다.

복건福建: 지금의 복건성이다.

광동廣東: 지금의 광동성이다.

광서廣西: 지금의 광서성이다.

운남雲南: 지금의 운남성이다.

경瓊: 지금의 해남성의 약칭이다.

　─주애朱崖: 해남성의 옛 지명으로 지금의 해남성 해구시海口市이다.

일본日本: 지금의 일본이다.

　─왜국倭國: 일본의 별칭이다.

대만臺灣: 지금의 대만이다.

　─비사야국毘舍耶國: 비사야국毗舍耶國이라고도 하며 대만의 고대 국
　　가이다.

　─계룡산雞龍山: 대만 동북부에 위치한 기륭산基隆山을 가리킨다. 바
　　다에서 정면을 보면 산 모양이 닭과 용처럼 보인다고 해서 계룡산
　　이라고 한다.

유구琉球: 류큐Ryukyu 왕국으로, 지금의 오키나와제도에 위치한다.

　ㅡ중산中山: 츄잔으로, 지금의 오키나와沖繩 나하시那覇市를 중심으로 존재했던 왕국이다.

동양대해東洋大海: 지금의 태평양Pacific Ocean이다.

소여송小呂宋: 지금의 필리핀 루손섬Luzon Island이다.

　ㅡ만리랄蠻里剌: 마니랍馬尼拉이라고도 하며 지금의 마닐라Manila 일대이다.

만리장사萬里長沙: 지금의 스프래틀리군도Spratly Islands로, 중국에서는 남사군도南沙群島라고 부른다.

부량강富良江: 지금의 베트남Vietnam 하노이 부근의 홍강Hồng Hà 주류인 푸르엉강Sông Phú Lương을 가리킨다.

월남동도越南東都: 베트남 북부의 통킹Tongking으로, 지금의 하노이를 가리킨다.

　ㅡ상군象郡: 위원은 상군을 베트남 북부로 여겼지만 대부분의 연구자는 상군을 중국 내에 있다고 여긴다.

　ㅡ교지交趾: 대략 지금의 베트남 타인호아Thanh Hóa 이북 지역이다.

순화항구順化港口: 후에Huế 항구를 가리킨다.

월남서도越南西都: 베트남에서 말하는 '서도西都'는 타인호아를 가리킨다. 하지만 중국 문헌에서 보이는 베트남 '서경西京'은 지금의 베트남 중부의 후에, 꽝남Quảng Nam 일대를 가리킨다. 위원이 말한 '서도'는 지금의 베트남 남부를 포함한 지역이다.

　ㅡ월상越裳: 지금의 베트남 중부에 있던 고대 국가이다.

　ㅡ일남日南: 녓남Nhật Nam으로, 지금의 베트남 중부이다.

　ㅡ임읍林邑: 럼업Lâm Ấp으로, 지금의 베트남 중부이다.

－점성占城: 점파占婆라고도 하며 참파Champa 또는 찌엠타인Chiêm Thành이다. 지금의 베트남 중남부이다.

－환왕環王: 지금의 베트남 중남부이다.

－광남廣南: 꽝남으로, 지금의 베트남 중남부이다.

－농내農耐: 용내龍奈, 녹내祿奈, 녹뢰祿賴라고도 하며 베트남 남부의 쩔런Chợ Lớn, 사이공Saigon 일대이다. 지금의 호찌민시Ho Chi Minh를 말한다.

－포감항구蒲甘港口: 빈동롱賓童龍, 빈타라賓陀羅라고도 하며 판다란 Pandaran이다. 판다란은 참파국의 남부 지역명으로 그 지역은 대략 지금의 베트남 투언하이성Thuận Hải 북부와 푸카인성Phú Khánh 남부 일대이다. 혹은 지금의 판랑Phan Rang이나 그 남부의 파다란Padaran 곶을 가리키기도 한다.

－간파저아干波底阿: 지금의 캄보디아Cambodia이다.

천리석당千里石塘: 지금의 파라셀제도Paracel Islands로, 남중국해에 떠 있는 수많은 산호 섬들이다. 중국에서는 서사군도西沙群島라고 부른다.

섬라暹羅: 지금의 태국Thailand이다.

－부남扶南: 프놈Phnom으로, 중국 고대 전적에 따르면 1~7세기까지 인도차이나반도에 존재했던 고대 국가이다. 그 영토는 대략 캄보디아와 라오스 남부, 베트남 남부, 태국 동남부 일대이며 가장 번성했을 때는 태국 서부에서 말레이반도 남단까지 차지했다.

－간보채柬甫寨: 감발지甘孛智, 감포지澉浦只라고도 하며 지금의 캄보디아이다.

－육진랍陸眞臘: 지금의 라오스Laos와 태국 일부분에 해당한다.

－명멸名蔑: 각멸閣蔑, 길멸吉蔑이라고도 한다. 캄보디아 주요 민족인

크메르Khmer의 음역으로 지금은 고면高棉이라고 쓴다. 이곳은 민족 이름이 국가명이 되었다.

－수진랍水眞臘: 대략 지금의 캄보디아와 베트남 남부 지역 및 태국 일부분에 해당한다.

－본저국本底國: 캄보디아의 별칭이다.

－적토赤土: 악록서사본에 따르면, 이전에는 대부분 적토국을 지금의 태국 메콩강 하류 일대로 여겼지만 지금은 말레이반도에 위치한다고 주장한다. 또한 적산赤山이 태국 송클라Songkhla, 빠따니Pattani 일대에 위치하고 그 지역 흙색이 대부분 붉은색이기 때문에 송클라가 바로 카오댕Khao Daeng이고 적산의 수도 싱고라Singora의 음역이라는 의견도 있다. 또 다른 의견은 적토국은 말레이시아 크다주Kedah 일대로, 이 땅에는 Raktamritika라는 4세기경 쓰인 산스크리트어 비석이 있는데, 붉은색이란 뜻이기 때문에 적토와 크다의 음과 뜻이 서로 맞아떨어진다고도 한다.

난창강구瀾滄江口: 메콩강Mekong River 입구이다. 중국의 난창강瀾滄江은 인도차이나반도로 유입된 후 메콩강으로 칭해지며 미얀마Myanmar, 라오스, 태국, 캄보디아, 베트남을 거쳐 남중국해로 들어간다.

노과老撾: 지금의 라오스이다.

송거로宋腒勝: 송잡宋卡, 송각宋脚이라고도 하며 지금의 태국 송클라이다.

대니大泥: 대년大年이라고도 하며 지금의 태국 빠따니이다.

길란단吉蘭丹: 지금의 말레이시아 클란탄주Kelantan이다.

정갈노丁葛奴: 정가라丁加羅라고도 하며 지금의 말레이시아 트렝가누주Terengganu이다.

팽형彭亨: 방항邦項이라고도 하며 지금의 말레이시아 파항주Pahang이다.

신가파新加坡: 신주부新州府, 성기리파星忌利坡라고도 하며, 지금의 싱가포르Singapore이다. 원래 싱가포르와 말레이반도 사이에 조호르해협Johor Strait (또는 테브라우해협Selat Tebrau이라고도 함)이 있는데, 위원은 조호르해협을 지도에 그리지 않았다.

    ─구유불舊柔佛: 싱가포르와 말레이시아의 코타팅기Kota Tinggi, 조호르바루Johor Bahru 일대를 가리킨다.

    ─오정초림烏丁焦林: 우중타나Ujung Tanah 혹은 우탄다람Utan Dalam으로, 지금의 코타팅기이다.

묘리무苗里務: 지금의 필리핀 민도로섬Mindoro Island이다.

만로고萬老高: 지금의 인도네시아 말루쿠제도Kepulauan Maluku이다.

정기의丁機宜: 지금의 인도네시아 말루쿠제도 티도레섬Pulau Tidore에 있는 통가오이Tongaoi이다.

망가슬芒佳瑟: 인도네시아 술라웨시섬Pulau Sulawesi에 살던 부족인 망카사라Mangkassara에 대한 음차로 술라웨시 서남 해안의 중요한 항구 마카사르Makassar가 여기에서 이름을 얻었다. 지금의 명칭은 우중판당Ujung Pandang이다.

미락거美洛居: 목로각木路各, 마로각馬路各, 미륙합米六合이라고도 하며 지금의 말루쿠제도이다.

지문도地門島: 지문地問이라고도 하며 지금의 티모르섬Pulau Timor이다.

    ─지분地盆: 지금의 말레이반도 동쪽 해안 밖의 티오만섬Pulau Tioman이다. 위원은 이를 티모르섬으로 잘못 여겼다.

대신하란大新荷蘭: 파라婆羅, 대조왜大爪哇라고도 하며, 지금의 인도네시아 보르네오섬Pulau Borneo 남부 지역인 칼리만탄Kalimantan을 가리킨다.

    ─발니淳泥: 칼리만탄 북부의 브루나이Brunei나 서쪽 해안의 폰티아낙

Pontianak 일대를 가리킨다.

문래文萊: 지금의 브루나이이다.

　―문랑文郞: 위원은 '문랑'을 브루나이의 옛 이름으로 번역했지만, 이
　　는 잘못됐다. 장섭張燮의 『동서양고東西洋考』에 따르면 '문랑'은 반
　　자르마신Banjarmasin의 약칭이다.

주갈초라朱葛焦喇: 지금의 인도네시아 칼리만탄 서쪽 해안의 수카다나
Sukadana이다.

식리대산息利大山: 스리부사라투Seribu Saratu산맥으로, 말레이어로는 11,000개
의 산이란 뜻이다. 칼리만탄의 이란Iran, 카푸아스Kapuas, 물러Muller, 슈와
네르Schwaner 등 산맥을 널리 가리킨다.

마신馬辰: 마신馬神이라고도 하며 지금의 반자르마신이다.

소록蘇祿: 고대 술루국Sulu으로, 술루 서왕西王이 다스리던 곳은 칼리만탄
동북부였고 동왕東王이 다스리던 곳은 술루군도Sulu Archipelago였으며 동왕
峒王이 다스리던 곳은 팔라완Palawan 남부였다.

길리문吉利門: 장리민蔣里悶이라고도 하며 지금의 인도네시아 자와섬 북쪽
카리문자와제도Kepulauan Karimunjawa를 가리킨다.

　―서리미西里米: 술라웨시 또는 셀레베스섬Celebes Island이다. 위원은
　　칼리만탄 동남부라고 잘못 여겼다.

소신하란小新荷蘭: 하왜呀哇, 소조왜小爪哇라고도 하며, 지금의 인도네시아
자와섬Pulau Jawa이다.

　―갈류파葛留巴: 교류파交留巴, 가류파加留巴라고도 하며 클라파Kelapa
　　이다. 지금의 인도네시아 수도 자카르타시Jakarta를 가리키며, 자
　　와 등의 섬을 두루 지칭하기도 한다.

만단萬丹: 지금의 반탄Bantan으로 자와섬 서북 해안에 위치한다.

남양대해南洋大海: 지금의 인도양Indian Ocean이다.

남장南掌: 지금의 라오스이다. 라오스는 태국의 동북쪽에 위치하는데, 위원은 서쪽으로 잘못 그렸다.

차리車里: 토사土司 명칭으로, 관청 소재지는 지금의 운남성 경홍시景洪市에 위치한다.

정선整線: 지금의 태국 북부 치앙샌Chiang Saen 및 그 부근 일대이다.

　　—대팔백大八百: 팔백대전八百大甸으로, 지금의 태국 치앙샌 일대이다.

정매整邁: 지금의 태국 치앙마이Chiang Mai이다.

　　—소팔백小八百: 지금의 태국 치앙마이 일대이다.

만랄가滿剌加: 마륙갑麻六甲이라고도 하며 지금의 말레이시아 믈라카주Melaka이다.

　　—돈손頓遜: 일반적으로는 말레이반도로 알고 있는데, 미얀마 동남
　　　해안의 타닌타리Tanintharyi 일대를 가리킨다. 학자마다 의견이 달
　　　라 태국의 퉁송Tung Song으로 여기기도 하고, 위원의 견해에 동의
　　　하며 믈라카라고 여기기도 한다.

　　—가라부사哥羅富沙: 지금의 말레이반도 북부의 크라지협Khokhok Kra
　　　일대이다.

신부新埠: 빈랑서檳榔嶼라고도 하며 지금의 말레이시아 피낭섬Pulau Pinang이다.

　　—교란산交欄山: 구란산勾欄山이라고도 하며 지금의 인도네시아 칼리
　　　만탄 서남 해안 밖의 글람섬Pulau Gelam이다. 위원은 피낭으로 잘못
　　　여겼다.

노강구潞江口: 노강潞江은 노강怒江이라고도 하며, 미얀마로 유입된 후에는
살윈강Salween River으로 불린다. 살윈강은 몰먀잉Mawlamyine 부근에서 안다

만해Andaman sea의 마르타반만Gulf of Martaban으로 유입된다.

전장前藏: 지금의 티베트 라사Lhasa 지구이다.

후장後藏: 지금의 티베트 시가체Shigatse 지구이다.

아로장포강雅魯藏布江: 중국 티베트고원 남부에 있는 강으로 히말라야산 맥Himalaya Moutains과 트랜스히말라야산맥Transhimalaya Mountains의 골짜기를 흐르는 브라마푸트라강Brahmaputra River의 상류이다.

곽이객국廓爾喀國: 네팔 중부에 위치했던 구르카Gurkha이다.

면전북경緬甸北境: 미얀마 북쪽 경계이다.

길덕吉德: 지금의 말레이시아 크다주이다.

사랄아沙剌我: 지금의 말레이시아 슬랑오르주Selangor이다. 위원은 말레이 시아의 크다주, 슬랑오르주를 미얀마 살윈강 서쪽에 잘못 그렸다.

대갈란大葛蘭: 지금의 인도반도 서남 해안의 퀼론Quilon이다. 이 지도에서 는 인도반도 서남 해안에 위치한 대갈란, 소갈란小葛蘭, 코친Cochin 세 지 역을 모두 미얀마 동남부로 잘못 그렸다.

소갈란小葛蘭: 지금의 인도 서남 해안의 퀼론이다.

면전동남경緬甸東南境: 미얀마 동남쪽 경계이다.

　─표국驃國: 퓨족Pyu이 세운 나라로 8세기에는 국토가 미얀마 이라와 디강Irrawaddy River 전부를 포함했고 수도는 프롬Prome에 있었다. 후 에 버마족이 세운 바간Bagan 왕조가 그 자리를 대신하면서 퓨족도 점차 버마족에 동화되었다.

　─주파朱波: 표국의 별칭이다. 악록서사본에 따르면, '파波' 자는 '강江' 자를 잘못 쓴 것이라고도 한다. '주강朱江'은 이라와디강을 말하며, 강물이 혼탁하여 약간 붉은색을 띤다.

　─오토烏土: 지금의 미얀마이다.

―가지柯枝: 지금의 인도 서남부에 위치한 코친이다.

―반반盤盤: 말레이반도 북쪽에 위치했던 고대 국가이다.

대금사강구大金沙江口: 이라와디강 입구이다.

동인도東印度: 지금의 인도 아삼주Assam 서부, 서벵골주West Bengal의 중부와 남부, 오디샤주Odisha의 북부와 중부 및 방글라데시Bangladesh의 중부와 남부 지역이다.

동항하구東恒河口: 갠지스강Ganges River 입구이다.

―안일득하安日得河, 안치시하安治市河, 감치신하澉治新河는 모두 갠지 스강을 가리킨다.

인도는 별도로 지도를 두어 상세히 설명한다.

소문답랄蘇門答剌: 지금의 수마트라섬Pulau Sumatra이다.

―파리婆利: 악록서사본에 따르면, 위원의 지도에서는 파률波律, 즉 지금의 수마트라섬 서쪽 해안의 바루스Barus를 가리킨다. 위원의 견해에 동의하는 학자도 있지만, 지금의 인도네시아 발리섬Pulau Bali으로 여기기도 하고, 보르네오섬, 즉 지금의 칼리만탄으로 여기 기도 하며. 수마트라섬 동남부의 잠비Jambi 일대로 여기기도 한다.

―아제亞齊: 지금의 인도네시아 수마트라섬 아체Aceh 특구 일대로, 주요 도시인 반다아체Banda Aceh만을 가리키기도 한다.

삼불제三佛齊: 삼보자Samboja로, 지금의 수마트라섬 항구도시인 잠비 일대 이다.

―발림勃林: 발림渤林이라고도 하며 지금의 수마트라섬 항구도시인 팔렘방Palembang이다. 구항舊港, 간타리干陀利도 지금의 수마트라섬 항구도시인 팔렘방을 가리킨다.

―만고루萬古屢: 지금의 수마트라섬 서쪽 해안의 븡쿨루Bengkulu이다.

하항下港: 인도네시아 자와섬 서북 해안의 반탄으로, 자와섬 서북 해안 일대를 두루 가리키기도 한다. 위원의 지도에서는 하항을 수마트라섬과 자와섬 사이의 또 다른 섬으로 잘못 여겼다.

　　―사파闍婆: 사파社婆라고도 하며 야바Yava이다. 일반적으로 송대宋代 이후에는 인도네시아 자와섬만을 가리켰다.

　　―가릉訶陵: 칼링가Kalinga로, 본래 지금의 인도 오디샤주 일대를 가리켰으나 후에는 동남아시아 지역으로 이동하여 지금의 자와섬 중부 또는 케디리Kediri 일대를 가리켰다.

　　―순탑順塔: 순다Sunda로, 하항, 즉 반탄이다.

　　―보가룡莆家龍: 지금의 인도네시아 자와섬 프칼롱안Pekalongan이다.

『해록海錄』에 기록된 수마트라섬의 9개국은 정사에 보이지 않으므로 기록하지 않는다.

서남양대해西南洋大海: 지금의 인도양이다.

西南洋五印度沿革圖

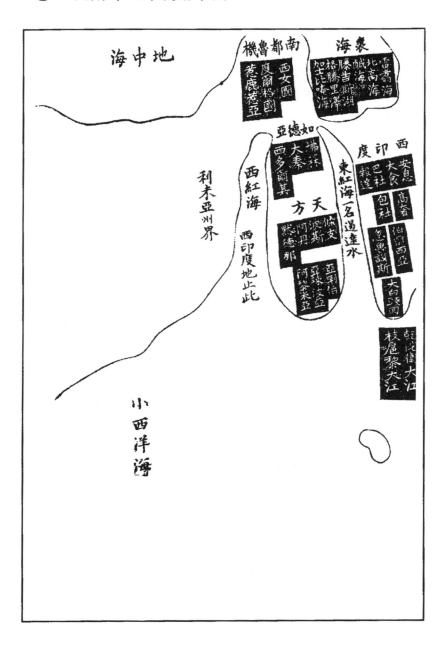

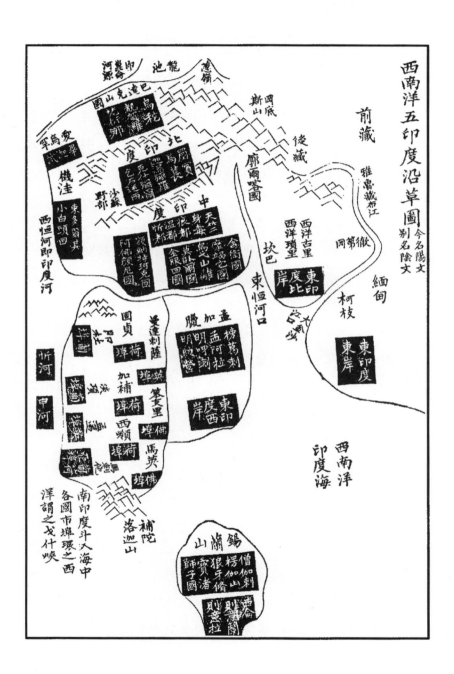

西南洋五印度沿革圖　今名陽文　別名陰文

🐚 서남양 오인도 연혁도

흰 바탕의 글자는 청말 당시의 명칭이고, 검은 바탕의 글자는 별칭이다.

전장前藏: 지금의 티베트 라사Lhasa 지구이다.

아로장포강雅魯藏布江: 중국 티베트고원 남부에 있는 강으로 히말라야산
맥Himalaya Mountains과 트랜스히말라야산맥Transhimalaya Mountains의 골짜기를
흐르는 브라마푸트라강Brahmaputra River의 상류이다.

면전緬甸: 지금의 미얀마이다.

가지柯枝: 지금의 인도 서남부에 위치한 코친Cochin이다.

동인도동안東印度東岸: 동인도 동쪽 강안이다. 악록서사본에 따르면,
이 명칭이 미얀마 이라와디강Irrawaddy River 동남쪽에 쓰인 것은 아마도
1824~1826년에 발생한 제1차 영국 미얀마 전쟁의 결과 영국이 미얀마로
부터 타닌타리Tanintharyi 지역을 할양받았음을 표시한 것이다.

후장後藏: 지금의 티베트 시가체Shigatse 지구이다.

강저사산岡底斯山: 지금의 티베트 남서부 마나사로와르호에 위치한 카일
라스산Kailas Mountain이다.

곽이객국廓爾喀國: 네팔 중부에 위치했던 구르카Gurkha이다.

철제강徹第岡: 지금의 방글라데시 치타공Chittagong이다.

서양고리西洋古里: 인도반도 서남 해안의 캘리컷Calicut으로, 지금의 코지코
드Kozhikode이다.

서양쇄리西洋瑣里: 촐라국Chola으로, 지금의 인도 동남 해안에 위치했다.
이 지도에서는 지금의 방글라데시로 잘못 그렸다.

감파坎巴: 코임바토르Coimbatore로, 지금의 인도 타밀나두주Tamil Nadu 서부
에 위치한다. 이 지도에서는 방글라데시 일대로 잘못 그렸다.

동인도북안東印度北岸: 동인도 북쪽 강안이다.

대금사강구大金沙江口: 이라와디강 입구이다.

동항하구東恒河口: 갠지스강 입구이다.

서남양인도해西南洋印度海: 지금의 인도양Indian Ocean이다.

총령葱嶺: 지금의 파미르고원Pamir Plateau이다.

용지龍池: 곤륜하崑崙河의 수원이다. 곤륜하는 지금의 히말라야에 있는 아나바타프타Anavatapta 호수이다.

파달극산국巴達克山國: 지금의 아프가니스탄Afghanistan 바다흐샨Badakhshān이다.

　　―오타烏秅: 지금의 중국 신강新疆 야르칸드강Yarkand River 상류 및 아프가니스탄 바다흐샨 인근에 위치했던 고대 국가이다.

　　―도하라睹賀羅: 지금의 아프가니스탄 북부에 위치했던 고대 국가이다.

　　―범연나梵衍那: 지금의 아프가니스탄 카불Kabul 서쪽의 바미안성Bāmiān에 위치에 위치했던 고대 국가이다.

애오한愛烏汗: 지금의 아프가니스탄이다.

　　―필가시畢迦試: 가필시迦畢試로 써야 한다. 가필시는 카피사Kapisa로, 지금의 카불 북쪽에 위치하는 베그람Begram이다.

북인도北印度: 지금의 카슈미르주Kashmir, 인도의 펀자브주Punjab, 하리아나주Haryana, 파키스탄의 서북 변경, 펀자브주 및 아프가니스탄의 카불강Kabul River 남쪽 양측 강변 지역이다.

　　―계빈罽賓: 카스미라Kasmira, 즉 지금의 카슈미르로, 카피사라고도 한다. 지금의 아프가니스탄 동북부에 위치했던 고대 국가이다.

　　―오장烏萇: 우르야나Udyana, 우디야나Uddiyana로, 지금의 파키스탄 스와트강Swat River 연안에 위치했던 고대 국가이다.

─가습미라迦濕彌羅: 극십미이克什彌爾, 걸석미서乞石迷西라고도 하며
지금의 카슈미르이다.

사소야부沙蘇野部: 지도상에는 표시되어 있으나, 현재 어떤 지역을 가리키
는지는 미상이다.

기와機注: 지금의 우즈베키스탄Uzbekistan 히바Khiva이다.

─동다이기東多爾其: 진륜형陳倫炯의 『해국문견록海國聞見錄』에서는 터
키Turkey 동부를 가리킨다. 그러나 위원은 투르키스탄Turkistan으로
고쳐 그렸다.

─소백두회小白頭回: 지금의 파키스탄Pakistan 일대를 가리킨다.

서항하西恒河: 지금의 인더스강Indus River이다.

중인도中印度: 지금의 방글라데시Bangladesh 북부, 인도의 서벵골주West
Bengal 북부, 라자스탄주Rajasthan 북부, 우타르프라데시주Uttar Pradesh이다.

─천축天竺: 신독身毒, 흔도痕都, 온도溫都, 흔도忻都라고도 하며 신두
Sindhu, 인도India라고 불렸다. 지금의 인도, 파키스탄, 방글라데시
등의 나라를 포함한다.

─사위국舍衛國: 슈라바스티Sravasti로, 지금의 인도 북부 우타르프라데
시주의 곤다Gonda와 바흐라이치Bahraich 두 현의 경계에 위치했다.

─마갈타국摩竭它國: 마갈타국摩竭陀國이라고도 하며 만가다Mangadha이
다. 지금의 인도 바하르주의 파트나Patna와 가야Gaya 지역에 해당
한다.

─오익산리烏弋山離: 지금의 아프가니스탄 서북부 헤라트주Herat에 위
치했던 고대 국가이다.

─막와이국莫臥爾國: 무굴 제국Mughal Empire이다.

─금안회국金眼回國: 사청고謝淸高의 『해록海錄』에서는 지금의 인도 카

티아와르반도Kathiawar Peninsula를 가리킨다.

─액납특가극국額納特珂克國: 무굴 제국으로 추정된다.

─아불안니국阿佛顔尼國: 지금의 아프가니스탄이다.

맹가랍孟加臘: 방갈랄榜葛剌, 맹아랍孟阿拉, 명하라明呀喇, 명교영明絞營이라고도 하며 벵골Bengal이다. 과거 영국령 인도 제국의 벵골주였다가 후에 영국의 벵골 분할령으로 인해 방글라데시의 동벵골과 인도의 서벵골로 나뉘었다.

동인도서안東印度西岸: 동인도 서쪽 강안이다.

만달랄살曼達剌薩: 지금의 인도 마드라스Madras로, 당시에는 영국령이었다.

영국령 부두이다.

고정固貞: 지금의 인도반도 서남부에 위치한 코친으로, 당시에는 네덜란드령이었다.

네덜란드령 부두이다.

가보加補: 지금의 인도반도 남단의 코모린곶Cape Comorin으로, 당시에는 네덜란드령이었다.

네덜란드령 부두이다.

분지리笨支里: 지금의 인도 푸두체리Puducherry의 중심지 퐁디셰리Pondicherry로, 당시에는 프랑스령이었다.

프랑스령 부두이다.

마영馬英: 지금의 인도 서남부 도시 마에Mahe로, 당시에는 프랑스령이었다.

프랑스령 부두이다.

서령西嶺: 실론섬Ceylon Island으로, 지금의 스리랑카Sri Lanka이다. 악록서사본에 따르면, 1508년에는 포르투갈이 점령했고 1612년에는 네덜란드가 점령했다. 『해록』의 저자인 사청고가 항해할 때는 여전히 "네덜란드가

관할하고 있었지만(爲荷蘭所轄)", 1796년에 영국이 네덜란드령 실론을 빼앗았기 때문에 『해국도지』가 완성된 1843년에는 이미 '네덜란드령 부두'가 아니었다. '서령'은 인도반도 동남쪽에 있는 큰 섬이므로 또한 인도반도 위에 그려서는 안 된다. 석란산錫蘭山, 심가라Simghala, 랑카Lanka, 라트나드비파Ratnadvipa, 시할라Sihala, 서륜西崙, 칙의란則意蘭은 모두 지금의 스리랑카를 가리킨다.

네덜란드령 부두이다.

즉두卽肚: 지금의 인도 카티아와르반도 남쪽의 디우Diu로, 당시에는 포르투갈령이었다. 『해록』에 그려진 위치는 정확하지 않다.

포르투갈령 부두이다.

담항淡項: 지금의 인도 서부의 다만Daman으로, 당시에는 포르투갈령이었다. 『해록』에는 위치가 반대로 그려져 있다.

포르투갈령 부두이다.

맹매孟邁: 지금의 인도 뭄바이Mumbai로, 당시에는 영국령이었다.

영국령 부두이다.

마랄타馬剌他: 마라타Maratha로, 지금의 인도반도 서부의 말반Malvan에서 고아Goa 일대까지 걸쳐 있었던 고대 국가이다. 당시에 고아는 포르투갈령이었다.

　　─포하아부葡荷亞埠: 포하아는 포도아葡萄亞의 오기이다. 포도아는 포르투갈Portugal로, 포르투갈령 부두라는 말이다.

흔하忻河: 신하申河라고도 하며 지금의 인더스강이다.

보타락가산補陀落迦山: 『대당서역기』의 포단락가산布呾落迦山으로, 산스크리트어 포탈라카Potalaka의 음역이다. 인도반도 남부의 서고츠산Western Ghats 남단 티루넬벨리Tirunelveli 경계에 위치하며 지금의 명칭은 파파나삼산Papanasam이다.

과십협戈什峽: 남인도는 바다 쪽으로 쑥 들어가 각 나라의 부두가 해안을 둘러싸고 있기 때문에 서양에서는 과십협이라고 부른다. 과십협은 포르투갈어 코스타Costa의 음역으로, 영어로는 코스트Coast, 즉 해안이라는 뜻이다. 인도반도 동서쪽 해안의 코로만델해안Coromandel Coast과 말라바르해안Malabar Coast을 가리킨다.

석란산錫蘭山: 서륜, 보저寶渚, 칙의란, 칙의랍則意拉이라고도 하며 지금의 스리랑카이다.

   —승가랄僧伽剌: 심가라로 지금의 스리랑카다.

   —능가산楞伽山: 랑카로 지금의 스리랑카다.

   —낭아수狼牙修: 『양서梁書』에 기록된 고대 국가이다. 송대 이전에는 영토가 비교적 넓어 태국의 나콘시탐마랏Nakhon Si Thammarat, 빠따니Pattani, 송클라Songkhla에서부터 말레이시아 크다Kedah까지 말레이반도 동서 양쪽 해안을 차지하고 있었다. 송대 이후에는 동쪽 해안의 빠따니 일대만을 가리키게 되었다.

   —사자국師子國: 시할라로 지금의 스리랑카이다.

리해裏海: 북고해北高海, 격등리택格騰里澤, 가사비암해加士比唵海라고도 하며 카스피해Caspian Sea이다.

   —뇌저해雷翥海: 카스피해이다. 일설에는 아랄해Aral Sea라고도 한다

   —함해咸海: 아랄해로, 카스피해가 아니다.

   —등길사호滕吉斯湖: 콜텡기스Kol Tenggis로, 카스피해이다.

남도로기南都魯機: 지금의 터키Turkey이다.

   —서녀국西女國: 인도 전설에 따르면 인도 서해에 위치한 여인국이다. 이 전설이 서쪽으로 전해지면서 그 위치도 서쪽으로 이동해

동로마 서남해 섬에 있다고 한다. 고대 중국과 외국 문헌에 모두
이 전설이 기록되어 있다.

　　─도이격국度爾格國: 지금의 터키이다.

　　─야록야아惹鹿惹亞: 지금의 조지아Georgia이다.

지중해地中海: 지금의 지중해Mediterranean Sea이다.

서인도西印度: 지금의 파키스탄 중부와 남부, 인도 구자라트주Gujarat의 북
부와 동부, 마디아프라데시주Madhya Pradesh의 북부와 서부, 라자스탄주의
남부이다.

　　─안식安息: 파르티아Parthia로, 지금의 이란Iran 동남부에 위치했던 고
　　　대 국가이다. 후에 서아시아의 대국으로 발전해 이란과 티그리스
　　　강·유프라테스강 유역까지 차지했다.

　　─대식大食: 타지크Tadzhik로 지금의 이란이나 아랍 지역에 위치했던
　　　고대 국가이다.

　　─파사巴社: 고사高奢, 포사包社, 백이서아伯爾西亞라고도 하며 페르시
　　　아Persia로, 지금의 이란이다.

　　─보달報達: 지금의 이라크 바그다드Baghdad이다.

　　─홀로모사忽魯謨斯: 지금의 이란 호르무즈Hormoz이다.

　　─대백두회大白頭回: 이슬람교를 믿는 이란인, 아랍인을 가리킨다.

건타위대강乾陀衛大江: 간다라Gandhara로, 지금의 카불강 하류를 가리킨다.
카불강은 파키스탄 페샤와르Peshawar 일대로 흘러간다.

지호리대강枝扈利大江: 호지리대강扈枝利大江으로 써야 하며 지금의 인도 콜
카타Kolkata에서 바다로 유입되는 후글리강Hooghly River이다. 또한 갠지스
강의 옛 명칭이기도 하다.

동홍해東紅海는 알달수遏達水라고도 한다: 알달수는 달알수達遏水로 써야 하

며 지금의 서남아시아의 큰 강인 티그리스강Tigris River이다.

여덕아如德亞: 유대Judaea 지역이다.

　　─불름拂菻: 아랍 및 고대 페르시아어로 로마 제국을 From(Rum의 오
　　　　자)이라고 칭했기 때문에 동로마 제국Byzantium Empire을 가리킨다.
　　　　또는 동로마 제국의 수도 콘스탄티노플Constantinople(지금의 이스탄불
　　　　Istanbul)을 가리키기도 하고 소아시아Asia Minor 일대를 가리키기도
　　　　한다.

　　─대진大秦: 로마 제국Roman Empire을 가리킨다.

　　─서다이기西多爾其: 『해국문견록』에는 터키 서부를 가리켰으나 이
　　　　지도에서는 지금의 팔레스타인Palestine 일대로 고쳐 그렸다.

천방天方: 본래는 지금의 사우디아라비아의 메카Mecca를 가리켰으나 후에
는 아라비아를 널리 지칭하는 말로 쓰였다.

　　─조지條支: 지금의 이라크Iraq이다.

　　─파사波斯: 페르시아로, 지금의 이란Iran이다.

　　─아단阿丹: 예멘의 주요 도시인 아덴Aden이다.

　　─묵덕나黙德那: 지금의 사우디아라비아 메디나Madina이다.

　　─아랄백亞剌伯: 아랄파아亞辣波亞, 아려미아阿黎米亞라고도 하며 아라
　　　　비아Arabia를 가리킨다. 지금의 아라비아반도Arabia Peninsula이다.

서홍해西紅海: 지금의 홍해Red Sea이다. 서인도의 땅은 여기까지이다.

리미아주계利未亞州界: 아프리카Africa 경계이다.

소서양해小西洋海: 인도양이다.

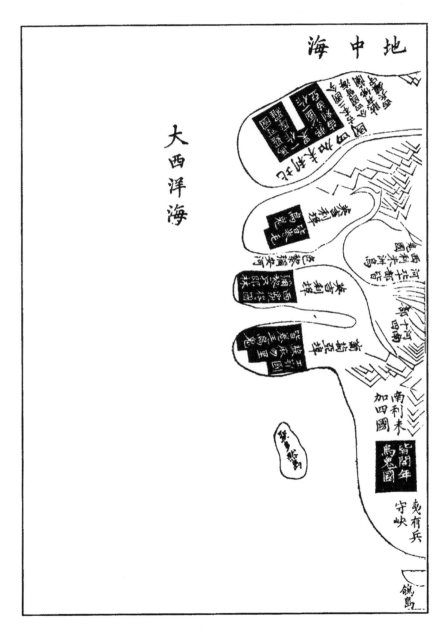

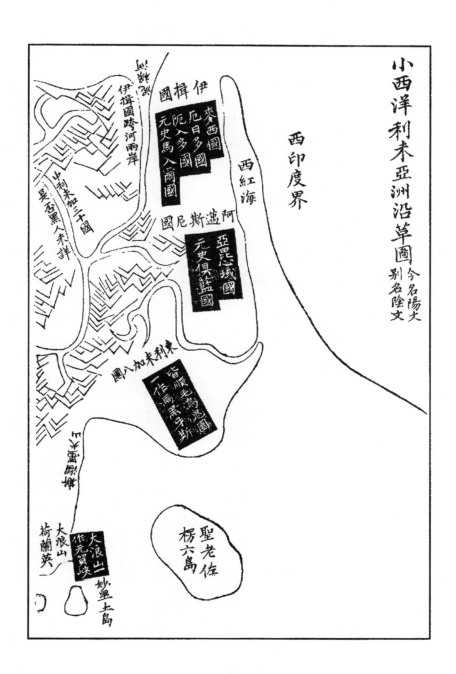

❈❈❈ 소서양 아프리카 연혁도

흰 바탕의 글자는 청말 당시의 명칭이고, 검은 바탕의 글자는 별칭이다.

서인도계西印度界: 서인도 경계이다.

서홍해西紅海: 지금의 홍해Red Sea이다.

이읍국伊揖國: 지금의 이집트Egypt이다.

　─맥서국麥西國: 이집트의 본래 명칭이다.

　─액일다국厄日多國: 액입다국阨入多國이라고도 하며 이집트의 그리스
　　어 명칭인 아이깁투스Aegyptus(또는 Aegyptos)에 대한 음역이다.

　─원사마팔이元史馬八爾: 『원사元史』의 마팔아국馬八兒國을 말한다. 마
　　팔이는 마바르Mabar의 음역으로, 지금의 인도반도 서남쪽 말라바
　　르해안Malabar Coast 일대이다.

니록하泥祿河: 지금의 나일강Nile River이다.

이읍국과하양안伊揖國跨河兩岸: 이집트 나일강 양안 지역이다.

중부 아프리카 30개국이 흑인종의 나라인지 여부는 상세하지 않다.

아매사니국阿邁斯尼國: 아비심역국亞毗心域國이라고도 하며 아비시니아
Abyssinia이다. 지금의 에티오피아Ethiopia다.

　─원사구람국元史俱藍國: 『원사』의 구람국俱藍國은 지금의 인도 서남
　　해안의 퀼론Quilon으로, 아프리카에 위치하지 않는다.

동리미가팔국東利未加八國: 동아프리카 8개국은 모두 순모오귀국順毛烏鬼國
으로, 마흑아사馬黑牙斯라고도 한다.

　─순모오귀국順毛烏鬼國: 『해국문견록』에 따르면 원래 이집트와 루비
　　아Lubya를 가리키는데, 지금의 이집트와 수단 민주공화국 북부 지
　　역이다.

사류묵대산斯溜墨大山: 지금의 스톰버그산맥Stormberg mountains이다.

성로좌릉육도聖老佐㮙六島: 성로릉좌대도聖老㮙佐大島라고도 하며 지금의 마다가스카르섬Madagascar Island이다. 1500년 8월 10일에 포르투갈의 항해가 디에고 디아스Diego Dias가 이 섬에 도착했는데 그때가 마침 세인트로렌스 Saint Lawrence 기념일이었기 때문에 세인트로렌스섬Saint Lawrence Island이라고 이름 붙였다.

대랑산하란영大浪山荷蘭英: 대랑산은 네덜란드와 영국령이다. 대랑산은 원하협元賀峽이라고도 한다. 포르투갈어 Ei Cabo Tormentoso를 음역했다가 후에 Cabo da Boa Esperança로 개명했는데, 희망봉喜望峯이라는 뜻이다. 영어로는 Cape of Good Hope, 네덜란드어로는 Kaap die Goeie Hoop로 쓴다.

묘리사도妙里士島: 지금의 모리셔스섬Mauritius Island이다.

지중해地中海: 지금의 지중해Mediterranean Sea이다.

북리미가사국北利未加四國: 북아프리카는 옛날에는 본래 2개국이었지만 청말 당시에는 4개국으로 나뉘었다. 해적 소굴이었지만 청말 당시에는 프랑스 군사가 주둔해 지켰다.

　　─마라가국馬羅可國: 마라과摩羅果라고도 하며 지금의 모로코Morocco이다.

　　─불사국弗斯國: 묘랄묘아苗剌苗亞라고도 하며, 지금의 모로코 북부에 있는 페스Fes이다. 사실 묘랄묘아는 묘라묘리야猫喇猫里也라고도 하며 바르바리Barbary 지역으로 모로코, 알제리, 리비아의 트리폴리 Tripoli 지역을 포함한다. 실제로는 불사국과 묘랄묘아의 위치가 약간 다르다.

대서양해大西洋海: 대서양Atlantic Ocean이다.

영길리부英吉利埠: 영국령 부두로, 모두 권모오귀卷毛烏鬼이다.

—권모오귀卷毛烏鬼: 거주민의 머리카락이 곱슬곱슬한 동·남·중·서 아프리카 각 나라를 가리킨다.

색려미안하色黎彌安河: 지금의 세네갈강Senegal River과 감비아강Gambia River 두 강을 합쳐 이르는 말이다. 17세기 중엽 프랑스와 영국 두 나라가 거의 동시에 세네갈강과 감비아강 입구를 침입했는데, 프랑스의 식민지가 되자 세네갈강과 감비아강 유역을 세네감비아Senegambia로 불렀다.

세네감비아 남쪽 14개 부락과 북쪽 10개 부락은 모두 서아프리카 오귀국烏鬼國이다.

영길리부英吉利埠: 영국령 부두이다.

—서패득국西覇得國: 석이특錫爾特이라고도 하며 스르디스Syrtis(또는 Sert)이다. 지금의 리비아Libya 북부에 위치하고 있지, 서아프리카에 있지 않다. 아마도 줄리오 알레니Giulio Alleni의 『직방외기職方外紀』에서 이 나라가 "아프리카 서쪽(利未亞之西)"에 있다는 말 때문에 위원이 『사주지四洲志』의 '서랍저국西臘底國'과 혼동해서 '서패득西覇得'으로 명명한 것 같다.

—미려지야림彌黎只耶林: 색려려야림미色黎呂惹林彌라고도 하며 지금의 세네갈과 감비아 일대이다.

포도아부葡萄亞埠: 포르투갈령 부두이다. 공악국工鄂國과 소마물리蘇麻勿里는 모두 권모오귀이다.

—공악국工鄂國: 지금의 콩고Congo, 자이르Zaire 및 그 인근 지역이다.

—소마물리蘇麻勿里: 빌라드 알 수단Bilad Al-sudan의 민남어 음역으로, 흑인종의 나라라는 뜻이다. 사하라사막 남쪽인 아프리카와 당시 대략 20여 개의 작은 나라를 통과하는 광활한 지역인 수단Sudan을 가리킨다.

남리미가사국南利未加四國: 남아프리카 4개국은 모두 여년오귀국閭年烏鬼國

이다.

　—여년오귀국閻年烏鬼國: 대략 지금의 기니비사우Guinea-Bissau와 기니
　　공화국에서 기니만Gulf of Guinea 연안 일대에 이르는 많은 국가를
　　가리킨다. 이 지역의 총괄 명칭인 기니Guinea는 실제로는 기니 지
　　역 서북쪽에 위치한다. 지도에서는 이 지역을 기니 지역 동남쪽에
　　잘못 그렸다. 당시에는 서양인이 군사를 주둔시켜 해협을 지키고
　　있었다.

성다묵도聖多黙島: 지금의 상투메 프린시페São Tomé and Príncipe의 상투메섬
Ilha de São Tomé이다.

합도鴿島: 지금의 남아프리카 케이프타운Cape Town이다.

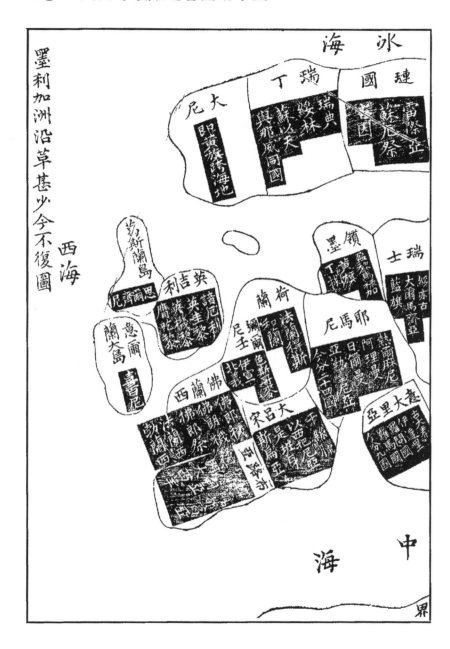

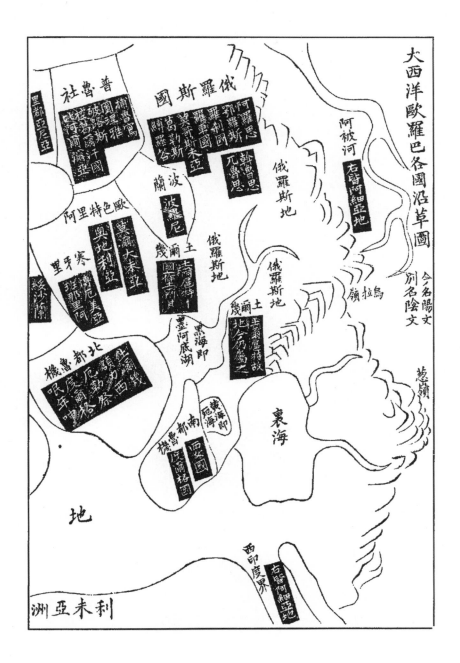

大西洋歐羅巴各國沿革草圖

社曾普

俄羅斯國

里爾亞尼亞

阿里特色歐

奧地利亞

波蘭

寒牙里

綏沙蘭

北都魯機

黑海即

豊阿底湖

俄羅斯地

俄羅斯地

右曾阿細亞地

今名陽文

別名陰文

阿被河

顏拉烏

葱嶺

西安度國

南都魯機

東海即

裏海

地

西印度界

右曾阿細亞地

洲亞未利

🐚 대서양 유럽 각 나라 연혁도

흰 바탕의 글자는 청말 당시의 명칭이고, 검은 바탕의 글자는 별칭이다.

아피하阿被河: 오비강Ob' River이다.

오른쪽은 모두 아시아 땅이다.

오랍령烏拉嶺: 지금의 우랄산맥Ural Mountains이다.

총령葱嶺: 지금의 파미르고원Pamir Plateau이다.

아라사지俄羅斯地: 러시아 연방Russian Federation 땅이다.

아라사국俄羅斯國: 아라사阿羅思, 악라사鄂羅斯, 나찰국羅刹國, 나차국羅車國, 알로사斡魯思, 올로사兀魯思라고도 하며 지금의 러시아이다.

　―막가사미아莫哥斯未亞: 막사가미아莫斯哥未亞로 써야 하며 지금의 모스크바Moskva이다.

　―갈륵사葛勒斯: 지금의 모스크바이다.

　―박라답縛羅答: 파라니波羅尼라고도 하며 지금의 폴란드Poland이다.

보로사普魯士: 포로사埔魯寫, 파로사破路斯, 도리아圖理雅라고도 하며 프로이센Preussen을 가리킨다.

공갈이한국控葛爾汗國: 코눙아리케트 스베리예Konungariket Sverige, 즉 스웨덴이다. 위원은 프로이센으로 잘못 여겼다.

비아이미아比阿爾彌亞: 『직방외기』에서는 이 지명을 콜라반도Kola Peninsula 북쪽의 바렌츠해Barents Sea 베로네즈Veronez 일대로 그렸다. 프로이센에 위치하지 않는다.

리도아니아里都亞尼亞: 지금의 리투아니아Lithuania이다.

파란波蘭: 지금의 폴란드이다.

토이기土耳幾: 토이기土爾機라고도 하며 터키Turkey이다.

―토이호특본국土爾扈特本國: 토이기土爾其라고도 하며 토르구트Torghut 부족의 국가이다. 일찍이 볼가강Volga River 강변으로 이동한 토이호특土爾扈特은 몽골족이지 돌궐족이 아니다.

토이기土爾幾: 토르구트 부족의 옛 땅으로, 당시에도 토르구트 부족의 땅이었다.

구색특리아歐色特里阿: 오지리아奧地利亞라고도 하며 지금의 오스트리아 Austria이다.

―막이대미아莫爾大未亞: 지금의 몰도바Moldova이다. 위원은 오스트리아의 또 다른 명칭으로 잘못 여겼다.

한아리寒牙里: 지금의 헝가리Hungary이다.

―박액미아博厄美阿: 보헤미아Bohemia로, 체코슬로바키아 서부의 옛 지역명이다. 헝가리에 위치하지 않는다.

―반나리아班那里阿: 바나트Banat로, 1920년 이후 루마니아·유고슬라비아·헝가리 등의 국가로 분할되었다.

흑해黑海: 흑아저호黑阿底湖로, 지금의 흑해Black Sea이다.

북도로기北都魯機: 유럽 내 터키이다.

―토이기土爾幾: 도이격度爾格이라고도 하며 지금의 터키이다.

―액력서額力西: 액특제厄勒祭라고도 하며 지금의 그리스이다.

―문년신呢年呻: 지금의 이탈리아 베네치아Venezia이다.

리해裏海: 지금의 카스피해Caspian Sea이다.

황해黃海: 지금의 사해Dead Sea이다.

남도로기南都魯機: 아시아 내 터키이다.

―서녀국西女國: 인도 전설에 따르면 인도 서해에 위치한 여인국이다. 이 전설이 서쪽으로 전해지면서 그 위치도 서쪽으로 이동해

동로마 서남해 섬에 있다고 한다. 고대 중국과 외국 문헌에 모두 이 전설이 기록되어 있다.

—도이격국度爾格國: 지금의 터키이다.

지중해地中海: 지금의 지중해Mediterranean Sea이다.

서인도계西印度界: 서인도의 경계로, 오른쪽은 모두 아시아 땅이다.

리미아주계利未亞洲界: 아프리카 경계이다.

빙해冰海: 지금의 북극해Arctic Ocean이다.

연국璉國: 인인吝因이라고도 하며 지금의 덴마크Denmark이다.

—뇌제아雷際亞: 지금의 스웨덴Sweden이다. 위원은 덴마크로 잘못 여겼다.

—소액제蘇厄祭: 스베리예Sverige로, 지금의 스웨덴이다. 위원은 덴마크로 잘못 여겼다.

서정瑞丁: 서전瑞典, 수림綏林, 소이천蘇以天이라고도 하며 지금의 스웨덴이다.

—여나위동국與那威同國: 나위那威는 지금의 노르웨이Norway로, 노르웨이와 같은 나라라는 말이다. 위원은 두 나라가 같다고 잘못 여겼다.

대니大尼: 지금의 덴마크로, 지도에서는 황기과해지黃旗跨海地로 표기하고 있다.

—황기과해지黃旗跨海地: '황기黃旗'는 광동인의 덴마크에 대한 칭호이다. 덴마크 바다 건너 지역이란 뜻으로 노르웨이를 가리킨다. 『해국도지』의 편찬 연대가 늦음에도 불구하고 노르웨이와 관련된 역사는 1814년 이전으로 기록해 놓았다. 1814년 이전에 노르웨이는 계속해서 덴마크와 칼마르Kalmar 동맹을 유지해 덴마크에 종속되어 있었기 때문에 '황기과해지'라고 칭해졌다.

서사瑞士: 수사란綏沙蘭이라고도 하며 지금의 스위스Switzerland이다.

—수역고綏亦古: 포르투갈어 Sueco스웨덴인의 번역어로 스웨덴을 가리킨다. 위원은 스위스의 별칭으로 잘못 여겼다.

─대이마제아大爾馬齊亞: 『직방외기』에서 '대이마제아'는 헤르체고비
나Hercegovina 서쪽에 그려져 있으며 바로 아드리아해Adriatic Sea 동북
쪽 해안에 위치한다. 영어로는 달마티아Dalmatia라고 하고 '대이마
제아'로 음역한다. 스위스의 옛 명칭인 '헬베티아Helvetia'가 아니다.
위원이 잘못 여겼다.

─남기藍旗: 스웨덴을 가리킨다. 위원은 스위스의 별칭으로 잘못 여겼다.

영묵領墨: 정말丁抹이라고도 하며 지금의 덴마크이다.

─영려마록가盈黎馬祿加: 여영마록가黎盈馬祿加로 써야 하며, 포르투갈
어 Dinamarca의 음역이다. 지금의 덴마크이다.

─황기黃旗: 광동인의 덴마크에 대한 칭호이다.

야마니耶馬尼: 열이마니熱爾麻尼, 아리만阿理曼, 일이만日爾曼, 아륵묵니아亞勒
墨尼亞라고도 하며 지금의 독일Germany이다.

지금은 24개국으로 분할되었다.

의대리아意大里亞: 고대진古大秦, 이달리伊達里, 라문국羅問國, 라마국羅馬國이
라고도 하며 지금의 이탈리아Italia이다.

지금은 9개국으로 분할되었다.

하란河蘭: 화란和蘭이라고도 하며 지금의 네덜란드Netherlands이다.

─법란득사法蘭得斯: 지금의 벨기에Belgium 서북부의 블랑데렌Vlaanderen
지역이다. 바로 동블랑데렌과 서블랑데렌이며 북쪽은 네덜란드
와 인접해 있다. 당시 위원은 벨기에가 이미 독립한 사실은 알고
있었지만, 여전히 블랑데렌이 네덜란드에 있다고 잘못 여겼다.

미이니임彌爾尼壬: 이선伊宣, 북의北義라고도 하며 지금의 벨기에이다.

─색사가맥色斯哥麥: 지금의 독일 바이에른주Bayern 북부의 코부르크
Coburg이다. 벨기에 제1대 국왕 레오폴드 1세Leopold I는 원래 독일

작센코부르크Saxe-Coburg 왕족으로 위원은 작센코부르크가 벨기에
에 있다고 잘못 여겼다.

불란서佛蘭西: 불랑기佛郎機, 불랑기佛朗機, 불랑제佛朗祭, 법란서法蘭西, 발란
서勃蘭西라고도 하며 지금의 프랑스France이다.

대여송大呂宋: 이서파니아以西把尼亞, 시반아是班牙, 사편아斯扁亞라고도 하며
지금의 스페인Spain이다.

　—간사랍干絲臘: 카스티야Castilla이다. 1479년 카스티야와 아라곤Aragon
　　두 왕국이 합병하여 스페인의 통일을 실현했다. 한동안 중국 문헌
　　에는 '간사랍'이 스페인을 가리키는 말로 많이 사용됐다.

포로아布路亞: 박이도갈아博爾都噶亞, 포도아葡萄亞라고도 하며 지금의 포르
투갈Portugal이다.

　—오문대서양澳門大西洋: 마카오를 점령한 '대서양국大西洋國'으로, 포
　　르투갈을 가리킨다.

영길리英吉利: 영규려英圭黎, 영기려英機黎, 응흘려膺吃黎라고도 하며 지금의
영국United Kingdom이다.

　—암액리諳厄利: 앵글족Angles의 음역으로, 영국을 가리킨다.

갈사란도葛斯蘭島: 사갈란도斯葛蘭島로 써야 하며, 지금의 스코틀랜드Scotland이다.

　—사이제니思爾齊尼: 사가제아思可齊亞라고도 하며 스코샤Scotia이다. 스
　　코샤는 스코틀랜드를 가리킨다.

의이란대도意爾蘭大島: 지금의 아일랜드Ireland이다.

　—희백니喜百尼: 희백니아喜百尼亞라고도 하며 히베르니아Hibernia이다.
　　히베르니아는 고대 로마인들이 아일랜드를 부르던 말이다.

서해西海: 지금의 대서양Atlantic Ocean이다.

아메리카America 연혁은 매우 적어서 지금(청말) 별도로 지도를 그리지 않았다.

한·위·당대 서역 연혁도 총설

변방의 산천 지리를 내가 어찌 증명할 것인가? 이에 잠시 서역으로 증명하고자 한다. 서역의 나라들은 모두 성안에 살고 있는 나라로 막남漠南과 막북漠北[1]의 유목 민족들과는 다르다. [중국이] 한漢, 진晉, 육조六朝, 당唐, 송宋을 거치는 동안 서역 36개국의 명칭은 그다지 바뀌지 않았으니 흉노匈奴·유연柔然·돌궐突厥·회흘回紇·거란契丹처럼 이합집산하지 않았다. 서역의 기록은 반씨 부자班氏父子[2]가 처음 쓴 이래 대대로 서역을 보호하고 몸소 다니며 목격한 것으로, 천자의 수레가 이르지 않은 서남의 토번吐番, 서북의 한해瀚海와는 다르다. 애석하구나! [『한서漢書』에서는] 오직 파미르고원[3] 동쪽만 상세할 뿐이다! 파미르고원 서쪽은 『한서』가 『북위서北魏書』만 못하다. 파미르고원 서남쪽의 오인도는 『한서』가 『당서唐書』만 못하다. 아마도 전한前漢의 사신이 모두 헤라트Herat[4]까지 갔다가 돌아왔고 이라크Iraq[5]에 간 자가 없었기 때문이리라. 그래서 이라크에서 서쪽으로 가면 태양이 지는 곳과 가까우며, 약수弱水니 서왕모西王母니 하는 황당무계한 이야기가 생긴 것이다. 『북위서』는 파미르고원 동쪽과 유사流沙 서쪽을 한 지역으로, 파미르고원 서쪽과 해곡海曲[6] 동쪽을 한 지역으로 구분했다. 타슈켄트Tashkent[7] 남쪽과 월지月氏 북쪽을 한 지역으로, 두 바다 사이와 수택水澤 남쪽을 한 지역으로 구분했다. 거주 지역의 배치와 구획이 질서정연했다. 이는 이라크에서 서쪽으로 해곡을 건너 1만 리 가면 대진국大秦國이고 옆으로 삐져나온 바다는 중국 발해渤海와 동서로 마주하니, [그 바다가] 서양의 대해가 아니라 지중해地中海임을 분명히 알겠다. 또한 대진국은 두 바다 사이에 있고 국토가 6천 리이니, 아울러 [한 바다는] 대진국 북쪽의 발트해Baltic Sea[8]임을 알 수 있다. 또한 이라크는 바다가 동쪽, 남쪽, 북쪽의 삼면을 둘러싸고 있어 오직 서북쪽 한 면만 육지와 맞닿아 있고 서홍해西紅海, 동홍해東紅海가 나란히 있으니 모두 가지런한 두 눈썹처럼 빛난다. 마테오 리치Matteo Ricci보다 천여 년 전에 부절을 미리 맞췄으니 훌륭하구나! 이에 파미르고원 서북 지역은 『북위서』에 이르러 크게 밝혀졌다. 『당서』「서역전」에서는 로마[9]만을 대진국으로 여겼으니 이는 크게 잘못된 것이다. 그 나머지는 현장玄奘의 기록과 왕현책王玄策[10]이 인도를 공격하여 가져온 문건에 근거했다. 이에 남인도[11]는 바다와 접해 있고 북인도[12]는 히말라야산맥[13]에 둘러싸여 있으며 동인도[14]는 프놈Phnom[15]·럼업Lâm Áp[16]과 접해 있고 서인도[17]는 카슈미르Kashmir[18]와·페르시아Persia[19]에 접해 있으며 중인도는 사인도[20]의 중앙에 자리 잡고 있어 모두 둘레가 3만여 리나 되고 모래 위에 지도를 그리고 쌀을 모아 산과 골짜기를 표시한 것[21]처럼 질서정연하니 훌륭하구나! 이에 파미르고원 서남은 또 『당서』에 이르러 더욱 분명하게 기록되었다. 이전 사람들이 가시덤불을 제거해 내 뒷사람의 길을 열었으니 내 뒷사람도 또한 길을 넓게 열어 전대의 업적을 이어받아 잘 마무리하길 바란다. 지금 세 역사서에 근거해 세 개의 지도를 만들고 육조, 수隋·송대의 연혁은 그 아래에 간략히 덧붙였다. 송·원元·명明대의 연혁은 「해국연혁총도海國沿革總圖」에 보이니 다시 따로 제시하지 않겠다.

漢魏唐西域沿革圖總敍

一

塞外山川國地里至, 吾何徵? 請姑徵西域: 其國則皆城郭居國, 非同漠南·漠北行國之遊牧遷徙. 其名則歷漢·晉·六朝·唐·宋, 而城郭三十六國不甚改, 非若匈奴·柔然·突厥·回紇·契丹之分合無定. 其書則創自班氏父子, 世護西域, 身履目擊, 非若西南吐番·西北瀚海之輶軒不至. 惜哉! 惟詳蔥嶺以東耳! 其蔥嶺以西, 則『漢書』不如『北魏書』. 其蔥嶺西南之五印度, 則『漢書』又莫如『唐書』. 蓋前漢使皆至烏弋還, 無至條支者. 故有條支西行近日所入及弱水·西王母之荒誕. 至『北魏書』則分蔥嶺以東·流沙以西爲一域, 蔥嶺以西·海曲以東爲一域. 者舌以南·月氏以北爲一域. 兩海之間·水澤以南爲一域. 州居部畫, 綱紀秩然. 其言條支西渡海曲一萬里爲大秦國, 而指其海旁出與中國渤海東西相直, 則明知爲地中海, 非西洋大海. 且言大秦國在兩海之間, 地六千里, 則竝能知大秦以北之洲中海. 又言條支國, 海水曲環其東南北三面, 惟西北一面近陸, 則竝西紅海·東紅海, 皆燦若眉列. 前利馬竇千餘年而預合符節, 盛矣哉! 故蔥嶺西北, 至『魏書』而大明. 『唐書』「西域傳」惟以拂菻爲大秦, 是爲巨繆. 其餘則據玄奘之

記與王玄策攻取印度之章疏. 故於南天竺瀕海, 北天竺圍負雪山, 東天竺接扶南·林邑, 西天竺接罽賓·波斯, 而中天竺據四天竺之會, 共周三萬餘里, 無不聚米畫沙, 紀綱條貫, 盛矣哉! 故蔥嶺西南又至『唐書』而大明肆. 前人蕐路攗剔, 啟我後人, 亦惟我後人疏通昭曠, 肆前業其終之. 今據三史臚成三圖, 而六朝·隋·宋沿革略附其下. 其宋·元·明則見於「海國沿革總圖」, 不復別出.

주석

1   막남漢南과 막북漠北: 고비사막 남쪽과 북쪽 지역으로, 지금의 내몽골과
    외몽골을 가리킨다.
2   반씨 부자班氏父子: 『한서』를 집필한 반표班彪와 그의 아들 반고班固를 말
    한다. 반표는 직접 사료를 찾아 사마천司馬遷의 『사기史記』 이후 한나라
    역사인 『후전後傳』 65편을 저술했다. 반고는 『후전』을 더욱 정비함과
    아울러 『사기』의 기록을 토대로 무제 이전의 한나라 역사를 덧붙였고,
    한 고조로부터 왕망 정권의 멸망에 이르는 230년간의 역사를 기록했
    다. 『한서』는 제기 12편, 연표 8편, 지 10편, 열전 70편 등 총 100편으로
    구성되어 있다.
3   파미르고원: 원문은 '총령葱嶺'이다.
4   헤라트Herat: 원문은 '오익烏弋'으로 지금의 아프가니스탄 헤라트이다.
5   이라크Iraq: 원문은 '조지條枝'이다.
6   해곡海曲: 지중해의 동부와 북부 해안 지역을 가리키는 것으로 보는 연
    구자도 있고 페르시아만과 홍해로 보는 연구자도 있으나 여기에서는
    바다의 만곡 부분이라는 일반적인 표현으로 보인다.
7   타슈켄트Tashkent: 원문은 '자설者舌'로 지금의 우즈베키스탄의 수도인 타
    슈켄트이다.
8   발트해Baltic Sea: 원문은 '주중해洲中海'로 발트해이다. 위원은 발트해를
    『북위서』에서 말한 '두 바다' 가운데 하나라고 했지만 명확한 근거가
    없다.
9   로마: 원문은 '불림拂林'이다.
10 왕현책王玄策: 원래 판본에는 강희황제 현엽玄燁의 '현' 자를 피휘하여 '현'
    자가 '원元'으로 되어 있다. 왕현책은 하남성 낙양洛陽 사람으로 생졸년
    은 알려져 있지 않다. 당대唐代 관리이자 외교가로 정관貞觀 17년(643)부

터 용삭龍朔 원년(661)까지 3차례나 인도에 사신으로 다녀왔다. 인도에 다녀온 후에 『중천축행기中天竺行記』라는 저서를 남겼으나 전해지지 않는다.

11 남인도: 원문은 '남천축南天竺'이다.

12 북인도: 원문은 '북천축北天竺'이다.

13 히말라야산맥: 원문은 '부설산負雪山'이다.

14 중인도: 원문은 '중천축中天竺'이다.

15 프놈Phnom: 원문은 '부남扶南'이다.

16 림업Lâm Ấp: 원문은 '임읍林邑'이다.

17 서인도: 원문은 '서천축西天竺'이다.

18 카슈미르Kashmir: 원문은 '계빈罽賓'이다.

19 페르시아Persia: 원문은 '파사波斯'이다.

20 사인도: 원문은 '사천축四天竺'이다.

21 모래 위에 … 표시한 것: 원문은 '취미화사聚米畫沙'이다. 모래 위에 지도를 그리고 쌀을 모아 산과 골짜기를 만든다는 말로 군사적인 형세를 그려 계책을 도모한다는 의미이다.

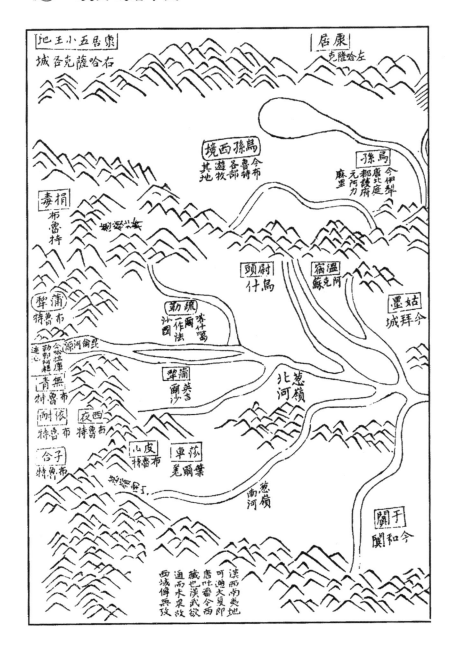

漢西域沿革草圖一

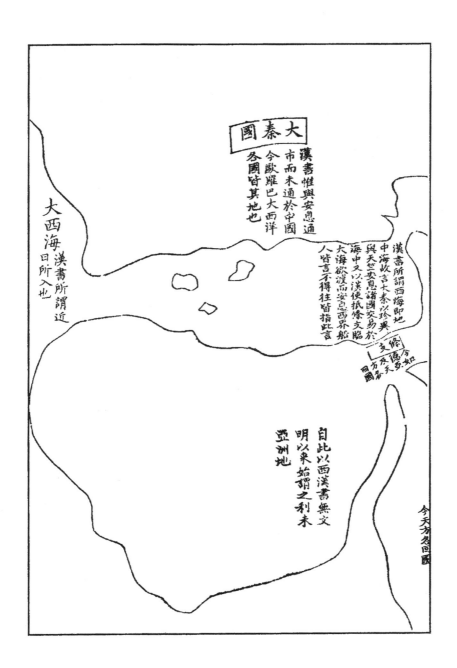

大西海
漢書所謂近
日所入也

大秦國

漢書惟與安息通
市而未通於中國
今歐羅巴大西洋
各國皆其地也

漢書所謂西海即地
中海故言大秦珍異
與天竺安息諸國交易於
海中又以漢使抵條支臨
大海欲渡而安息西界船
人皆言不得往皆指此言

亞洲地

明以來始謂之利未
自此以西漢書無文

今如
德亞
方為
回國

條支
今天
方為
回國

今天方冬回國

북선우지北單于地: 북방 선우單于의 땅이다. 당시 과포다科布多 지역으로, 원대에는 회골回鶻 5성이 있었다. 과포다는 지금의 몽골 북서부에 있는 도시인 호브드Khovd이다.

북선우주北單于州: 북방 선우의 땅이다. 당시 탑파합태塔巴哈台로, 원대 회골 5성이 있었다. 탑파합태는 지금의 중국 신강新疆 위구르Uyghur 자치구 타르바가타이Tarbagatai 지구이다.

천산天山: 지금의 천산산맥天山山脈이다.

진서부파리곤鎭西府巴里坤: 지금의 중국 신강 동부 바르콜Barköl 카자흐Kazakh 자치현이다.

거사후정車師後庭: 거사국車師國은 고대 중앙아시아 동부, 서역에 있었던 나라 중 하나이다. 수도는 교하交河(지금의 중국 신강 투르판 서북쪽)였다. 한나라 선제宣帝 때 거사전국車師前國과 거사후국車師後國으로 나뉘었는데, 거사후정은 거사후국을 말한다. 청말의 오로목제烏魯木齊 지역으로, 당대에는 북정도호北庭都護, 원대에는 별실팔리원사부別失八里元師府였다.

　　─오로목제烏魯木齊: 지금의 우룸치Ürümqi로, 몽골어로 '좋은 목초지'
　　란 뜻이다.

북정도호北庭都護: 북정도호부北庭都護府로, 당대 직할 영토의 최북서인 정주庭州에 설치된 변경 방비 기관이다. 정주는 지금의 천산산맥 중부 북쪽 기슭에 있는 제목살濟木薩 오아시스에 위치한다.

　　─별실팔리원사부別失八里元師府: 원대 별실팔리 지역에 설치했던 선
　　위사사도원수부宣慰使司都元帅府이다. 별실팔리는 베쉬발릭Beshbalik
　　으로, 지금의 중국 신강 우룸치에 위치한다.

위수절국危須切國: 위수국危須國으로, 한대 서역 국가 중 하나이다.

호호국狐胡國: 한대 서역 국가 중 하나로, 지금의 중국 신강 투르판 서북쪽 다반성達板城에 위치한다.

포류국蒲類國: 한대 서역 국가 중 하나로, 지금의 중국 신강 바르콜 호수 유역에 위치한다.

비륙국卑陸國: 한대 서역 국가 중 하나이다.

욱립사국郁立師國: 한대 서역 국가 중 하나로, 지금의 중국 신강 위구르 자치구 구충현Guqung의 서북쪽에 위치했던 것으로 추정된다.

단환單桓: 한대 서역 국가 중 하나로, 지금의 우룸치 지역에 위치한다는 견해도 있고 쿠투비Kutubi 일대에 위치한다는 견해도 있다.

묵산墨山: 한대 서역 국가 중 하나로, 쿠클라Kurla 남쪽에 위치했던 것으로 추정된다.

창고성昌古城: 화주火州라고도 하며 지금의 투르판 동남쪽에 있는 카라호자Karakhoja보 서남쪽에 위치한다.

오탐자리烏貪訾離: 한대 서역 국가 중 하나로, 지금의 중국 신강 위구르 자치구 쉬샨자 부근에 위치한다.

기련산祁連山: 바로 천산天山으로, 지금의 기련산맥祁連山脈이다.

이오伊吾: 청말의 합밀哈密 지역으로, 송대에는 이주伊州라고 했다. 지금의 중국 신강 위구르 자치구 동부에 있는 쿠물Kumul 지역이다.

옥문玉門: 청말의 현청 소재지이다. 지금의 옥문관玉門關으로, 돈황시에서 서북쪽으로 98㎞ 떨어진 곳에 위치한다.

소륵하疏勒河: 지금의 소륵하로, 옛날에는 적단수籍端水, 명수冥水로도 불렸으며 감숙성甘肅省의 제2의 내륙하이다.

돈황敦煌: 청말의 현청 소재지이다. 지금의 감숙성 북서부 주천酒泉 지구에 위치한다.

양관陽關: 지금의 감숙성 돈황 서남쪽에 있었던 관문으로, 옥문관의 남쪽에 위치하기 때문에 양관이라 불렸다.

청말의 안서주安西州이다.

선선鄯善: 청말에는 벽전闢展으로도 불렸다. 한대 서역 국가 중 하나로, 누란국樓蘭國이라고도 하고 지금의 중국 신강 위구르 자치구 차키리크현Qakilik에 위치한다.

누란樓蘭: 한대 서역 국가 중 하나로, 선선국이다.

거사전부車師前部: 청말의 토로번土魯蕃 지역으로, 당대에는 고창국高昌國 교하현交河縣, 원대, 명대에는 화주火州였다. 거사전국이다.

차말且末: 체르첸이라고도 하며 지금의 중국 신강 위구르 자치구 카르칸Qarqan 차이성車爾城 부근이다.

위리尉犁: 한대 서역 국가 중 하나로, 위려尉黎라고도 한다. 샤반느Chavannes는 바그라쉬Bagrash 호수 혹은 버스텡Bostang 호수 부근으로 보았고, 『중국역사대사전中國歷史大辭典』에서는 신강 위구르 자치구 카라샤르현Qarasheher 서남쪽의 자니천紫泥泉 일대로 보고 있다.

거리渠犁: 지도에서는 다른 지역으로 그려졌지만 위리와 같은 지역으로 추정된다.

윤대輪臺: 지금의 중국 신강 위구르 자치구 부구르현Bügür 지역이다.

포창해蒲昌海: 청말에는 나포치羅布治라고도 불렸다. 지금의 로프노르Lop Nor로, 호수에 염분이 많아 염택鹽澤이라고도 불렸다.

언기焉耆: 한대 서역 국가 중 하나로 지금의 중국 신강 위구르 자치구 카라샤르이다.

— 합랍사哈拉沙: 지금의 타클라마칸사막Takla Makan Desert으로 추정된다.

오루烏壘: 지금의 중국 신강 위구르 자치구 부구르현 동쪽 지역이다.

구자龜玆: 청말의 고차庫車 지역으로, 당대에는 안서도호부安西都護府였다. 한대 서역 국가 중 하나로, 지금의 중국 신강 위구르 자치구 쿠차Kucha 지역이다.

사주沙州: 지금의 중국 신강 위구르 자치구 돈황에 있던 고대 지역명이다.

서강西羌: 한대에 서북부에 거주하던 민족으로, 지금의 중국 감숙성과 청해성, 사천성 일대에서 활동했다.

청해靑海: 지금의 청해호靑海湖이다.

중출하원重出河源: 당시에는 성수해星宿海로 불렸다. 지금도 성수해로 불리며, 황하의 발원지로 알려져 있다.

야강婼羌: 지금의 중국 신강 위구르 자치구 차키리크현 일대이다.

소완小宛: 청말의 탑원塔元이다. 한대 서역 국가 중 하나로, 지금의 중국 신강 위구르 자치구 카르칸현에 위치한다.

융로戎盧: 한대 서역 국가 중 하나로, 지금의 중국 신강 위구르 자치구 니야현Niya에 위치한다.

　　─극리아克里雅: 지금의 케리야Keriya 지역이다.

거륵渠勒: 한대 서역 국가 중 하나로, 거륵車勒이라고도 한다. 지금의 중국 신강 케리야 부근에 위치한다.

정절精絶: 한대 서역 국가 중 하나로, 차도타Cadota의 음역으로 추정된다. 지금의 중국 신강 위구르 자치구 니야현 북쪽 120㎞에 유지가 있다.

　　─감주이甘珠爾: 지도상에는 표시되어 있으나, 현재 어떤 지역을 가리키는지는 미상이다.

우미扜彌: 한대 서역 국가 중 하나이다.

　　─옥롱합십玉隴哈什: 지금의 중국 신강 위구르 자치구 호탄 지구의 로

프현Lop 요룽카시진yorungqash에 위치한다.

강거康居: 한대 서역 국가 중 하나이다. 지금의 발하슈호Balqash Koli에서 아랄해Aral Sea 사이에 위치했던 것으로 추정된다. 왼쪽은 합살극哈薩克이다. 합살극은 지금의 카자흐스탄Kazakhstan이다.

강거오소왕지康居五小王地: 강거국 다섯 선우의 땅이다. 오른쪽은 카자흐스탄 각 성이다.

오손烏孫: 청말의 이리伊犁, 당대의 북정도호부, 원대의 아력마리阿力麻里이다. 한대 서역 국가 중 하나이다. 오손은 대략 기원전 161년에 지금의 이리강Ili River과 이식쿨호Lake Issyk-Kul 일대로 이동했으며 지금의 카자흐족 내에 아직도 오손 부락이 있다.

오손서경烏孫西境: 오손국의 서쪽 경계이다. 청말의 포로특布魯特 각 부락이 유목하던 그 땅이다.

　─포로특布魯特: 키르기스족Kirgiz으로, 신강 위구르 자치구에 거주하는 중국 소수민족의 하나이다. 키르기스족은 중국 역사상 다양하게 불리었는데, '포로특'은 청대의 명칭이다.

총령북간葱嶺北幹: 파미르고원 북쪽 줄기이다.

연독捐毒: 한대 서역 국가 중 하나로, 지금의 중국 신강 위구르 자치구 카슈미르 서쪽에서 키르기스스탄과 카자흐스탄 접경지대에 위치한다. 키르기스족이 거주하던 곳이다.

고묵姑墨: 청말의 배성拜城이다. 한대 서역 국가 중 하나로, 바루카Baluka이다. 지금의 중국 신강 위구르 자치구 아크수Aksu 지구에 위치한다.

우전于闐: 청말의 화전和闐이다. 한대 서역 국가 중 하나로, 지금의 중국 신강 위구르 자치구 남부의 오아시스 도시인 호탄Khotan에 위치한다.

온수溫宿: 한대 서역 국가 중 하나로, 지금의 중국 신강 위구르 자치구 아크수 지구의 온수현Onsu에 위치한다.

위두尉頭: 한대 서역 국가 중 하나로, 지금의 중국 신강 위구르 자치구 아크치현Akqi 카라치Karaqi 일대이다.

　—오십烏什: 지금의 중국 신강 위구르 자치구 우츠투르판현Uqturpan이다.

총령북하葱嶺北河: 파미르고원 북쪽 강이다.

총령남하葱嶺南河: 파미르고원 남쪽 강이다.

소륵疏勒: 한대 서역 국가 중 하나로, 지금의 중국 신강 위구르 자치구 카슈가르Kashgar에 위치한다.

　—객십갈이喀什噶爾: 법사국法沙國이라고도 하며 카슈가르이다.

포리蒲犁: 한대 서역 국가 중 하나로, 지금의 중국 신강 위구르 자치구 타슈쿠르간 타지크 자치현 동쪽에 위치한다.

　—영길이사英吉爾沙: 지금의 중국 신강 위구르 자치구 카슈가르에 위치한다.

사차莎車: 한대 서역 국가 중 하나로, 지금의 중국 신강 위구르 자치구 야르칸드현Yarkand에 위치한다.

　—섭이강葉爾羌: 지금의 중국 신강 위구르 자치구 서부에 있는 야르칸드이다.

피산皮山: 한대 서역 국가 중 하나로, 지금의 중국 신강 위구르 자치구 구마현Guma에 위치한다.

키르기스족이 거주하던 곳이다.

총령남산葱嶺南山: 파미르고원 남쪽 산맥이다.

곤륜하원昆侖河源: 곤륜하의 발원지이다.

　—곤륜하昆侖河: 지금의 히말라야에 위치한 아나바타프타Anavatapta 호수이다.

포리蒲犁: 한대 서역 국가 중 하나로, 지금의 중국 신강 위구르 자치구 타슈쿠르간 타지크 자치현 동쪽에 위치한다.

키르기스족이 거주하던 곳이다.

청말의 합랍고륵哈拉庫勒으로, 바로 아누달지阿耨達池이다.

　　─아누달지阿耨達池: 지금의 히말라야에 위치한 아나바타프타 호수이다.

무청無靑: 지도상에는 표시되어 있으나, 현재 어떤 지역을 가리키는지는 미상이다.

키르기스족이 거주하던 곳이다.

의내依耐: 한대 서역 국가 중 하나로, 지금의 중국 신강 위구르 자치구 옝기사르현Yëngisar 일대이다.

키르기스족이 거주하던 곳이다.

자합子合: 한대 서역 국가 중 하나로, 지금의 중국 신강 위구르 자치구 카길리크현Qaghiliq 남쪽에 위치한다.

키르기스족이 거주하던 곳이다.

한대 서남쪽 오랑캐 땅은 대하大夏와 통한다. 대하는 당대의 토번吐蕃이고 청말의 서장西藏이다. 한 무제가 교류하고자 했으나 물길에 막혔기에 「서역전」에서는 찾아볼 수 없다.

대하大夏: 박트리아Bactria로, 지금의 아프가니스탄과 우즈베키스탄, 타지키스탄에 걸쳐 있는 지역이다.

속익粟弋: 강거국康居國에 속해 있었다. 청말의 탑십간塔什干으로, 또한 고대 합살극 땅이다. 속익은 소그드Sogd로, 중앙아시아의 고대 국가이다. 지금의 아무다리야강Amu Darya과 시르다리야강Syr Darya 사이 지역에 있었다. 수도는 지금의 우즈베키스탄 사마르칸트Samarqand이다.

　　─탑십간塔什干: 지금의 우즈베키스탄 수도 타슈켄트Tashkent이다.

—합살극哈薩克: 지금의 카자흐스탄이다.

엄국嚴國: 한대 서역 국가 중 하나이다. 청말의 아라사俄羅斯 땅이다.

—아라사俄羅斯: 지금의 러시아이다.

엄채국奄蔡國: 청말의 아라사이다. 엄채奄蔡는 서역의 옛 종족으로, 지금의 아랄해와 카스피해Caspian Sea 사이에 분포한다.

대완서북경大宛西北境: 대완국大宛國의 서북쪽 경계이다. 청말의 포합이국布哈爾國이다.

—포합이布哈爾: 지금의 우즈베키스탄 부하라Bukhara이다.

대완국大宛國: 청말의 오한敖罕이고 원대의 새마이한성賽馬爾罕城이다. 지금의 중앙아시아 페르가나Ferghana 지방에 위치하며 명·청 시기에는 코칸트Kokand로 불렸다. 왕이 다스리던 귀산성貴山城(지금의 타슈켄트 동쪽의 코손소이Kosonsoy)은 잡산새卡散賽로 음역된다.

—오한敖罕: 코칸트Qo'qon로, 우즈베키스탄 동부 페르가나주에 위치한다.

—새마이한賽馬爾罕: 지금의 사마르칸트이다.

휴순休循: 한대 서역 국가 중 하나로, 지금의 키르기스스탄 경내에 위치한다.

키르기스족이 거주하던 곳이다.

청말의 납림하納林河이나 『한서』에는 없다.

—납림하納林河: 지금의 나린강Naryn River으로 지금의 키르기스스탄에 있다.

도괴桃槐: 한대 서역 국가 중 하나로, 지금의 타지키스탄Tajikistan 경내에 위치한다.

키르기스족이 거주하던 곳이다.

대하大夏, 대월지大月氐: 청말에는 애오한愛烏罕과 포합이 두 나라가 그 땅을 나누어 차지했다. 고대 종족명으로, 원래는 중국 서북 지역 일대에 살았으나 나중에 지금의 아무다리야강 유역으로 이동했다.

　—애오한愛烏罕: 지금의 아프가니스탄Afghanistan이다.

　—포합이布哈爾: 지금의 우즈베키스탄 부하라이다.

규수嬀水: 불경에서 말하는 박추하縛芻河이다. 규수는 옥수스강Oxus River으로, 아무다리야강의 옛 명칭이다.

　—박추하縛芻河: 지금의 아무다리야강이다.

『한서』에 따르면 엄채국은 북쪽으로 끝이 없는 큰 호수와 접해 있다고 했는데, 아마도 리해裏海로, 청말에는 리해 동쪽 연안이 아라사의 속지였다. 『수경주』에서 말하는 뇌저해雷翥海이다.

　—리해裏海: 뇌저해雷翥海라고도 하며 지금의 카스피해이다.

우라국于羅國: 안식국安息國의 서쪽 경계로 청말의 도로기회국都魯機回國이다. 고대 안식국安息國의 가장 서쪽 경계로, 옛터는 지금의 이라크 동남부 유프라테스강 하류에 있다. 혹은 히라Hirah(지금의 나자프Najaf 동남쪽)의 음역으로 어떤 사람은 지금의 알 바스라Al Basrah 부근에 있었다고도 한다.

　—안식국安息國: 파르티아Parthia로, 국가가 강성할 때는 이란고원 전체와 티그리스·유프라테스 두 강 하류를 다스렸으며, 로마 제국과 중국의 교류에 있어서 반드시 거쳐야 하는 곳이었다.

　—도로기회국都魯機回國: 도로기는 지금의 터키Turkey 지역이고, 회국은 이슬람 국가임을 말한다.

『한서』에서 삼지三池, 반석판盤石坂이라고 하는 곳이다.

　—삼지三池: 파지국波知國에 있는 세 호수이다. 파지국은 제박Zebak으로, 지금의 아프가니스탄 바다흐샨주Badakhshān에 위치한다.

―반석판盤石坂: 파미르 협곡에 있는 지명으로 추정된다.

서항하西恒河는 바로 인도하印度河이다.

―인도하印度河: 인더스강Indus River이다.

오타국烏秅國: 청말의 파달극산巴達克山이다. 지금의 중국 신강 야르칸드강 상류 및 아프가니스탄 바다흐샨 인근에 위치한다.

―파달극산巴達克山: 지금의 아프가니스탄 바다흐샨 지역이다.

계빈국罽賓國: 청말의 극십미이克什彌爾로, 바로 북천축北天竺이다. 계빈국은 카스미라Kasmira, 즉 지금의 아프가니스탄 동북부에 위치한 카슈미르Kashmir이다.

신독身毒: 인도로, 지금의 인도, 파키스탄, 방글라데시 등의 나라를 포함한다.

오익산리국烏弋山離國: 청말의 온도사탄溫都斯坦으로, 중천축中天竺의 수도이다. 지금의 아프가니스탄 서부의 헤라트Herat이다.

―온도사탄溫都斯坦: 지금의 인도 힌두스탄Hindustan이다.

『한서』에서 말한 "험한 계곡이 측량할 수 없을 정도로 깊다(臨崢嶸不測之深)"는 곳이다.

박도撲桃: 기와회국機洼回國 등의 땅이다. 박도는 파투Partu로, 지금의 이란 동북부에 위치한다.

―기와회국機洼回國: 기와는 지금의 우즈베키스탄 히바이고, 회국은 이슬람 국가임을 말한다.

사빈斯賓: 안식국의 속국이다. 사빈은 크테시폰Ctesiphon으로, 지금의 이라크 수도 바그다드 동남쪽 티그리스강 왼쪽 언덕에 위치한다.

아만阿蠻: 안식국의 속국이다. 아만은 엑바타나Ecbatana로, 지금의 이란 하마단Hamadan이다.

안식安息: 바로 서천축으로, 청말의 포사회국包社回國이다. 포사회국은 파르티아로, 음역은 파제아帕提亞이다. 원래 페르시아 제국의 하나의 행성行省이었으며 지금의 이란 동북부에 위치한다. 후에 서아시아의 대국으로 발전해 이란과 티그리스강과 유프라테스강 유역 일대(메소포타미아 지역)까지 차지했다.

　　─포사회국包社回國: 포사는 페르시아로, 지금의 이란Iran을 가리킨다. 회국은 이슬람 국가임을 말한다.

『수경주』에서는 항하恒河가 다마리간국多摩犁軒國의 해구까지 이른다고 했다.

　　─항하恒河: 지금의 갠지스강이다.

　　─다마리간국多摩犁軒國: 탐라립티Tamralipti로, 지금의 인도 서벵골주 메디니푸르Medinipur의 탐루크Tamluk 근처이다. 다마리간국의 해구는 후글리강Hooghly River 하구 벵골만에 있지, 페르시아만이나 오만만 일대에 있지 않다.

동항하東恒河: 지금의 갠지스강이다.

동인도는 『한서』와 『후한서』에 모두 기록되어 있지 않다.

동리국東離國: 『후한서』에는 동리국이 인도에서 동남쪽으로 3천여 리 떨어져 있다고 하는데, 아마도 남인도 땅인 듯하다. 동리는 '차리車離'의 오기로, 촐라Chola를 가리키며 지금의 인도 코로만델해안Coromandel Coast에 위치한다.

남해南海: 위원의 지도에서 남해는 아라비아해Arabian Sea를 지칭한다.

서항하해구西恒河海口: 인더스강 입구를 말한다.

리간犁軒: 로마 제국Roman Empire, 즉 대진국大秦國을 가리킨다. 이 지도에서는 오만Oman 일대로 잘못 그려졌다.

또한 서인도의 속지는 청말의 천방天方 각 이슬람국이다.

　　─천방天方: 본래는 지금의 사우디아라비아의 메카Mecca를 가리켰으

나 후에는 아라비아를 널리 지칭했다.

대진국大秦國: 『한서』에는 대진국이 오직 안식국과 교류하고 중국과는 교류하지 않았다고 기록되어 있다. 당시에는 유럽 대서양 각 나라가 모두 대진국 땅이었다. 대진국은 로마 제국을 가리킨다.

『한서』에서 말한 서해西海는 바로 지중해이다. 이에 대진국이 진귀한 물건을 인도, 안식국 등의 나라와 바다에서 교류했다고 한 것이다. 또한 한나라 사신이 조지국條支國에 도착해 바다를 건너려 할 때 안식국 서쪽 경계에서 뱃사람들이 모두 갈 수 없다고 했는데, 모두 이곳을 가리켜 말한 것이다.

조지條支: 청말의 여덕아如德亞 및 천방의 이슬람 각 나라를 말한다. 지금의 이라크이다.

　　—여덕아如德亞: 유다Judah로, 고대 유대인이 거주하던 팔레스타인 Palestine 지구를 가리킨다.

여기에서부터 서쪽 지역은 『한서』에서 언급하지 않았다. 명대 이후로 비로소 리미아주 利未亞洲 땅이라고 언급되었다.

　　—리미아주利未亞洲: 지금의 아프리카 대륙이다.

대서해大西海: 『한서』에서 태양이 지는 곳과 가깝다고 말한 지역이다. 위원의 지도에서는 대서양Atlantic Ocean을 가리킨다.

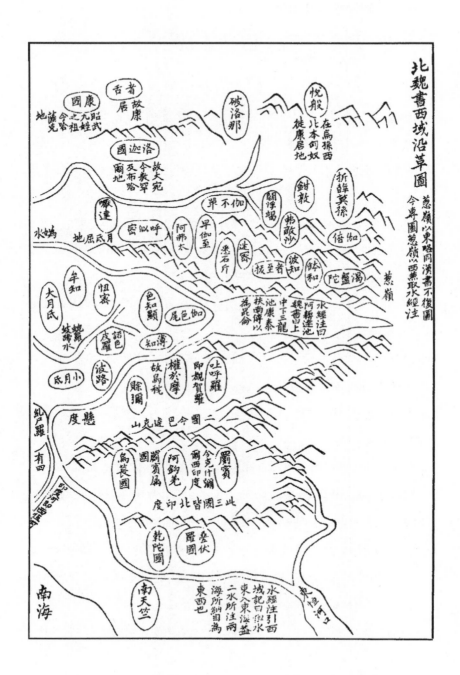

北魏書西域沿革草圖

葱嶺以東略同漢書不復圖
今專圖葱嶺以西薰取水經注

『북위서』 서역 연혁도

파미르고원 동쪽은 대략 『한서』와 같아 지도를 그리지 않았다.

이 지도는 파미르고원 서쪽만을 그렸고 아울러 『수경주』를 참고했다.

열반悅般: 열반은 북위 시기의 서역 국가로, 처음에는 쿠차 이북에서 유목 생활을 하다가 나중에는 오손국烏孫國의 서북 지역(제티수Zhetysu)에서 활동했다. 오손국 서북쪽에 활동했던 흉노족은 강거국康居國 지역으로 이동했다.

　　－오손국烏孫國: 오손Wusun은 대략 기원전 161년에 지금의 이리강Ili River과 이식쿨호Lake Issyk-Kul 일대로 이동했으며 지금의 카자흐족 Kazakh 내에 아직도 오손 부락이 있다.

　　－강거국康居國: 대략 지금의 발하슈호Balqash Koli에서 아랄해Aral Sea 사이에 있다.

파락나破洛那: 지금의 중앙아시아 페르가나Ferghana 지방으로, 명·청 시기에는 코칸트Kokand로 불렸다.

자설者舌: 옛 강거국이다. 고대 서역 국가로, 지금의 시르다리야강Syr Darya 지류에 위치한다.

낙가국洛迦國: 『대당서역기』의 역가국礫迦國으로 추정된다. 고대 북인도의 국가로, 가습미라국迦濕彌羅國(카슈미르 지역)의 남쪽에 위치한다. 옛 대완국大宛國이고 청말의 오한浮罕 및 포합이布哈爾 지역이다.

　　－대완국大宛國: 지금의 중앙아시아 페르가나 지방에 위치하며 명·청 시기에는 코칸트로 불렸다. 왕이 다스리던 귀산성貴山城(지금의 타슈켄트 동쪽의 코손소이Kosonsoy)은 잡산새卡散賽로 음역된다.

　　－오한浮罕: 코칸트로, 우즈베키스탄 동부 페르가나주에 위치한다.

－포합이布哈爾: 지금의 우즈베키스탄 부하라Bukhara이다.

강국康國: 소무구성昭武九姓의 선조이고 청말의 합살극哈薩克 지역이다. 강국은 지금의 우즈베키스탄 사마르칸트Samarkand 일대이다.

　　－소무구성昭武九姓: 중앙아시아 아무다리야강과 시르다리야강 사이 구성九姓 정권의 총칭이다.

　　－합살극哈薩克: 지금의 카자흐스탄Kazakhstan이다.

절설막손折薛莫孫: 지금의 파키스탄 북쪽 경계 마스튜지Mastuj와 치트랄Chitral 사이에 위치한다.

가배伽倍: 지금의 아프가니스탄 동북 경계의 와한Wakhan이다.

총령蔥嶺: 지금의 파미르고원이다.

갈반타渴盤陀: 지금의 중국 신강 위구르 자치구의 타슈쿠르간Tashkurgan이다.

겸돈鉗敦: 칸두드Kandud로, 지금의 아프가니스탄 와한 지역에 위치한다.

불적사弗敵沙: 지금의 아프가니스탄 동북쪽 경계에 있는 바다흐샨Badakhshān이다.

발화鉢和: 지금의 아프가니스탄 와한 지역이다.

파지波知: 와한의 서남쪽에 위치하며 지금의 아프가니스탄 제박Zebak이다.

염부갈闇浮竭: 『북제서』에서는 염부알闇浮謁로 되어 있다. Hamakān의 고지명인 Yambakān의 음역으로 추정된다.

자지발者至拔: 고대 서역 국가 중 하나로, 지금의 우즈베키스탄 수도 타슈켄트다.

가부단伽不單: 케부드Kebud로, 사마르칸트 서북쪽에 위치한다.

미밀迷密: 판자켄트Panjakent로, 『북위서』에서는 사마르칸트의 동쪽에 위치한다고 한다.

실석근悉石斤: 『북위서』에는 실만근悉萬斤으로 되어 있으며, 지금의 우즈베키스탄 사마르칸트이다.

조가지_{祖伽至}: 지금의 투르크메니스탄 카라쿰사막_{Kara-Kum Desert}에 있었던 국가로 추정된다.

아불태_{阿弗太}: 부하라와 우르겐치_{Urgench} 사이에 있었던 압달 타르칸_{Abdal Tarkhan}으로 추정된다.

호사밀_{呼似密}: 호레즘_{Khorezm}으로, 지금의 아랄해 남쪽의 히바_{Khiva} 일대이다.

엽달_{囐噠}: 에프탈_{Ephthalite}로, 일반적으로 대월지_{大月氏}와 혼혈인 흉노족을 가리킨다. 5세기에는 아무다리야강 남쪽에 분포하면서 발저연성_{拔底延城}, 즉 지금의 아프가니스탄 서부 파이자바드_{Faizabad}에 도시를 세웠다.

　　―월지굴지_{月氏屈地}: 지도상에는 표시되어 있으나, 현재 어떤 지역을
　　　가리키는지는 미상이다.

규수_{嬀水}: 지금의 아무다리야강을 가리킨다.

『수경주』에서는 아누달지_{阿耨達池}, 『북위서』에서는 상류, 중류, 하류의 용지_{龍池}, 강태_康
_泰의 『부남전_{扶南傳}』에서는 곤륜_{昆侖}으로 여겼다.

　　―아누달지_{阿耨達池}, 용지_{龍池}, 곤륜_{昆侖}: 지금의 히말라야에 위치한 아
　　　나바타프타_{Anavatapta} 호수이다.

가색미_{伽色尾}: 『북위서』에는 가색니_{伽色尼}로 되어 있으며, 지금의 아프가
니스탄 가즈니_{Ghazni}이다.

색지현_{色知顯}: 이슈티칸_{Ishtikan}으로, 지금의 사마르칸트 서북쪽에 있는 지
역이다.

박지_{薄知}: 박제_{薄提}라고도 하며 지금의 아프가니스탄 북쪽 경계의 발흐
_{Balkh}이다.

뉴밀_{忸密}: 지금의 우즈베키스탄 부하라이다.

낙색피라_{諾色皮羅}: 『북위서』에는 낙색파라_{諾色波羅}로 되어 있으며, 지금의

우즈베키스탄 카르시Qarshi로 추정된다.

파로波路: 볼로Bolor로, 지금의 카슈미르 발티스탄Baltistan 일대이다.

모지牟知: 바티Vadi, Vati의 음역으로, 아무다리야강 오른쪽에 있는 베틱Betik 이다.

대월지大月氏: 고대 종족명으로, 원래는 중국 서북 지역 일대에 살았으나 나중에 지금의 아무다리야강 유역으로 이동했다.

예라기체수蜺羅妓蹄水: 카스피해로 유입되는 강줄기로 추정된다.

소월지小月氏: 간다라Gandhara 지역으로, 지금의 카불강Kabul River 하류 유역에 위치하며 페샤와르Peshawar와 라왈핀디Rawalpindi 지역을 포함한다.

토호라吐呼羅: 바로 도하라覩賀羅이다. 토호라는 토하라Tukhara 지역으로, 힌두쿠시산맥Hindu Kush Mountains과 아무다리야강 사이에 위치하며 지금의 아프가니스탄 북부이다.

권오마權於摩: 고대 오타국烏秅國이다.

사미賖彌: 지금의 파키스탄 북부 치트랄에 위치한다.

두 나라는 지금의 바다흐샨이다.

현도懸度: 현도산懸度山이다.

규시라위국紀尸羅衛國: 4개의 큰 탑이 있다.

인도하印度河는 바로 서항하西恒河이다. 지호려대강구枝扈黎大江口라고도 한다.

　—인도하와 서항하는 모두 지금의 인더스강Indus River이다.

　—지호려대강구枝扈黎大江口: 호지려대강구扈枝黎大江口로 써야 하며 지금의 후글리강Hooghly River 입구로 지금의 인도 서벵골주에 위치한다. 이 지도에서는 파키스탄의 인더스강 입구로 잘못 그렸다.

계빈罽賓: 청말의 극십미이克什彌爾로 서인도에 걸쳐 있다. 계빈은 카스미라Kasmira, 즉 지금의 카슈미르Kashmir로 카피사Kapisa라고도 한다. 지금의 아프가니스탄 동북부에 위치한다.

아구강阿鉤羌: 계빈국의 속국이다. 지금의 파미르 산간에 위치한 발티스탄 지방이다.

오장국烏萇國: 우르야나Udyana, 우디야나Oddiyana 지역으로, 지금의 파키스탄 스와트강Swat River 연안에 위치한다.

이 세 나라는 모두 북인도이다.

첩복라국疊伏羅國: 자불라Zabula의 음역으로, 아프가니스탄 중부 지역을 가리킨다.

건타국乾陀國: 간다라로, 지금의 파키스탄 북서부 페샤와르Peshawar 지역을 가리킨다.

동항하구東恒河口: 갠지스강 하구이다.

『수경주』에서는 『서역기』를 인용하여 갠지스강은 동쪽으로 흘러 동해로 들어간다고 했는데, 아마도 두 강물(갠지스강, 인더스강)이 두 바다로 유입되는 것으로 보아 동서로 흐른다고 한 것 같다.

남천축南天竺: 남인도이다.

남해南海: 아라비아해이다.

속특국粟特國: 고대 서역 국가로, 파미르고원 서쪽, 시르다리야강과 아무다리야강 사이에 위치한다. 지금의 우즈베키스탄이며 주요 도시는 사마르칸트이다.

고대의 엄채국奄菜國은 강거국康居國의 서북쪽에 위치하며, 대국代國과는 16,000리 떨어져 있다. 청말의 러시아 땅이다.

대진국大秦國: 로마 제국을 가리킨다.

『북위서』에서는 국토가 사방 60리이고 두 바다 사이에 위치한다고 한다.

『북위서』의 대진국이 두 바다 사이에 위치한다는 말은 대진국의 북쪽에 발해渤海가 있음을 분명히 말한 것이다. 청말의 명칭은 주중해州中海이다.

여기에서 발해와 주중해는 모두 발트해Baltic Sea이다. 위원은 발해를 지중해로 잘못 여겼다.

뇌저해雷翥海는 『수경주』에 보인다. 파미르고원 서쪽의 물은 모두 이곳에 모인다. 청말에는 리해裏海라고 불렀다.

『북위서』에서는 "조지국條支國에서 서쪽으로 해곡海曲을 건너 1만 리를 가면 바다가 옆으로 펼쳐지는데, 여전히 발해이다. 동쪽과 서쪽이 발해를 사이에 두고 서로 바라본다"라고 하는데, 자고로 지중해에 대한 언급은 이보다 앞선 것이 없다. 『한서』의 서왕모西王母, 약수弱水, 태양이 지는 곳이라는 말은 『북위서』와는 차이가 많다.

안식국安息國: 청말의 파사회국巴社回國(페르시아)으로 서인도에 위치한다. 원래는 파르티아Parthia로, 지금의 이란 동남부이다. 후에 서아시아의 대국으로 발전해 이란과 티그리스강·유프라테스강 유역 일대(메소포타미아 지역)까지 차지했다.

건타국乾陀國: 간다라로, 지금의 파키스탄 북서부 페샤와르 지역을 가리킨다. 건타국은 바로 건타위국犍陀衛國이다.

파사국波斯國: 페르시아로, 지금의 이란이다. 한대에는 조지국, 청말에는 천방天方 아단阿丹에 위치한 여러 나라를 말했다.

　　ー천방天方: 본래는 지금의 사우디아라비아의 메카Mecca를 가리켰으나 후에는 아라비아를 널리 지칭했다.

　　ー아단阿丹: 예멘의 주요 도시인 아덴Aden이다.

남해南海: 아라비아해이다.

이 대륙은 북위 때에는 아직 교류하지 않았다.

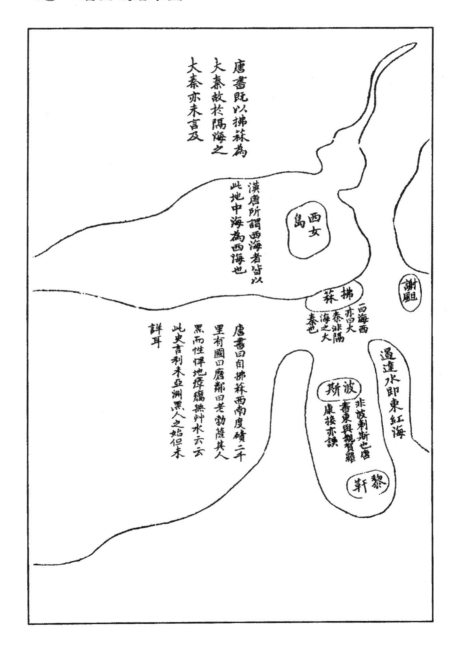

唐書既以拂菻為
大秦故於隔海之
大秦亦未言及

漢唐所謂西海者皆以
此地中海為西海也

西
女
島

拂
菻

一曰海西
亦曰大
秦非隔
海之大
秦也

謝颶

過達水即東紅海

波
斯
康接亦誤

非波剌斯也唐
書東與薩賀羅

黎
靬

唐書曰自拂菻西南度磧二千
里有國曰磨鄰曰老勃薩其人
黑而性悍地瘴癘無艸水云云
此史言利未亞洲黑人之始但未
詳耳

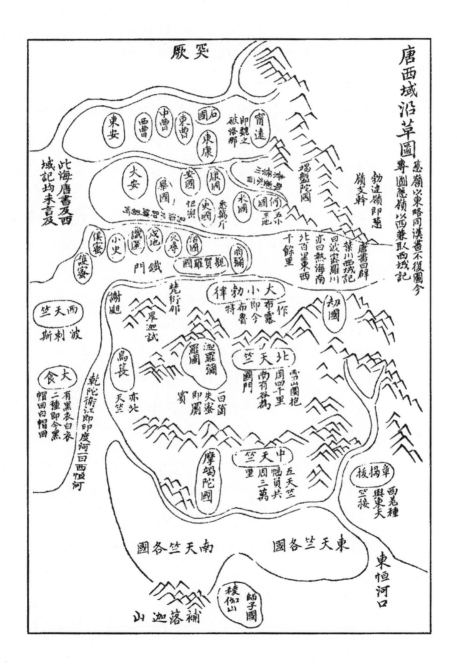

파미르고원 동쪽은 대략 『한서』와 같아 별도로 지도를 그리지 않았다.

지도에서는 파미르고원 서쪽만을 그리면서 『대당서역기大唐西域記』도 참고했다.

영원寧遠: 북위 시기 파라나破洛娜이다. 지금의 우즈베키스탄 페르가나Ferghana 지역이다.

    —파락나破洛那: 지금의 중앙아시아 페르가나 지방으로, 명·청 시기 에는 코칸트Kokand로 불렸다.

석국石國: 지금의 우즈베키스탄 타슈켄트이다.

동강東康: 지도상에는 표시되어 있으나, 현재 어떤 지역을 가리키는지는 미상이다.

동조東曹: 수트리슈나Sutrishna로, 지금의 타지키스탄 이스트라브샨Istravshan 이다.

중조中曹: 지금의 사마르칸트 북쪽에 위치한다.

서조西曹: 케바드Kebad로, 지금의 사마르칸트 서북쪽에 위치한다.

동안東安: 지금의 사마르칸트 서북쪽의 카타쿠르간Kattakurgan에 위치한다.

발달령勃達嶺은 파미르고원의 줄기이다.

갈반타국竭盤陀國: 지금의 중국 신강 위구르 자치구의 타슈쿠르간Tashkurgan 이다.

나밀수那密水는 소섭천素葉川이라고도 한다.

    —나밀수那密水: 지금의 중앙아시아 자라프샨강Zarafshan River이다.

    —소섭천素葉川: 추강Chu River이라고도 하며 키르기스스탄 북부와 카 자흐스탄 남부를 흐르는 강이다.

하국何國: 오소왕五小王(다섯 선우)의 땅이다. 코샤니아Koshania로, 사마르칸트 서북쪽에 위치한다.

미국米國: 마이마르그Maimargh로, 사마르칸트 서남쪽에 위치한다.

강국康國: 실만근悉萬斤이라고도 한다. 지금의 우즈베키스탄 사마르칸트 일대에 위치한다.

사국史國: 케시Kesh로, 지금의 사마르칸트 서남쪽의 샤흐리 세비즈Shahri-Sebz 지역에 위치한다.

안국安國: 유밀忸密이라고도 한다. 지금의 우즈베키스탄 부하라Bukhara 일대에 위치한다.

필국畢國: 베틱Betik으로, 지금의 부하라 서남쪽에 위치한다.

대안大安: 지도상에는 표시되어 있으나, 현재 어떤 지역을 가리키는지는 미상이다.

오호수烏滸水는 바로 전추하縛芻河이다.

　　—오호수烏滸水와 전추하縛芻河는 모두 옥수스강Oxus River으로, 지금의 아무다리야강Amu Darya이다.

이 바다는 『당서』와 『서역기』에 모두 언급되어 있지 않다.

『당서』의 벽섭천辟葉川은 『대당서역기』에 파밀라천波密羅川으로 되어 있다. 또한 열해熱海는 남북은 1백 리, 동서는 1천여 리에 이른다고 한다.

　　—벽섭천辟葉川: 『신당서』에는 쇄섭천碎葉川으로 되어 있으며, 지금의 추강이다.

　　—파밀라천波密羅川: 지금의 파미르의 무르가브강Murgab River(아무다리야 강의 지류)이다.

　　—열해熱海: 지금의 이식쿨호Lake Issyk-Kul이다.

상미商彌: 샤마카Syamaka로, 지금의 파키스탄 마스튜지Mastuj와 치트랄Chitral 사이에 위치한다.

도하라국觀賀羅國: 지금의 아프가니스탄Afghanistan 북부에 위치한다.

활국活國: 와르와리즈Warwaliz 지역으로, 지금의 아프가니스탄 북부 쿤두즈Kunduz 부근에 위치한다.

화심火尋: 호레즘Khorezm으로, 지금의 아랄해 남쪽의 히바Khiva 일대이다.

술지戌地: 베틱으로, 지금의 부하라 서남쪽에 위치한다.

식닉識匿: 시그난Shighnan으로, 지금의 파미르 시크Sikh 남쪽이다.

철문鐵門: 철문관鐵門關으로, 옛터는 지금의 우즈베키스탄 남부의 데르벤트Derbent의 서쪽에 위치하며 고대 중앙아시아의 남북 교통로로 형세가 험준하다.

소사小史: 나크차브Nakhchab로, 지금의 부하라 동쪽의 카르시Qarshi이다.

구밀俱密: 쿠미드Kumidh 지역으로, 지금의 타지키스탄Tajikistan 수르크합강Surkhab River 유역에 위치한다.

호밀護密: 지금의 아프가니스탄의 와한Wakhan 지역이다.

서천축西天竺: 서인도이다.

　―파랄사波剌斯: 파르사Parsa로, 지금의 이란Iran이다.

대식大食: 대식국은 흑의대식黑衣大食과 백의대식白衣大食 두 나라가 있는데, 청말의 흑모회黑帽回와 백모회白帽回이다. 대식은 지금의 이란이나 아랍 지역을 가리킨다.

　―흑의대식黑衣大食: 이슬람 제국의 아바스 왕조Abbasids로, 서방의 문헌에서는 동사라센Saracens 제국이라 칭하고 중국 문헌에서는 흑의대식黑衣大食이라고 칭하는데, 의복이 항상 검은색이었기 때문에 이렇게 칭한다. 전성기 때의 영토는 아시아, 아프리카, 유럽 세 대륙에 걸쳐 있었으며 수도는 바그다드였다. 1055년 튀르크인 토그릴 베그가 바그다드를 점령했고 1258년 몽골인의 침입으로 멸망

했다.

— 백의대식白衣大食: 우마이야 왕조Umayyads를 가리킨다. 의복이 항상 흰색이었기 때문에 이렇게 칭했다.

겁국劫國: 카피사Kapisa로, 지금의 아프가니스탄 카불 북쪽에 위치한다.

대발률大勃律: 포로布露라고도 하며 청말의 포로특布魯特이다. 대발률은 지금의 카슈미르 서북쪽의 발티스탄Baltistan이다.

소발률小勃律: 지금의 파키스탄 동부 야신강Yasin River 유역에 위치한다.

범연나梵衍那: 바미안Bamyan으로, 아프가니스탄 카불 서북쪽에 위치한다.

필가시畢迦試: 가필시迦畢試로 써야 한다. 가필시는 카피사로, 지금의 카불 북쪽에 위치한 베그람Begram이다.

사율謝颷: 자구다Jaguda로, 지금의 아프가니스탄 가즈니Ghazni이다.

북천축北天竺: 북인도이다. 설산雪山이 사방 4천 리를 감싸고 있는데, 남쪽에 있는 골짜기를 국문國門으로 삼는다.

가라미라국伽羅彌羅國: 개실밀箇失蜜이라고도 하는데, 바로 계빈罽賓이다. 지금의 카슈미르Kashmir이다.

오장烏萇: 오장국 역시 북인도이다. 오장국은 우르야나Udyana, 우디야나Oddiyana 지역으로, 지금의 파키스탄 스와트강Swat River 연안에 위치한다.

건타위강乾陀衛江은 바로 인더스강으로, 서항하西恒河라고도 한다.

장게발章揭拔: 서강족西羌族으로 동인도東天竺와 접해 있다. 장게발은 지금의 티베트 시가체Shigatse의 서남쪽, 아리Ngari의 동남쪽에 위치한다.

중천축中天竺: 중인도이다.

오인도의 넓이는 모두 사방 3만 리이다.

마게타국摩揭陀國: 마가다Magadha로, 대략 지금의 인도 비하르주의 파트나Patna와 가야Gaya 지역에 해당한다.

동항하구東恒河口: 갠지스강 하구이다.

동천축각국東天竺各國: 동인도 각 나라이다.

남천축각국南天竺各國: 남인도 각 나라이다.

사자국師子國: 시할라Sihala로, 지금의 스리랑카Sri Lanka이다.

능가산稜伽山: 스리랑카섬의 주봉主峯(랑카Lanka)이며 스리랑카를 널리 지칭하기도 한다.

보낙가산補落迦山: 『대당서역기』의 포단락가산布呾落迦山으로, 산스크리트어 포탈라카Potalaka의 음역이다. 지금의 인도반도 남부의 서고츠산Western Ghats 남단 티루넬벨리Tirunelveli 경계에 위치하며, 지금의 명칭은 파파나삼산Papanasam이다.

서녀도西女島: 인도 전설에 따르면 인도 서해에 위치한 여인국이다. 이 전설이 서쪽으로 전해지면서 그 위치도 서쪽으로 이동해 동로마 서남해 섬에 있다고 한다. 고대 중국과 외국 문헌에는 모두 이 전설이 기록되어 있다.

『한서』, 『당서』에서 말하는 서해西海는 모두 지중해地中海이다.

불름拂菻: 해서海西라고도 하고 대진大秦이라고도 하는데, 바다 건너편의 대진은 아니다. 불름은 동로마 제국이나 동로마 제국의 수도 콘스탄티노플(지금의 이스탄불)을 가리킨다.

『당서』에서는 불름국拂菻國을 대진국大秦國으로 여겨 바다 건너편의 대진국도 언급하지 않았다.

알달수遏達水는 동홍해東紅海이다.

　　─알달수와 동홍해는 모두 티그리스강을 가리키며, 알달수는 달알수達遏水로 써야 한다.

파사波斯: 파랄사波剌斯가 아니다. 『당서』에는 동쪽으로 도하라국覩賀羅國

및 강국康國과 접해 있다고 했는데, 이 역시 잘못된 것이다. 파사와 파랄사 모두 지금의 이란으로 위원이 잘못 여겼다.

려간黎軒: 리간犁軒이라고도 하며 로마 제국, 즉 대진국을 가리킨다.

『당서』에는 불름에서 서남쪽으로 사막을 건너 2천 리를 가면 마린磨鄰이라는 나라가 있는데, 노발살老勃薩이라고도 하며 그 나라 사람들은 피부가 검고 성질이 사납다. 그 땅은 풍토병이 많고 풀이 자라지 않는다고 한다. 『당서』의 말은 아프리카 흑인에 대한 첫 기록이지만 상세하지는 않다.

　—마린磨鄰: 원래 명칭은 마그레브Maghreb로, 마격리포馬格里布의 약칭이다. 지금의 케냐 말린디Malindi라고도 하고 북아프리카 모로코 Morocco 일대라고도 한다.

　—노발살老勃薩: 지금의 이라크 바스라Basra이다.

원대 강역도 서설

　백성이 생긴 이래 우禹임금의 자취가 미친 곳은 중국의 구주九州 땅으로, 구주는 동해에 치우쳐 있다. 서해·남해·북해는 비록 영토 확장에 힘쓰길 좋아하던 역대 군주들이 통역 사신을 파견하고 선물을 보냈지만, 여전히 그 끝까지 가서 살피지는 못했다. 팔준마八駿馬를 몰고[1] 대장大章과 수해豎亥처럼 걸음을 걸어도[2] 여전히 구석구석까지는 다 가 보지 못했다. 북쪽으로는 북해[3]까지, 서쪽으로는 서해까지 남쪽으로는 남해까지 갈 수 있었던 이는 지금까지 키야트 칸Qiyad Khan[4]뿐이었다. 그 처음에 서북해의 흠찰국欽察國[5]·아라사국阿羅思國[6]·아속국阿速國,[7] 동북해의 철륵鐵勒[8]·힐알사국黠戛斯國[9]·골리간국骨利幹國[10]·고려국高麗國[11]까지는 태조太祖[12]가, 파미르고원 서쪽을 병합하고 남해의 인도印度·천방天方[13]까지는 헌종憲宗[14]이, 남해의 점성占城·조왜爪哇를 병합하고 멀리 아프리카의 마팔이馬八爾와 구람俱藍[15]까지는 세조世祖[16]가 갔다. 이 나라들은 모두 한漢·당唐대에는 교화가 미치지 못했으나 원대에는 모두 회유와 강압을 통해 번국藩國으로 삼왔다. 멀리 갈수록 다스리는 지역도 늘어나 넓은 땅에서 맹위를 떨쳤다. 세상이 바뀐 후 다스리는 지역이 넓어질수록 변방의 저항도 커져 인도의 여러 나라가 히말라야산맥[17]으로 막힌 것을 믿고 규율을 따르지 않으니 아모하행성阿母河行省[18]을 세워 파미르고원 서쪽을 다스리고 영북행성嶺北行省[19]은 카라코룸Karakorum[20]과 항가이산맥Hangayn Nuruu[21] 이북을 다스리며 아력마리원수부阿力麻里元帥府[22]는 천산天山 북쪽을 다스리고, 별실팔리원수부別失八里元帥府[23]는 천산 남쪽을 다스리며 요양행성遼陽行省은 요하遼河 동쪽을 다스리고 화주원수부火州元帥府[24]와 곡선원수부曲先元帥府[25]는 투르판에서 양관陽關 동쪽까지 다스렸다. 그러나 세조 말년에 아모하행성도 폐지되자 파미르고원 서쪽은 사마르칸트Samarkand[26]에서 들고 일어나고 파미르고원 북쪽의 아라사국과 흠찰국에서는 우즈베크 칸Öz Beg Khan[27]이 들고 일어났다. 그들의 세력은 이미 기미국羈縻國과 같았다. 또한 카이두Khaidu[28]와 두와Dua[29]가 영북嶺北[30]에서 반란을 일으키고 간단幹端[31]이 호탄Khotan[32]에서 반란을 일으키니 이 두 곳도 조정에 속하지 않게 되었다. 오직 천산의 동수부·남수부·북수부 삼수부三帥府와 화림로和林路, 요양로遼陽路, 내지 각 행성行省만을 다스릴 뿐이었다. 이에 원나라 중엽 이후에는 영토가 한·당대와 거의 같아졌으나 처음 제국을 세웠을 당시 영토를 한·당의 전성기 때와 비교하면 곱절 이상이었다. 『고종순황제어제문집高宗純皇帝御制文集』에는 "파미르고원은 곤륜崑崙으로 천하의 중심에 있다. 곤륜의 동쪽으로 중국보다 큰 땅이 없고 곤륜 북쪽으로 러시아보다 큰 땅이 없으며 곤륜 서남쪽으로 오인도보다 큰 땅이 없다. 원나라 초에 이 세 대국大國의 영토를 모두 차지했으니 어찌 그 옛날의 패업을 이루지 않았다고 말할 수 있겠는가!"라고 되어 있다. 세조 지원至元 25년(1265)에 예부禮部의 청을 듣고 회동관會同館으로 번국의 사신을 불러들이고, 각 지역의 도로·산천·풍속·산물을 기록하여 「직공도職貢圖」를 만들었다. 명나라 초에 또 연경燕京의 문헌을 다 얻어 『원사』를 찬수하게 하자 여러 신하가 더욱 연구 검토했으니, 어찌 지역을 배치 구획하여 전국의 지도를 만들어 『우공禹貢』의 부족함을 보충하고, 만고萬古의 흉금을 넓혀 「왕회王會」의 성대함을 떨치기 어렵겠는가? 다만 한 시대 수만 리의 영역만을 거론하며 모든 변방의 내용은 제외시켰으니, 이는 지도가 없는 것과 같다. 『원사』「지리지地理志」 끝에 부록으로 서북 지명 2장만을 덧붙였는데, 도대체 어디가 서쪽이고 어디가 북쪽인지 여전히 판별할 수 없다. 「열전列傳」에는 걸핏하면 서북방의 왕이 전쟁을 일으켰다고 하는데, 도대체 서방의 왕인가? 북방의 왕인가? 모두 명확하지 않다. 11행성 밖으로는 첫째로, 서북의 땅은 거리 계산이 어렵고, 둘째로, 변방의 기미주羈縻州는 그 끝을 알 수 없으니, 어찌 다시 부락의 본말과 산천의 구획을 묻겠는가? 근래 가정嘉定 사람 첨사詹事 전대흔錢大昕과 공사貢士 모악생毛嶽生, 대흥大興 사람 편수編修 서송徐松 선생이 모두 『원사』 편찬에 참여해 전대흔은 「예문지藝文志」와 「씨족지氏族志」만을 간행했고 모악생은 「후비전后妃傳」과 「공주전公主傳」만을 완성했다. 그러나 전대흔의 『이십이사고이廿二史考異』를 읽어 보면 변방의 영토에 대해서는 언급하지 않았다. 모악생은 스스로 카라코룸이 어디에 있는지 아직도 밝혀지지 않았다고 말하면서 그 글을 완성하지 못했으니 아마도 또한 어려움을 알고 물러난 것이리라. 서송 선생은 영토에 대해 전문적으로 파고들었으나 「원사서북지리부주元史西北地里附注」 및 「제왕세계표諸王世係表」에서도 제대로 끝내지 못했다. 나는 『해국도지』를 편찬하면서 『원사』를 살펴볼 때마다 길이 보이지 않아 힘들었다. 이에 『원비사元秘史』·『몽고원류蒙古源流』 및 구처기邱處機와 유욱劉郁의 책을 보고, 역대 서역 전기와 도리침圖理琛[33]의 『이역록異域錄』을 참고하여 꼼꼼히 탐구하고 널리 증명해서 결국 하나의 지도마다 4번씩 검토했으니 아쉬움을 메꿀 수 있을 것이다. 새벽부터 변방을 돌아다니고 안 되는 말로 길을 물어 비록 방향만 분별했을 뿐이니, 나보다 나은 사람이 나오길 기대한다. 또한 『원경세대전지도元經世大典地圖』는 『영락대전永樂大典』에서 가져온 것으로, 아울러 이 뒤에 덧붙인다. 「원대서역고元代西域考」 두 편은 「북인도연혁北印度沿革」 뒤에, 「원대북방강역고元代北方疆域考」 두 편은 「아라사연혁俄羅斯沿革」 뒤에 덧붙인다.[34]

元代疆域圖敍

一

　　自生民以來, 禹迹所及, 中國九州之地, 則偏東海. 其西南北三海, 則雖列代
好勤遠略之君, 發譯使, 齎金幣, 尚莫睎其涯際. 騁八駿, 步章亥, 尚未徹其里
域. 其能北至於北海·西至於西海·南至於南海者, 亘古一渥奇溫氏而已. 其始
有西北海之欽察國·阿羅思國·阿速國, 東北海之鐵勒·黠戛斯國·骨利幹國·高麗
國者太祖, 其竝有蔥嶺以西, 南至海之印度·天方者憲宗, 其竝有南海之占城·爪
哇, 遠通利未亞洲之馬八爾·俱藍者世祖. 此皆漢唐聲教所不訖, 而元皆篝撞有
之, 藩封樹之. 駕遠御長, 甫田驕桀. 易世而後, 鞭長尾大, 於是印度諸國, 恃阻
雪山, 不受戎索, 惟建阿母河行省治蔥嶺以西, 嶺北行省治和林·杭海山以北,
阿力麻里元帥府治天山以北, 別失八里元帥府治天山以南, 遼陽行省治遼河以
東, 火州·曲先元帥府治土魯番至陽關以東. 然世祖末年, 阿母河行省亦廢, 則
蔥嶺以西, 擅于賽馬爾罕, 蔥嶺以北阿羅思·欽察, 擅于月祖伯大王. 其勢已同
羈縻. 且海都·篤娃叛于嶺北, 幹端叛于和闐, 則二地亦不屬朝廷. 惟治天山南·
北·東三帥府及和林·遼陽二路與內地各行省之地而已. 然則元中葉後, 疆域始

僅垺漢唐, 而開國疆域則視漢唐極盛時, 且再倍過之. 『高宗純皇帝御制文集』曰: "蔥嶺爲崑崙, 居天下之中. 崑崙以東莫大于中國, 以北莫大于俄羅斯, 以西南莫大五天竺國. 元初則兼此三大國疆域而有之, 謂不振古霸烈哉!" 世祖至元二十五年, 從禮部請, 令會同館, 蕃夷使至, 籍其道里·山川·風俗·物產, 爲「職貢圖」. 明初, 又盡得燕京圖籍, 使修『元史』, 諸臣稍加蒐討, 何難部畫州居, 成蓋地之圖, 補『禹貢』之缺, 擴萬古之胸, 侈「王會」之盛? 乃舉一代數萬里之版章擯諸荒外, 等諸烏有. 其「地理志」末僅附錄西北地名二頁, 畢竟孰西孰北, 尚未能辨也.「列傳」則動言西北諸王兵起, 畢竟西方之王歟? 北方之王歟? 皆不能明也. 自十一行省而外, 一則曰西北之地, 難以里計, 再則曰邊外羈縻之州, 莫知其際, 更何詰其部落之本末·山川之界畫? 近世嘉定錢詹事大昕·毛貢士嶽生·大興編修徐先生松, 皆從事『元史』, 詹事僅刊「藝文」·「氏族」二志, 毛君僅成「后妃」·「公主」二傳. 然讀詹事『廿二史考異』, 曾不及塞外輿地. 毛君自言和林尚未審其何在, 則其書之不成, 殆亦知難而退. 徐先生之於輿地, 專門絕學, 所爲「元史西北地里附注」及「諸王世係表」, 亦未卒業. 源治『海國圖志』, 牽涉『元史』, 輒苦迷津. 爰取『元秘史』·『蒙古源流』及邱處機·劉郁之書, 參以列代西域傳記·圖理琛『異域錄』, 亹亹鉤稽, 旁證側出, 遂成一圖四考, 以彌缺憾. 昧爽行荒莽, 鴂舌問郵程, 雖僅辨方, 猶賢乎己. 又有『元經世大典地圖』, 從『永樂大典』中錄出, 竝附其後. 其「元代西域考」二篇, 見「北印度沿革」後,「元代北方疆域考」二篇, 見「俄羅斯沿革」後.

주석

1 팔준마八駿馬를 몰고: 원문은 '빙팔준騁八駿'이다. 팔준마는 중국 주나라 때 목왕穆王이 탔던 여덟 필의 말, 화류華騮, 녹이綠耳, 적기赤驥, 백의白義, 유륜騟輪, 거황渠黃, 도려盜驪, 산자山子를 말한다. 여기에서는 『목천자전穆天子傳』에서 목왕이 팔준마를 몰고 여행을 떠났던 일을 의미한다.

2 대장大章과 수해豎亥처럼 걸음을 걸어도: 원문은 '보장해步章亥'이다. 대장과 수해는 모두 전설 속에 나오는 걸음을 잘 걸었던 사람들이다.

3 북해: 지금의 러시아 시베리아Siberia 서부 해역이다.

4 키야트 칸Qiyad Khan: 광서 2년본에는 '악기온씨渥奇溫氏'로 되어 있으나 악록서사본에 따라 '기악온씨奇渥溫氏'로 고쳐 번역한다. 칭기즈칸의 종족을 말한다. 몽골어에서 '키얀Qiyan'은 '산 위에서 땅 아래로 흘러내리는 가파르고 빠르며 거센 격류'이다. 키얀이 대담하고 매우 용맹한 사람이었기 때문에 그에게 이러한 이름을 붙여 준 것이다. 키야트는 키얀의 복수형으로 키얀의 후손들을 키야트라고 불렀다.

5 흠찰국欽察國: 관할지는 동쪽으로 이르티시강Irtysh River까지, 서쪽으로 러시아까지, 남쪽으로 발하슈호Balqash Koli, 카스피해Caspian Sea, 흑해Black Sea 까지, 북쪽으로 북극 부근까지였다. 도성은 지금의 볼가강Volga River 하류에 위치했던 발도살섭성拔都薩葉城(지금의 아스트라칸Astrakhan 부근)이었으며 1502년에 멸망했다. 몽골 네 제국 중 하나였으며 1243년 칭기즈칸의 아들 주치와 손자 바투가 서시베리아의 키르기스초원과 남러시아의 킵차크초원 일대에 세운 나라이다. 1502년 모스크바 공국의 이반 3세에게 멸망했다. '흠찰欽察'은 '킵차크한국Kipchak汗國'의 음역이다.

6 아라사국阿羅思國: 지금의 러시아Russia이다.

7 아속국阿速國: 아속阿速(Aas 혹은 As)은 코카서스산맥Caucasus Mountains 북쪽과 돈강Don River 하류 일대에서 활동하던 돌궐계 민족이다.

8 철륵鐵勒: 톨로스족Tolos으로, 동쪽의 바이칼호Ozero Baikal 일대부터 서쪽의 중앙아시아까지 대사막 남북에 거주했다.

9 힐알사국黠戛斯國: 키르기스Kirghiz로, 돌궐족의 한 부류이며, 예니세이강 Yenisey River 일대에 살았다.

10 골리간국骨利幹國: 쿠리칸Quriqan으로, 지금의 안가라강Angara River 유역에 살았다.

11 고려국高麗國: 고려 왕조이다.

12 태조太祖: 칭기즈칸을 말한다. 그의 손자 쿠빌라이가 원을 세운 후 원의 태조로 추증되었다. 역사상 가장 유명한 정복 군주 가운데 하나이며, 유목민 부족들로 분산되어 있던 몽골을 통일하고 제위(칸)에 올라(1206) 몽골의 영토를 중국에서 아드리아해까지 확장시켰다. 그의 본명인 테무친은 아버지 예수게이가 패배시킨 적장의 이름을 본뜬 것이라 한다. 테무친의 유년 시절에 대한 기록은 자세하지 않다. 강력한 동맹 세력의 후원을 받은 테무친은 자신의 군대를 이끌고 메르키트족을 패배시켰다. 1200년에 이르러 테무친은 스텝 지역의 패자가 되었다. 1206년 오논강 강변에서 열린 대회의에서 테무친은 칭기즈칸('전 세계의 군주'라는 뜻)으로 추대되었다. 칭기즈칸은 군사적으로 탁월한 재능을 가지고 있어서 급속하게 변하는 외부 환경에 잘 적응했다. 마침내 금나라를 정복한 후 몽골족은 인근 여러 나라를 휩쓸었다. 1226~1227년 서하를 상대로 마지막 전장에 나설 때까지 더 이상 전쟁을 벌이지 않았고, 1277년 8월에 죽었다.

13 천방天方: 본래는 지금의 사우디아라비아의 메카Mecca를 가리켰으나 후에는 아라비아를 널리 지칭했다.

14 헌종憲宗: 몽케칸을 말한다. 몽골 제국의 제4대 칸으로 몽케칸은 칭기즈칸의 막내아들 툴루이의 장남이다. 즉위 당시 툴루이 가문은 오고타이 가문의 견제로 가장 세력이 약했다. 몽케칸은 주치의 아들인 바투와 동맹을 맺고 그의 힘을 빌려서야 겨우 칸이 될 수 있었다. 몽케칸은 유클리드 기하학 및 수학, 서양 문화와 언어에도 뛰어난 자질을 가지고 있

었고 여러 정벌 전쟁을 펼치기도 했다.

15 마팔이馬八爾와 구람俱藍: 『원사』의 마팔아국馬八兒國은 마바르Mabar의 음
역이다. 지금의 인도반도 서남쪽 말라바르해안Malabar Coast 일대이다.
『원사』의 구람국俱藍國은 지금의 인도 서남 해안에 위치한 퀼론Quilon이
다. 마팔이와 구람은 모두 남아시아에 있는데, 위원은 아프리카에 있다
고 잘못 여겼다.

16 세조世祖: 쿠빌라이를 말한다. 몽골 제국 칭기즈칸의 손자이자 몽케칸
의 동생으로, 1251년부터 몽골 제국의 영토 확장과 기반 구축에 중요한
역할을 했다. 쿠빌라이는 중국 사상의 우수함을 일찍 깨닫고 자신의 주
변에 믿을 만한 한족 유교학자들을 모았다. 이 같은 영향 때문에 그는
통치자와 피지배자는 상호 의존 관계가 되어야 한다는 것도 알았고, 타
고난 도량과 인자함의 폭을 넓혀 나갔다. 이는 한 도시를 함락시키면
대규모 학살을 당연한 것으로 여기던 기존의 몽골족 지도자들과는 매
우 다른 방법이었다. 칸의 자리에 오른 쿠빌라이는 원나라를 세우고 북
경에 수도를 정했다.

17 히말라야산맥: 원문은 '설산雪山'이다.

18 아모하행성阿母河行省: 호라산Khurasan의 도사성徒思城에 설치했으며 지금
의 이란 마슈하드Mashhad 부근이다.

19 영북행성嶺北行省: 북방의 여러 지역을 총괄했으며 관청 소재지는 카라
코룸에 있었다.

20 카라코룸Karakorum: 원문은 '화림和林'이다.

21 항가이산맥Hangayn Nuruu: 원문은 '항해산杭海山'이다.

22 아력마리원수부阿力麻里元帥府: 원대 아력마리 지역에 설치된 원수부이
다. 아력마리는 차가타이한국의 수도 알말리크Almalik로, 청말의 이리伊
犁이다.

23 별실팔리원수부別失八里元帥府: 원대 별실팔리 지역에 설치했던 선위사사
도원수부宣慰使司都元帥府이다. 별실팔리는 베쉬발릭Beshbalik으로, 지금의
중국 신강 우룸치에 위치한다.

24 화주원수부火州元帥府: 원대 화주 지역에 설치된 원수부이다. 화주는 지금의 투르판 지역이다.

25 곡선원수부曲先元帥府: 원대 곡선 지역에 설치된 원수부이다. 곡선은 지금의 쿠차Kucha 지역이다.

26 사마르칸트Samarkand: 원문은 '새마이한賽馬爾罕'이다. 중앙아시아 사막 한가운데 위치한 사마르칸트는 유럽과 아시아를 잇는 동서 교통의 요지에 위치하고 있어 육상 실크로드의 중심지로 오래전부터 번영을 누렸다. 하지만 동시에 많은 이민족의 침입을 받기도 했다. 기원전 4세기 알렉산드로스대왕의 침입을 시작으로 훈족을 비롯한 북방 유목민의 침입, 7세기경 아랍의 침략 등, 이민족의 침입이 끊이지 않았으며, 13세기 초에는 칭기즈칸의 침입으로 성벽을 포함한 도시 전체가 초토화되었다. 14세기 말 영웅 티무르가 제국의 수도로 삼으면서 사마르칸트는 유례없는 번영을 누리게 된다.

27 우즈베크 칸Öz Beg Khan: 원문은 '월조백대왕月祖伯大王'이다. 우즈베크 칸의 재위 기간은 1282~1341년으로 킵차크한국의 전성기를 이끌었다. 그의 삼촌 토크타가 1312년 1월 붕어한 후, 이전 칸을 모시던 무슬림 환관의 도움으로 즉위했으나 처음에는 몽골 귀족이 그에게 저항했다. 그러나 우즈베크는 저항 세력을 막아 내고 이슬람을 국교로 채택했다.

28 카이두Khaidu: 원문은 '해도海都'이다. 카이두(1235~1301)는 몽골 제국 제2대 황제 오고타이의 손자로 쿠빌라이 칸과 몽골 제국의 종주권을 놓고서 30여 년간 항쟁을 벌였다. 처음 오고타이 가문에게 제위 계승권을 빼앗겼기 때문에 오고타이 가문을 계승한 카이두는 잠시 중가리아분지의 에시르강 영지領地에 있다가 쿠빌라이 칸이 원조 정권元朝政權을 수립하자 쿠빌라이 칸과 제위를 다투다 실패한 쿠빌라이 칸의 동생 아리크부카와 함께 원조 정권에 반기를 들었다. 1차 저항에 실패하자 킵차크한국·차가타이한국과 동맹 관계를 체결하고 맹주盟主가 되는 한편, 원조 내부의 유력한 왕 나얀Nayan도 가맹시켜 동서에서 협공하여 원조를 위협했다. 쿠빌라이가 죽은 후에는 그다음의 제위 계승자 테무르 칸(성

宗成宗)과도 항쟁을 계속하다가 1301년의 대격전 중 중상을 입고 진중에서 죽었다.

29 두와Dua: 원문은 '독와篤娃'이다. 두와는 차가타이한국의 제10대 칸으로 재위 기간은 1283~1307년이며 차가타이한국의 실질적인 건국자이다. 제7대 칸 바락의 아들이다. 아버지 바락이 죽을 당시 어린아이였으므로 왕위는 그의 친족에게 넘어갔다. 카이두는 1282년에 반란 세력과 타협하여 바락의 아들인 두와를 칸위에 올렸다. 칸위에 오른 두와는 오고타이한국에 더 이상 저항하지 않고 카이두를 따르게 됐으며 카이두는 더 이상 차가타이한국을 걱정하지 않게 됐다. 이후 카이두와 협력하여 원나라의 황제 쿠빌라이 칸에게 도전했다. 고령의 쿠빌라이 칸은 이들을 진압하지 못하고 속수무책으로 변방을 유린당했다. 그러던 중 1301년, 카이두가 사망하면서 자신의 차남인 오르스를 후계자로 지명했지만, 차가타이한국의 두와는 이를 무시하고 1303년에 장남인 차파르를 옹립했다. 그리고 원을 비롯한 모든 한국과 평화협정을 체결했다.

30 영북嶺北: 막북漠北이라고도 하며, 중국 북방의 사막, 고비사막 북쪽을 가리킨다.

31 간단幹端: 호탄에서 반란을 일으킨 이민족으로 추정되며 위원은 간단을 우전于闐으로 여겼다.

32 호탄Khotan: 원문은 '화전和闐'이다. 화전和田으로, 타클라마칸사막 남쪽 끝을 따라 있는 오아시스들에 기반을 둔 지역이다. 10세기에는 위구르 제국의 일부이자 이웃해 있던 카슈가르국에게 점령당했으며, 12세기에는 서하에게 점령당했다. 1219년에는 몽골족의 침략을 받았다.

33 도리침圖理琛: 만주어 이름은 툴리셴Tulishen(1667~1740)이다. 청나라 만주滿洲 정황기正黃旗 사람으로 공부시랑工部侍郎까지 역임했다. 강희康熙 51년(1712) 5월에 볼가강 하류에 있는 러시아 토르구트에 사신으로 갔다가 3년 만인 54년(1715) 3월에 귀국했고 이 기행을 바탕으로 『이역록異域錄』을 저술했다.

34 「원대서역고元代西域考」 … 덧붙인다: 「원대정서역고元代征西域考」 상하

편은 권32 「북인도이외강역고北印度以外疆域考」 뒤에, 「원대북방강역고元
代北方疆域考」 상하 편은 권56 「북양아라사연혁北洋俄羅斯沿革」 뒤에 수록
되어 있다.

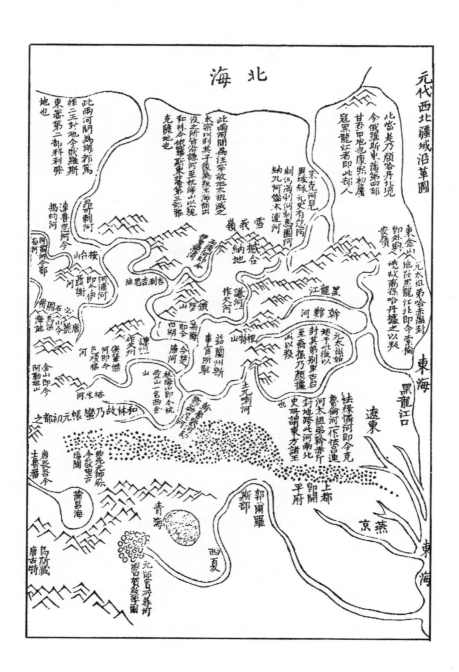

북해北海: 지금의 러시아 시베리아Siberia 서부 해역이다.

이곳은 나얀Nayan의 잔당 카단Qadan이 다스리던 부락의 북쪽 경계로, 청말의 러시아 동

쪽 이민족의 제4 부락인 감사갑甘査甲 땅이다. 강희康熙 연간 초에 여러 번 흑룡강黑龍江

을 침범했던 자들이 바로 이 부락 사람들이다.

　　―감사갑甘査甲: 캄차카반도Poluostrov Kamchatka이다. 나얀과 카단의 관

　　　할지의 경우, 북으로 스타노보이산맥Stanovoy Khrebet은 넘었지만,

　　　캄차카반도에는 아직 이르지 못했다. 위원이 고증하지 않고 캄차

　　　카반도가 그들의 관할지의 북쪽 경계라고 말한 것이다.

동금산東金山은 외홍안령外興安嶺이다.

　　―외홍안령外興安嶺: 스타노보이산맥으로, 흑룡강 이북에 위치하며

　　　지금의 러시아 땅이다.

원 태조太祖(청기즈칸)의 동생 하치운Hachiun의 봉지로, 흑룡강 북쪽에 위치하며 청말의

색륜索倫 땅이었다. 이에 후손인 카단이 이 땅을 근거지로 반란을 일으켰던 것이다.

　　―색륜索倫: 솔론Solon으로, 아무르강 남쪽에 분포하는 남방 퉁구스족

　　　의 일파이다.

주극하朱克河는 『이역록異域錄』에 보인다. 『원사元史』에는 홀아랄하忽阿剌河, 해랄하海剌

河, 날마도하剌馬圖河, 납올하納兀河, 뇌목련하惱木連河라고 되어 있다.

설아령雪牙嶺: 지도상에는 표시되어 있으나, 현재 어떤 지역을 가리키는

지는 미상이다.

이 두 강(톨강과 오르혼강) 사이는 토그릴 칸[汪罕(王汗의 오기)]의 옛 땅으로, 태조가 멸망시

켰다. 태종太宗(우구데이 칸)이 아들에게 봉지를 내린 후 배반한 왕 카이두Khaidu가 이 땅

에 출몰했는데, 이 땅은 겸하謙河를 따라 침해산枕海山까지 이른다. 이로써 보건대, 화림

和林(카라코룸)은 청말의 러시아 동쪽 이민족 제3 부락인 아극살牙克薩의 땅이다.

— 아극살牙克薩: 야쿠츠크Yakutsk 지구이다. 토그릴 칸의 옛 지역은 틀
강Tuul Gol과 오르혼강Orhon Gol 상류 지역 일대였으나 후에 또한 해
랍이하海拉爾河 일대로 확장했다. 위원은 옛 땅이 야쿠츠크 지구에
있으며 카이두의 군대가 이 땅에 출몰했다고 했는데, 모두 잘못
됐다.

이 두 강 사이는 카이두와 두와 두 왕의 봉지로, 청말의 러시아 동쪽 이민족 제2 부락
인 과리불科利弗의 땅이다.

— 과리불科利弗: 코리반Kolyvane이다. 카이두와 두와의 봉지는 모두 이
곳에 있지 않다. 몽케칸이 즉위한 후 카이두는 카얄럭Qayaligh(해압
립海押立으로 지금의 카자흐스탄 탈디쿠르간Taldy-Kurgan 동쪽에 위치함)으로 쫓겨났
는데, 후에 이곳을 근거지로 삼아 오고타이한국Ögedei汗國을 세웠
다. 두와는 차가타이한국Chaghatai汗國의 제10대 칸으로 차가타이한
국의 도성은 알말리크Almalik에 있었다. 그러나 1273년 후 코리반
지구는 원나라와 카이두의 왕권 투쟁의 땅이 되었고 1301년 카이
두와 두와가 패할 때까지 계속됐다.

앙가랄하昻可剌河: 지금의 안가라강Angara River으로, 러시아 중부 남동 지역
을 흐른다.

달로홀하達魯忽河는 청말의 게적하揭的河이다.

흑룡강黑龍江: 지금의 흑룡강으로, 러시아에서는 아무르강이라고 한다.

알난하斡難河: 몽골 오논강Onon gol이다.

원 태조가 처음 이 땅에서 일어난 후에 동생 벨구테이Belgutei에게 봉지로 주었다. 그
후손 나얀이 이 땅을 근거지로 반란을 일으켰다.

감합납지撼合納地: 감합납(캄카나스족)은 원대 북방 민족으로 지금의 러시아 예

니세이강 상류 유역에 거주했다. 여기서는 캄카나스족의 땅이란 뜻이다.

겸하謙河: 흠하欠河라고도 하며 지금의 예니세이강Yenisey River 상류 유역이다.

철견산鐵堅山: 테겔구Tegelgu로, 알타이산맥과 자브항강Zawhan gol 사이에 있으며 일찍이 카이두와 가말라Gamala가 대전大戰을 치른 곳이다.

근특산根特山: 지금의 헨티산Hentiyn Nuruu이다.

길리길사지吉利吉思地: 길리길사는 키르기스족Kirghiz으로, 예니세이강 상류 유역에 살았다. 키르기스족의 땅이란 뜻이다.

익란주益蘭州는 단사관斷事官(원대 관직인 자르구치Jarghuchi로, 사법 업무를 담당했다.)이 주둔한 곳이다.

— 익란주益蘭州: 일란Ilan으로, 옛 관청 소재지는 지금의 투바 자치공화국Tuvinian Autonomous Republic의 덴 테레크Den Terek에 있다.

국해菊海는 청말의 백호白湖이다.

— 국해와 백호는 모두 바이칼호Ozero Baikal이다.

청말의 초고하楚庫河이다.

— 초고하楚庫河: 지금의 치코이강Chikoy River이다.

겸주謙州: 흠주欠州라고도 하며 캄캄지우트Kamkamji'ut로, 지금의 러시아 연방 투바 자치공화국이다.

설련걸하偰輦傑河는 청말의 색릉격하色楞格河이다.

— 설련걸하偰輦傑河: 지금의 셀렝가강Selenga River이다.

안태산按台山: 지금의 알타이산맥Altai Mountains이다.

아포하阿浦河는 청말의 이섭사하伊聶謝河이다.

— 아포하阿浦河: 악포하鄂布河, 아피하阿被河, 아비하阿比河라고도 하며 지금의 오비강Ob' River이다.

— 이섭사하伊聶謝河: 지금의 예니세이강이다.

아뢰하阿雷河는 청말의 악포하鄂布河이다.

필석도령必石圖嶺: 지도상에는 표시되어 있으나, 현재 어떤 지역을 가리키는지는 미상이다.

당록산唐麓山은 청말의 오량해烏梁海 땅이다.

　　─당록산唐麓山: 탕글루산Tanglu Mountain이다.

　　─오량해烏梁海: 청대의 우량카이족烏梁海은 탕글루산과 알타이산맥사이에 살았지만, 후에 세 부족으로 나뉘었다.

금산金山은 청말의 아륵탄산阿勒坦山이다.

　　─금산과 아륵탄산은 모두 알타이산맥이다.

동해東海: 지금의 황해黃海이다.

흑룡강구黑龍江口: 흑룡강 하구이다.

요동遼東: 요하遼河 동쪽 지역으로, 지금의 요녕성遼寧省 동남부 일대를 가리킨다.

겁록련하怯綠憐河는 청말의 극로륜하克魯倫河로 겁려련하怯呂連河라고도 한다. 태조의 동생 옷치긴의 봉지는 이 강 남북에 걸쳐 있다. 역사서에서 말하는 동방의 여러 왕이 있던 곳이다.

　　─겁록련하, 극로륜하, 겁려련하는 모두 지금의 케룰렌강Kherlen Gol이다.

토올라하土兀喇河: 지금의 툴강이다.

알로환하斡魯歡河는 악륵곤하鄂勒昆河이다.

　　─알로환하와 악륵곤하는 모두 오르혼강이다.

침해산枕海山은 청말의 항애산杭愛山으로, 서금산西金山이라고도 한다.

　　─침해산, 항애산, 서금산은 모두 지금의 항가이산이다.

탑미하塔米河: 타미르강Tamir gol으로 카라코룸에 있다.

화림은 옛 나이만Naiman 부족의 영지로, 원나라 초에 이곳을 도성으로 삼았다.

　—화림和林: 지금의 몽골 카라코룸Karakorum이다.

곡선원수부曲先元帥府는 청말의 돈황敦煌 양관陽關이다.

포창해蒲昌海: 지금의 로프노르Lop Nor로, 호수에 염분이 많아 염택鹽澤이
라고도 불렸다.

당대의 외오畏吾로, 청말의 토로번吐魯番이다.

연경燕京: 지금의 북경이다.

상도上都는 바로 개평부開平府이다.

곽이라사부郭爾羅斯部: 명청 시기 몽골 부락으로, 원대 화라랄사火羅剌思 부
락이다. 화라랄사는 활라랄사豁羅剌思, 화로랄사火魯剌思, 화로랄火魯剌이라
고도 하며 몽골 코룰라스Qorulas 부족이다.

서하西夏: 감숙성甘肅省, 섬서성陝西省 일대에 위치했던 탕구트족의 왕조이다.

청해靑海: 지금의 청해호靑海湖이다.

원나라 도실都實이 찾은 황하의 발원지는 하감부이河敢溥爾이다.

오사장烏斯藏: 지금의 티베트이다.

당고특唐古特: 탕구트Tangut로, 티베트 지역과 티베트족 부락을 가리킨다.

아피하阿被河: 아비하라고도 한다. 지금의 오비강이다.

이곳은 배반한 왕 시리기의 봉지이다. 청말의 러시아 동쪽 이민족 제1 부락인 도막사都
莫司이다.

　—도막사都莫司: 토볼스크Tobolsk이다. 악록서사본에 따르면, 몽케칸의
　　4번째 아들 시리기가 하평왕河平王에 봉해졌는데, 그의 봉지는 토
　　볼스크에 있지 않았다. 1276년 시리기는 알말리크에서 반란을 일
　　으킨 후 한동안 막북漠北 서부와 코리반 지구를 다스렸다. 아울러
　　카라코룸과 그 동쪽 지구를 공격했다가 후에 바얀에 의해 평정됐

다. 토볼스크 지구는 원나라 때 설치된 영북행성嶺北行省의 최북방 경계에 위치한다. 시리기가 한동안 통치한 지역은 아마도 토볼스크 지구의 여러 지역일 것으로 추정되지만 그의 '봉지'는 아니다.

『원사』의 태화령太和嶺은 바로 오랍령烏拉嶺이다.

— 태화령太和嶺: 코카서스산맥Caucasus Mountains이다.

— 오랍령烏拉嶺: 우랄산맥Ural Mountains이다. 위원은 코카서스산맥을 우랄산맥으로 잘못 여겼다.

청말의 오랍하烏拉河이다.

— 오랍하烏拉河: 우랄강Ural River이다.

『원사』의 재정하在程河는 청말의 탁파이하托波爾河이다.

— 탁파이하托波爾河: 토볼강Tobol River이다.

흠찰국欽察國: 원대의 흠찰국은 청말의 서비아국西費雅國이다. 그 땅에는 관전사해寬甸思海가 있다. 흠찰국은 킵차크한국을 가리키며 볼가강과 아랄해Aral Sea 북쪽의 킵차크초원 일대이다.

— 관전사해寬甸思海: 관전길사해寬田吉斯海, 관정길사해寬定吉斯海라고도 하며 바로 카스피해Caspian Sea이다. 위원은 관전길사해가 카스피해 북쪽의 흠찰국 경내에 있다고 했는데, 잘못됐다. 또한 흠찰국을 '지금의 서비아국이다'라고 했는데, 이는 더욱 잘못됐다. 서비아는 스베리예Sverige의 음역으로 바로 스웨덴Sweden이다.

불이격하佛爾格河는 액제이하厄濟爾河라고도 하며, 『원사』에는 휘리하輝里河로 되어 있다.

— 불이격하佛爾格河: 볼가강Volga River이다.

— 액제이하厄濟爾河: 볼가강이다. 돌궐 사람들이 볼가강을 에틸Etil이라고 불렀기에 액제이하라고 한 것이다.

— 휘리하輝里河: 이딜Idil로, 야지리하也只里河라고도 하며 볼가강이다.

아라사국阿羅斯國: 원 태조의 큰아들 주치Juchi의 봉지이다. 후에 바투 칸, 우즈베크 칸이 대대로 다스리다가 원나라가 멸망한 후에야 대가 끊겼다. 역사서에서는 알라사斡羅思, 알로사斡魯思, 올로사兀魯思라고도 한다. 지금의 러시아이다.

살펴보건대, 원대 아라사는 태화령 서남쪽에 위치했고 흠찰국은 태화령 동북쪽에 위치했다. 관전사해 역시 태화령 동북쪽에 있었다. 태화령 서쪽의 물은 모두 남쪽으로 흘러 카스피해로 들어가기 때문에 흠찰국과는 서로 만나지 않는다.

아속국阿速國: 아속阿速(Aas 혹은 As)은 코카서스산맥 북쪽과 돈강 하류 일대에서 활동하던 돌궐계 민족이다. 청말 합살극부哈薩克部의 왼쪽 부락이다.

　　—합살극哈薩克: 지금의 카자흐스탄Kazakhstan이다.

아속국阿速國: 청말 합살극부의 오른쪽 부락이다.

살랄사하撒剌斯河는 청말의 액이제사하額爾齊斯河이다.

　　—살랄사하撒剌斯河: 오비강 상류의 지류인 사라스강Saras River이다.

　　—액이제사하額爾齊斯河: 이르티시강Irtysh River으로, 원대에는 에르티스강Ertis River이라고 불렀다.

철견고산鐵堅古山: 테겔구로 알타이산맥과 자브항강 사이에 있으며 일찍이 카이두와 가말라가 전쟁을 치른 곳이다.

별실팔리別失八里는 청말의 남로회강南路回疆이다.

　　—별실팔리別失八里: 베쉬발릭Beshbalik으로, 지금의 중국 신강 우룸치에 위치한다.

아력마리阿力麻里는 청말의 이리伊犁이다.

재상박宰桑泊은 대기호臺基湖이다.

　　—재상박宰桑泊: 자이산호Zaisan kóli이다.

회골回鶻 5성은 청말의 과포다科布多 및 탑파합태塔巴哈台이다.

—과포다科布多: 호브드Khovd로, 지금의 몽골 북서부에 있는 도시이다.

—탑파합태塔巴哈台: 지금의 중국 신강 위구르 자치구 타르바가타이 Tarbagatai 지구이다.

서거란성西契丹城: 서요로 추정된다.

뇌하牟河: 지도상에는 표시되어 있으나, 현재 어떤 지역을 가리키는지는 미상이다.

탑리한塔里寒: 타리칸Talikan으로, 지금의 아프가니스탄 무르가브강Murghab River 유역에 있다.

복합이卜哈爾: 지금의 우즈베키스탄 부하라Bukhara이다.

심사간성尋思干城은 새마이한성賽馬爾罕城이다.

—심사간성尋思干城: 지금의 우즈베키스탄 사마르칸트Samarkand이다.

곽천하霍闡河는 청말의 납림하納林河이다.

—곽천하霍闡河: 시르다리야강Syr Darya이다.

—납림하納林河: 나린강Naryn River으로, 시르다리야강 상류이다.

철문鐵門: 철문관鐵門關으로, 고대 중앙아시아 남북을 관통하는 요새이다. 지금의 우즈베키스탄 남쪽에 있다.

혹자는 카스피해에 섬이 있다고 여기는데, 그렇다면 관전사해는 아니다. 카스피해는 파미르고원 서쪽에 위치하며 흠찰국과는 8천~9천 리 떨어져 있어 몇몇 나라와는 서로 교류하지 않았다.

아리길하阿里吉河: 할하강Khalkhin Gol으로, 우크라이나Ukraine 동남부에 있다.

몰리해국沒里奚國은 목내해木乃奚라고도 하며 청말의 남도로기회국南都魯機回國이다. 원나라의 서쪽 경계는 여기까지다.

—몰리해국沒里奚國: 물라히다Mulahida로, 목내해木乃奚라고도 쓰며 이슬람교의 지파로 정통 이슬람 교파에서는 이단으로 여긴다. 그 성

은 카스피해 남쪽 해안에 위치하며 나중에 훌라구Hulagu 칸에게 멸망당했다.

　−남도로기회국南都魯機回國: 남터키 이슬람국이다.

지중해地中海: 지금의 지중해Mediterranean Sea이다.

부랑富浪: 원 헌종憲宗의 군대가 이곳을 차지했다. 부랑은 페르시아어 파랑Farang의 음역으로, 유럽Europe 또는 지중해 동부 구역을 가리킨다.

우전于闐은 간단幹端이라고도 한다.

　−우전于闐: 한대 서역 국가 중 하나로, 지금의 중국 신강 위구르 자치구 남부의 오아시스 도시인 호탄Khotan에 위치한다.

면전緬甸: 지금의 미얀마이다.

대금사강大金沙江: 이라와디강Irrawaddy River을 말한다.

동인도東印度: 지금의 인도 아삼주Assam 서부, 서뱅골주West Bengal의 중부와 남부, 오디샤주Odisha의 북부와 중부 및 방글라데시Bangladesh의 중부와 남부 지역이다.

동항하東恒河: 지금의 갠지스강이다.

곤륜하원昆侖河源에서 원 태조는 봉제封祭를 지냈다.

　−곤륜하昆侖河: 지금의 히말라야에 있는 아나바타프타Anavatapta 호수이다.

아모하阿母河는 암포하暗布河라고도 한다.

　−아모하阿母河와 암포하暗布河는 모두 아무다리야강Amu Darya이다.

파달합상巴達哈傷: 파달극산巴達克山이라고도 하며 지금의 아프가니스탄 바다흐샨Badakhshān이다.

포석미서包石迷西: 극십미이克什米爾로 북인도에 위치한다. 원 태조가 각단角端(전설상의 동물)을 만나 군대를 되돌렸던 땅이다. 포석미서는 지금의 카슈미르Kashmir이다.

중인도中印度는 흔도忻都라고도 하며, 원 헌종 때 군대가 이곳에 이르렀다.

　　─흔도忻都: 인도로, 지금의 인도, 파키스탄, 방글라데시 등의 나라를
　　　포함한다.

동인도는 원나라 군대가 이르지 못했다.

남인도南印度: 인도차이나반도의 오디샤주 남부, 마디아프라데시주 동남
부, 마하라슈트라주Maharashtra와 위에서 서술한 세 곳 이남의 인도 각주
및 서북쪽으로 면한 카티아와르반도Kathiawar Peninsular 지역이다.

남해南海: 아라비아해를 말한다.

보달국報達國: 청말의 포사회국包社回國으로, 서인도 경계이다. 보달국은
지금의 이라크 바그다드Baghdad이다.

인도하印度河는 『원사』에 흔하忻河, 신하申河로 썼다.

　　─인도하, 흔하, 신하는 모두 인더스강이다.

밀석국密昔國: 옛 불름拂菻(로마 제국)이다. 밀석국은 미스르Misr로 지금의 이
집트Egypt이다.

천방天方: 옛 조지條支이다. 본래는 지금의 사우디아라비아의 메카Mecca를
가리켰으나 후에는 아라비아를 널리 지칭하는 말로 쓰였다.

이상은 모두 원 헌종이 차지했다.

마팔이국馬八爾國: 청말의 소서양 맥서국麥西國으로, 이읍국伊揖國이라고도
한다. 원 세조世祖 때부터 교류하기 시작했다.

　　─마팔이국은 마바르Mabar의 음역으로, 지금의 인도반도 서남쪽 말
　　　라바르해안Malabar Coast 일대이다.

　　─맥서국과 이읍국은 모두 이집트이다. 위원은 마팔이국을 이집트
　　　로 잘못 여겼다.

구람국倶藍國: 아비심역국亞毘心域國(에티오피아)으로, 원 세조 때부터 교류하
기 시작했다.

　　ー구람국은 지금의 인도 서남 해안의 퀼론Quilon이다.

세계 전도

地球正背面全圖

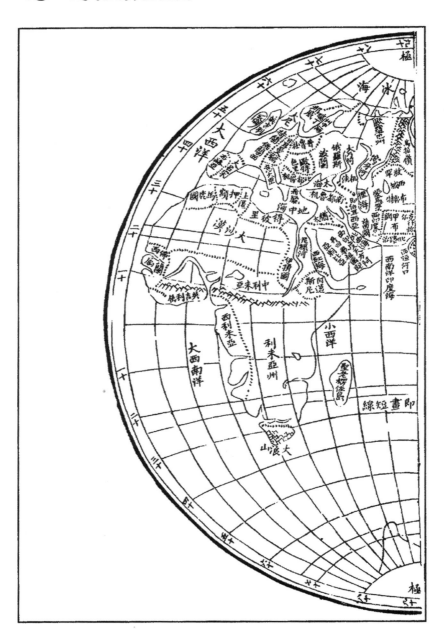

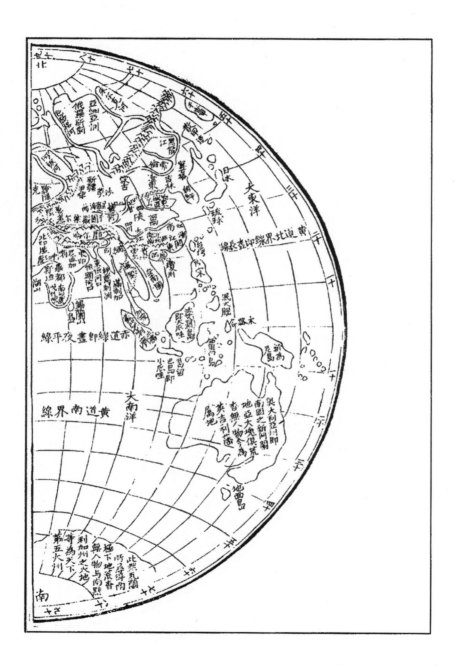

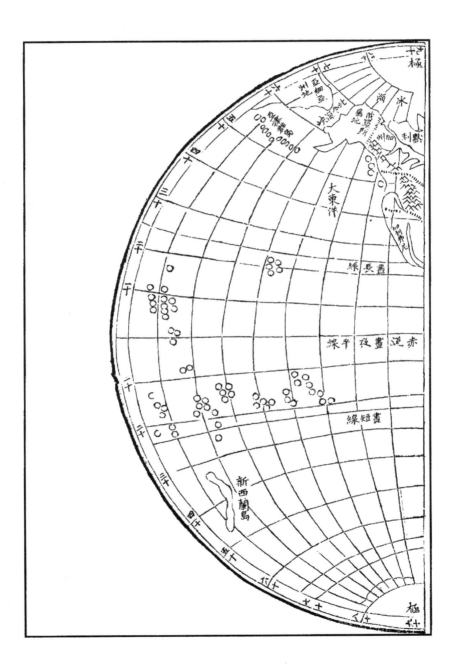

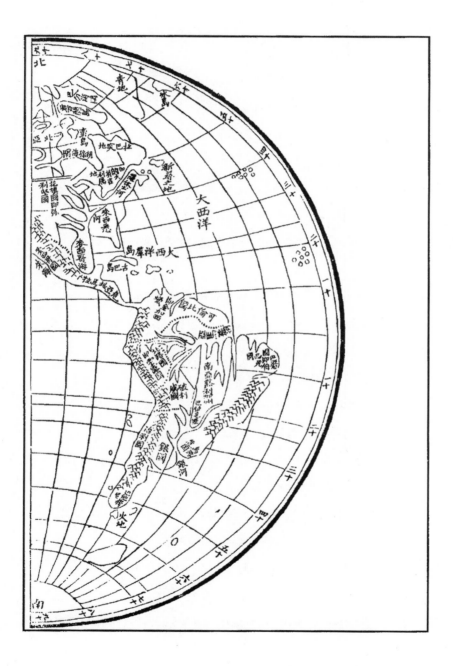

북극北極: 지금의 북극대륙Arctic이다.

주이극하朱爾克河: 지금의 레나강Lena River이다.

색릉격하色稜格河: 지금의 셀렝가강Selenga River이다.

빙해冰海: 지금의 북극해Arctic Ocean이다.

간사갑干査甲: 지금의 캄차카Kamchatka이다.

산갑란散甲連: 지금의 사할린Sakhalin, 즉 고혈도庫頁島이다.

흑룡강黑龍江: 지금의 아무르강Amur River이다.

색륜索倫: 아무르강 남쪽에서 살았던 남방 퉁구스족 일파인 솔론Solon 거주 지역이다.

오랍령烏拉嶺: 지금의 우랄산맥Ural Mountains이다.

구라파주歐羅巴洲: 지금의 유럽Europe이다.

주중해州中海: 지금의 발트해Baltic Sea이다

서정瑞丁: 지금의 스웨덴Sweden이다.

나위那威: 지금의 노르웨이Norway이다.

녕고탑寧古塔: 청대 만주의 지명이다.

길림吉林: 지금의 길림성이다.

요동遼東: 지금의 요녕성遼寧省 동남부 일대이다.

몽고蒙古: 지금의 중국 내몽골 자치구이다.

신강新疆: 지금의 중국 신강 위구르 자치구이다.

이리伊犁: 청대의 신강부新疆府이다.

합살극哈薩克: 지금의 카자흐스탄Kazakhstan이다.

서역西域: 중국에서 한대漢代 이후로 옥문관玉門關과 양관陽關 서쪽의 여러 나라들을 일컫던 역사적 용어이다.

포로특布魯特: 지금의 키르기스스탄Kyrgyzstan이다.

애오한愛烏罕: 지금의 아프가니스탄Afghanistan이다.

오한敖罕: 지금의 코칸트Qo'qon이다.

리해裡海: 지금의 카스피해Caspian Sea이다.

와아하窩牙河: 지금의 볼가강Volga River이다.

대내하大乃河: 지금의 드네프르강Dnepr River이다.

아라사국俄罗斯國: 지금의 러시아이다.

법란法蘭: 지금의 폴란드Poland이다.

태해太海: 지금의 흑해Black Sea이다.

보로사普魯社: 포로사埔魯寫, 파로사破路斯, 도리아圖理雅라고도 하며 프로이
센Preussen을 가리킨다.

구색특리歐色特里: 지금의 오스트리아Austria이다.

대니大尼: 지금의 덴마크Denmark이다.

일이만日耳曼: 지금의 독일Germany이다.

남도로기南都魯機: 남터키로, 아시아 내 터키Turkey이다.

북도로기北都魯機: 북터키로, 유럽 내 터키이다.

의대리意大利: 지금의 이탈리아Italia이다.

하란河蘭: 지금의 네덜란드Netherlands이다.

서국瑞國: 지금의 스위스Switzerland이다.

불란서佛蘭西: 지금의 프랑스France이다.

영길리英吉利: 지금의 영국United Kingdom이다.

애륜愛倫: 지금의 아일랜드Ireland이다.

대여송大呂宋: 지금의 스페인Spain이다.

포로아布路亞: 지금의 포르투갈Portugal이다.

대동양大東洋: 지금의 태평양Pacific Ocean이다.

일본日本: 지금의 일본이다.

조선朝鮮: 조선 왕조를 말한다.

유구琉球: 지금의 오키나와제도에 있던 류큐Ryukyu 왕국이다.

대만臺灣: 지금의 대만이다.

산동山東: 지금의 산동성이다.

경기京畿: 북경을 중심으로 한 인근 지역이다.

직례直隸: 지금의 하북성이다.

하남河南: 지금의 하남성이다.

섬서陝西: 지금의 섬서성이다.

사천四川: 지금의 사천성이다.

성수해星宿海: 지금의 청해성에 위치하며, 황하의 발원지로 알려져 있다.

황하黃河: 지금의 황하이다.

서장西藏: 지금의 티베트Tibet이다.

섭이강葉爾羌: 야르칸드Yarkand로, 지금의 중국 신강 위구르 자치구에 해당한다.

우전于闐: 서역의 옛 국가 중 하나로, 지금의 호탄Khotan이다.

총령蔥嶺: 지금의 파미르고원Pamir Plateau이다.

곽이합廓爾合: 구르카Gurkha로, 지금의 네팔Nepal이다.

극십미이克什彌爾: 지금의 카슈미르Kashmir이다.

서각지西刻地: 시크교도Sikhs의 땅이다. 서각은 인도 북부에 위치했던 시크 왕국Sikh Empire을 가리킨다.

갑포국甲布國: 지금의 아프가니스탄 수도 카불Kabul이다.

서인도파사회국西印度巴社回國: 페르시아Persia로 지금의 이란Iran이다. 회국은 이슬람 국가임을 말한다.

유태猶太: 유대Judaea 지역이다.

희랍希臘: 지금의 그리스Greece이다.

지중해地中海: 지금의 지중해Mediterranean Sea이다.

양강兩江: 지금의 강소성, 안휘성, 강서성에 해당한다.

강남江南: 장강 이남 지역으로, 지금의 절강성, 강소성, 안휘성 일대이다.

절강浙江: 지금의 절강성이다.

호남湖南: 지금의 호남성이다.

양광兩廣: 지금의 광동성, 광서성이다.

운귀雲貴: 지금의 운남성과 귀주성이다.

면전緬甸: 지금의 미얀마Myanmar이다.

동인도東印度: 지금의 인도 아삼주Assam 서부, 서벵골주West Bengal의 중부와 남부, 오디샤주Odisha의 북부와 중부 및 방글라데시Bangladesh의 중부와 남부 지역이다.

중인도中印度: 지금의 방글라데시 북부, 인도 서벵골주 북부, 라자스탄주Rajasthan 북부, 우타르프라데시주Uttar Pradesh 지역이다.

북인도北印度: 지금의 인도 카슈미르주, 펀자브주Punjab, 하리아나주Haryana, 파키스탄의 서북 변경, 펀자브주 및 아프가니스탄의 카불강Kabul River 남쪽 양측 강변 지역이다.

북로치北路治: 지금의 파키스탄 발루치스탄Baluchistan이다.

북서해北西海: 지금의 페르시아만Persian Gulf이다.

천방天方: 본래는 지금의 사우디아라비아의 메카Mecca를 가리켰으나 후에는 아라비아를 널리 지칭한다.

아단阿丹: 예멘의 주요 도시인 아덴Aden이다.

아랄비아亞剌比亞: 아라비아Arabia이다. 서인도의 메카, 아덴은 이슬람교의 발원지(回敎祖國)이다.

압액押額: 지금의 알제리Algeria이다.

토닉土匿: 지금의 튀니스Tunis이다.

득파리得波里: 지금의 트리폴리Tripoli이다.

마록국馬鹿國: 지금의 모로코Morocco이다.

여송呂宋: 지금의 필리핀 루손섬Luzon Island으로 마닐라Manila라고도 한다.

경주瓊州: 지금의 해남성이다.

안남국安南國: 지금의 베트남이다.

섬라暹羅: 지금의 태국이다.

만랄가滿剌加: 지금의 말레이시아 믈라카주Melaka이다.

방갈랄주榜葛剌洲: 지금의 방글라데시 및 인도의 서벵골주이다.

동항하구東恒河口: 지금의 갠지스강Ganges River이다.

항액하구恒額河口: 갠지스강 입구이다.

흔도사탄痕都斯坦: 지금의 힌두스탄Hindustan이다.

과십하戈什河: 포르투갈어 코스타Costa의 음역으로 해안이라는 뜻이다. 인도 반도 동서쪽 해안의 코로만델해안Coromandel Coast과 말라바르해안 Malabar Coast이다.

류산溜山: 지금의 인도양에 있는 몰디브Maldives와 래카다이브제도Laccadive Islands이다.

서항하구西恒河口: 지금의 인더스강Indus River 입구이다.

서남양인도해西南洋印度海: 지금의 인도양Indian Ocean이다.

서홍해西紅海: 메카의 서쪽에 위치하며 물의 색이 모두 붉어서 서홍해라고 부른다.

아매사니阿邁斯尼: 지금의 에티오피아Ethiopia이다.

니록하尼祿河: 지금의 나일강Nile River이다.

이집국伊揖國: 지금의 이집트Egypt이다.

대사막大沙漠: 지금의 사하라사막이다.

중리미아中利未亞: 지금의 중앙아프리카이다.

불란서속佛蘭西屬: 프랑스의 속지이다.

민대뇌泯大腦: 지금의 민다나오섬Mindanao Island이다.

목로각木路各: 지금의 말루쿠제도Kepulauan Maluku이다.

파라도婆羅島: 대조왜大爪哇로, 지금의 보르네오Borneo이다.

가파加坡: 지금의 싱가포르Singapore이다.

석란산도錫蘭山島: 지금의 스리랑카Sri Lanka이다.

영길리속英吉利屬: 영국의 속지이다.

신위니도新爲尼島: 뉴기니섬New Guinea으로, 지금의 이리안섬Pulau Irian이다.

서리백도西里白島: 지금의 술라웨시섬Pulau Sulawesi이다.

소문답랄蘇門答剌: 지금의 인도네시아 수마트라섬Pulau Sumatra이다.

삼불제三佛齊: 삼보자Samboja로, 지금의 수마트라섬 항구도시인 잠비 일대
이다.

소서양小西洋: 지금의 인도양이다.

리미아주利未亞洲: 지금의 아프리카이다.

서리미아西利未亞: 지금의 서아프리카이다.

갈류파도葛留巴島: 지금의 인도네시아 자와로, 소조왜小爪哇이다.

성로릉좌도聖老楞佐島: 지금의 마다가스카르섬Madagascar Island이다.

대서남양大西南洋: 대서양 동남부를 가리킨다.

대남양大南洋: 지금의 인도양이다.

신아란新阿蘭: 뉴홀랜드New Holland로, 지금의 오스트레일리아Australia이다.

오대리아주澳大利亞州: 이곳은 바로 남쪽에 위치한 뉴홀랜드이다. 대지는 넓지만, 황무지에 불과하다. 또한 사람과 물자가 없으며, 당시에는 영국 속지였다.

지면도地面島: 반디멘스랜드Van Diemen's Land로, 지금의 오스트레일리아 태즈메이니아주Tasmania이다.

대랑산大浪山: 지금의 희망봉Cape of Good Hope이다.

이곳은 마젤란Ferdinand Magellan이 찾아낸 땅으로 황무지와 인적이 드문 곳이다. 이곳은 남아메리카의 불의 섬(火地) 등과 함께 다섯 번째 대륙이 되었다.

남극南極: 지금의 남극대륙Antarctica이다.

청지靑地: 지금의 그린란드Greenland이다.

빙도冰島: 지금의 아이슬란드Iceland이다.

파분해우巴分海隅: 지금의 배핀만Baffin Bay이다.

군백란도君百蘭島: 지금의 배핀섬Baffin Island이다.

만도蠻島: 지금의 맨슬섬Mansel Island이다.

북아묵리가주北亞黙利加洲: 지금의 북아메리카대륙North America이다.

아라사속지俄羅斯屬地: 러시아 속지이다.

아세아주지亞細亞州地: 지금의 아시아대륙이다.

북령해협北令海峽: 지금의 베링해협Bering Strait이다.

랍파돌지拉巴突地: 지금의 래브라도반도Labrador Peninsula이다.

호손해우胡孫海隅: 지금의 허드슨만Hudson Bay이다.

아률군도亞律群島: 지금의 알류샨열도Aleutian Islands이다.

신심지지新尋之地: 새로 찾은 땅이란 뜻으로, 지금의 뉴펀들랜드Newfoundland

를 가리킨다.

라휴사하羅休士河: 지금의 세인트로렌스강Saint Lawrence River이다.

화기국花旗國: 미리견국彌利堅國이라고도 하며 지금의 미국United States of America이다.

가적대加的大: 지금의 캐나다Canada로, 영국의 속지였다.

내서실하來西悉河: 지금의 미시시피강Mississippi River을 가리킨다.

맥서가해麥西哥海: 지금의 멕시코만Gulf of Mexico이다.

맥서가국麥西哥國: 지금의 멕시코Mexico이다.

가리불니加利弗尼: 지금의 캘리포니아California이다.

대서양군도大西洋群島: 대서양 및 대서양에 속한 멕시코만, 카리브해 사이의 섬들, 즉 지금의 서인도제도West Indies를 가리킨다.

주해朱海: 지금의 캘리포니아만Gulf of California이다.

고파도古巴島: 지금의 쿠바Cuba이다.

위아지마랍危亞地馬拉: 지금의 과테말라Guatemala이다.

가륜비국可倫比國: 금가서렵金加西臘이라고도 하며, 지금의 콜롬비아Colombia이다.

아마손하亞馬孫河: 지금의 브라질 경내에 있는 아마존강Río Amazonas을 가리킨다.

파실국巴悉國: 백서아국伯西兒國이라고도 하며 지금의 브라질Brazil이다.

북로국北路國: 패로孛露라고도 하며 지금의 페루Peru이다.

파리위국玻利威國: 지금의 볼리비아Bolivia이다.

남아묵리가주南亞黙利加州: 지금의 남아메리카대륙South America이다.

파랍위애巴拉危涯: 지금의 파라과이Paraguay이다.

오로위국烏路危國: 지금의 우루과이Uruguay이다.

은국銀國: 라플라타La Plata로 지금의 아르헨티나Argentina이다.

치리국治利國: 지금의 칠레Chile이다.

은하銀河: 지금의 라플라타강Río de la Plata이다.

파타아니巴他峩尼: 지금의 파타고니아Patagonia 지대이다.

화지火地: 지금의 티에라델푸에고Tierra del Fuego이다.

신서란도新西蘭島: 지금의 뉴질랜드New Zealand이다.

아시아 각 나라 지도

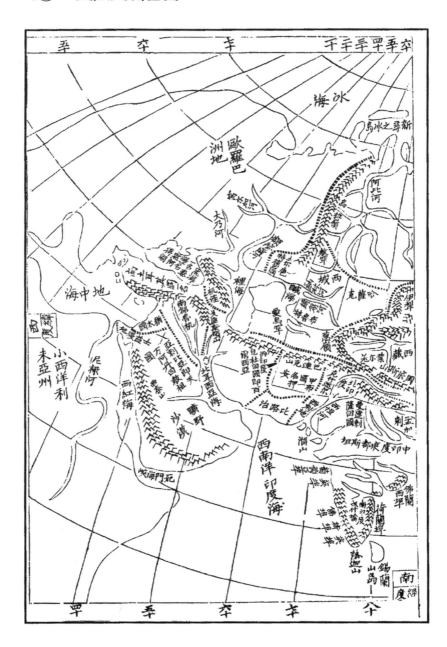

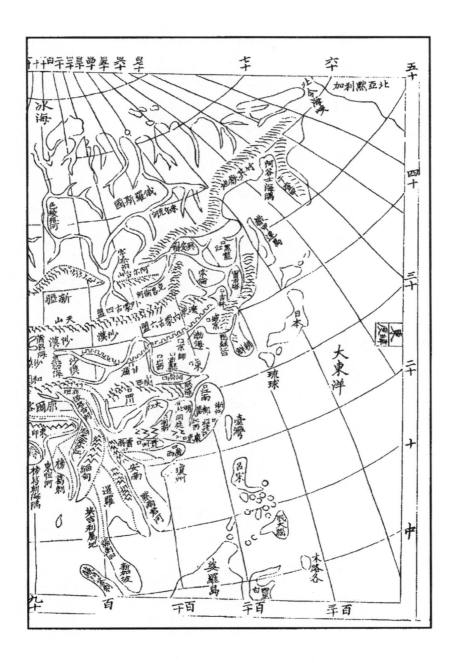

빙해冰海: 지금의 북극해Arctic Ocean이다.

신심지빙도新尋之冰島: 새로 찾은 빙도란 뜻으로, 지금의 노바야제믈랴군
도Novaya Zemlya이다.

북령해협北令海峽: 지금의 베링해협Bering Strait이다.

아라사국俄罗斯國: 지금의 러시아이다.

색릉격하色稜格河: 지금의 셀렝가강Selenga River이다.

아비하阿比河: 지금의 러시아 오비강Ob' River이다.

북아묵리가北亞黙利加: 지금의 북아메리카대륙North America이다.

죽기족지竹其族地: 축치족Chukchee의 땅이다.

주이극하朱爾克河: 지금의 레나강Lena River이다.

간사갑干査甲: 지금의 캄차카Kamchatka이다.

아곡사해우阿谷士海隅: 오호츠크해Sea of Okhotsk의 음역이다. 지도에서의 위
치는 셸리호바만Zaliv Shelikhova에 있어야만 한다.

살갑련도撒甲連島: 중국명은 고혈도庫頁島이며 러시아에서는 사할린Sakhalin
이라고 칭했는데, 1860년에 러시아에게 이양되었다.

흥안령興安嶺: 지금의 스타노보이산맥Stanovoy Khrebet이다.

재상박宰桑泊: 당시에는 중국 재상박齋桑泊의 별칭으로 중국 신강新疆 서북
부에 위치했는데, 이 지도에서는 오히려 러시아 바이칼호Ozero Baikal 일대
로 잘못 그렸다.

흑룡강黑龍江: 지금의 아무르강Amur River이다.

아이태산阿爾台山: 지금의 알타이산맥Altai Mountains이다.

오한敖罕: 지금의 코칸트Qo'qon이다.

오랍령烏拉嶺: 지금의 우랄산맥Ural Mountains이다.

구라파주지歐羅巴洲地: 지금의 유럽Europe이다.

와아하窩牙河: 지금의 볼가강Volga River이다.

대내하大乃河: 지금의 드네프르강Dnepr River이다.

액제이하額濟爾河: 지금의 이르티시강Irtysh River으로 중국, 카자흐스탄, 러시아 3국을 지나간다.

색륜索倫: 아무르강 남쪽에서 살았던 남방 퉁구스족 일파인 솔론Solon 거주 지역이다.

극로륜하克魯倫河: 지금의 케룰렌강Kerulen Gol이다.

녕고탑寧古塔: 청대 만주의 지명이다.

길림吉林: 지금의 길림성이다.

요동遼東: 지금의 요녕성遼寧省 동남부 일대이다.

내몽고육맹內蒙古六盟: 청대에 존재했던 행정구역이다.

외몽고사맹外蒙古四盟: 청대에 존재했던 행정구역이다.

신강新疆: 지금의 중국 신강 위구르 자치구이다.

천산天山: 지금의 천산산맥天山山脈이다.

이리伊犁: 청대의 신강부新疆府이다.

합살극哈薩克: 지금의 카자흐스탄Kazakhstan이다.

서성西城: 서역이다. 중국에서 한대漢代 이후로 옥문관玉門關과 양관陽關 서쪽의 여러 나라를 일컫던 역사적 용어이다.

전추하縛芻河: 지금의 아무다리야강이다.

함해鹹海: 지금의 아랄해Aral Sea이다.

포로특布魯特: 지금의 키르기스스탄Kyrgyzstan이다.

애오한愛烏罕: 지금의 아프가니스탄Afghanistan이다.

오한敖罕: 지금의 코칸트이다.

리해裡海: 지금의 카스피해Caspian Sea이다.

흑해黑海: 태호泰湖, 묵아득호黙黑得湖라고도 하며 지금의 흑해Black Sea이다.

합살극哈薩克: 지금의 카자흐스탄이다.

납림하納林河: 지금의 나린강Naryn River으로, 키르기스스탄에 있다.

토이호특구국土爾扈特舊國: 토르구트 부족의 국가로, 지금의 러시아 볼가
강 강변에 살았다.

일본日本: 지금의 일본이다.

조선朝鮮: 조선 왕조를 말한다.

압록강구鴨綠江口: 지금의 압록강 입구이다.

발해渤海: 지금의 황해黃海이다.

경사京師: 당시 청나라의 수도인 북경을 말한다. 북경은 산동성보다 위에
위치하고 있으나, 산동성 옆에 표기되어 있다.

산동山東: 지금의 산동성이다.

산서山西: 지금의 산서성이다.

직례直隸: 지금의 하북성이다.

하남河南: 지금의 하남성이다.

섬서陝西: 지금의 섬서성이다.

사천四川: 지금의 사천성이다.

성수해星宿海: 지금의 청해성에 위치하며 황하의 발원지로 알려져 있다.

서장西藏: 지금의 티베트Tibet이다.

섭이강葉爾羌: 야르칸드Yarkand로, 지금의 중국 신강 위구르 자치구에 해당
한다.

우전于闐: 서역의 옛 국가 중 하나로, 지금의 호탄Khotan이다.

총령蔥嶺: 지금의 파미르고원Pamir Plateau이다.

강저사산岡底斯山: 지금의 카일라스산Kailas Mountain이다.

기와機洼: 지금의 우즈베키스탄 히바Khiva이다.

북인도北印度: 지금의 인도 카슈미르주Kashmir, 펀자브주Punjab, 하리아나주 Haryana, 파키스탄의 서북 변경, 펀자브주 및 아프가니스탄의 카불강Kabul River 남쪽 양측 강변 지역이다.

극십미이克什迷爾: 지금의 카슈미르이다.

갑포국甲布國: 압안押安이라고도 하며, 지금의 아프가니스탄 수도 카불 Kabul이다.

파달극산巴達克山: 지금의 아프가니스탄 바다흐샨Badakhshān 지역이다.

서인도백사회국西印度白社回國: 페르시아Persia로 지금의 이란Iran이다. 회국 은 이슬람 국가임을 말한다.

과리사돈산戈厘斯頓山: 지금의 쿠르디스탄산맥Kurdistan Mountains이다.

남토이기국南土耳其國: 남터키로, 아시아 내 터키Turkey이다.

지중해地中海: 지금의 지중해Mediterranean Sea이다.

유구琉球: 지금의 오키나와제도에 있던 류큐Ryukyu 왕국이다.

대만臺灣: 지금의 대만이다.

강남江南: 장강 이남 지역으로, 지금의 절강성, 강소성, 안휘성 일대이다.

절강浙江: 지금의 절강성이다.

복건福建: 지금의 복건성이다.

광서廣西: 지금의 광서성이다.

광동廣東: 지금의 광동성이다.

호북湖北: 지금의 호북성이다.

호남湖南: 지금의 호남성이다.

동정洞庭: 지금의 동정호洞庭湖이다.

강서江西: 지금의 강서성이다.

영남嶺南: 중국 남부의 오령五嶺(남령산맥) 남쪽 지방이다. 지금의 광동성, 광서 장족 자치구, 해남성 전역, 호남성과 강서성의 일부에 해당하며 일부는 화남華南과 겹친다.

귀주貴州: 지금의 귀주성이다.

운남雲南: 지금의 운남성이다.

곽이합廓爾合: 구르카Gurkha로, 지금의 네팔Nepal이다.

면전緬甸: 지금의 미얀마Myanmar이다.

안남국安南國: 지금의 베트남이다.

대금사강大金沙江: 지금의 이라와디강Irrawaddy River이다.

동인도東印度: 지금의 인도 아삼주Assam 서부, 서벵골주West Bengal의 중부와 남부, 오디샤주Odisha의 북부와 중부 및 방글라데시Bangladesh의 중부와 남부 지역이다.

방갈랄榜葛剌: 벵골Bengal로, 지금의 방글라데시 및 인도의 서벵골주이다.

맹가랄孟加剌: 벵골로, 지금의 방글라데시 및 인도의 서벵골주이다.

동항하구東恒河口: 지금의 갠지스강Ganges River 입구이다.

항액하구恒額河口: 갠지스강 입구이다.

방갈랄해우榜葛剌海隅: 지금의 벵골만Bay of Bengal이다.

묵남군하黙南君河: 지금의 메콩강Mekong River이다.

중인도中印度: 지금의 방글라데시 북부, 인도의 서벵골주 북부, 라자스탄주Rajasthan 북부, 우타르프라데시주Uttar Pradesh 지역이다.

흔도사탄痕都斯坦: 지금의 힌두스탄Hindustan이다.

만달랄살曼達剌薩: 지금의 인도 마드라스Madras이다.

서항하西恒河: 지금의 인더스강Indus River이다.

북로치北路治: 지금의 파키스탄 발루치스탄Baluchistan이다.

류산溜山: 지금의 인도양에 있는 몰디브Maldives와 래카다이브제도Laccadive Islands이다.

북이서아해北耳西亞海: 지금의 페르시아만Persian Gulf이다.

아랄비아亞剌比亞: 아라비아Arabia이다. 서인도의 메카, 아덴은 이슬람교의 발원지(回敎祖國)이다.

유태猶太: 유대Judaea 지역이다.

사익미지土益微地: 지금의 이집트 수에즈지협Isthmus of Suez이다.

니록하尼祿河: 지금의 나일강Nile River이다.

서홍해西紅海: 메카의 서쪽에 위치하며 물의 색이 모두 붉어서 서홍해라고 부른다.

여송呂宋: 지금의 필리핀 루손섬Luzon Island으로 마닐라Manila이라고도 한다.

경주瓊州: 지금의 해남성이다.

섬라暹羅: 지금의 태국이다.

광야사막曠野沙漠: 위치상 아라비아사막으로 추정되나, 정확히 어떤 지역을 가리키는지는 미상이다.

불란서부佛蘭西埠: 프랑스령 항구이다.

하란부河蘭埠: 네덜란드령 항구이다.

남인도과십협南印度戈什峽: 포르투갈어 코스타Costa의 음역으로 해안이라는 뜻이다. 인도 반도 동서쪽 해안의 코로만델해안Coromandel Coast과 말라바르해안Malabar Coast이다.

포도아부葡萄亞埠: 포르투갈령 항구이다.

영부英埠: 영국령 항구이다.

하부河埠: 네덜란드령 항구이다.

불부佛埠: 프랑스령 항구이다.

서남양인도해西南洋印度海: 지금의 인도양Indian Ocean이다.

소서양리미아주小西洋利未亞州: 지금의 아프리카이다.

영길리속지英佶利屬地: 영국 속지이다.

만랄가滿剌加: 지금의 말레이시아 믈라카주Melaka이다.

민대뇌泯大腦: 지금의 민다나오섬Mindanao Island이다.

목로각木路各: 지금의 말루쿠제도Kepulauan Maluku이다.

파라도婆羅島: 대조왜大爪哇로, 지금의 보르네오Borneo이다.

신가파新加坡: 지금의 싱가포르Singapore이다.

석란산도錫蘭山島: 지금의 스리랑카Sri Lanka이다.

영길리속英吉利屬: 영국 속지이다.

신위니도新爲尼島: 뉴기니섬New Guinea으로, 지금의 이리안섬Pulau Irian이다.

서리백도西里白島: 지금의 술라웨시섬Pulau Sulawesi이다.

소문답랄蘇門答剌: 지금의 인도네시아 수마트라섬Pulau Sumatra이다.

낙가산落迦山: 『대당서역기』의 포단락가산布呾落迦山으로 산스크리트어 포탈라카Potalaka의 음역이다. 지금의 인도반도 남부의 서고츠산Western Ghats 남단 티루넬벨리Tirunelveli 경계에 위치하며 지금의 명칭은 파파나삼산 Papanasam이다.

사문해협死門海峽: 지금의 바브엘만데브해협Strait of Bab el Mandeb이다. 아랍어로 Bab el Mandeb는 죽음의 문이라는 뜻이다.

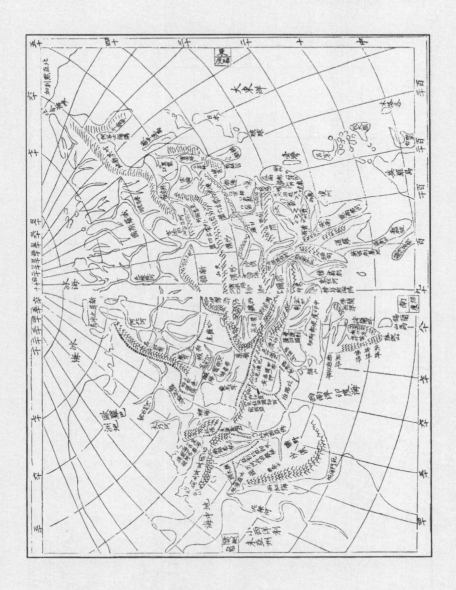

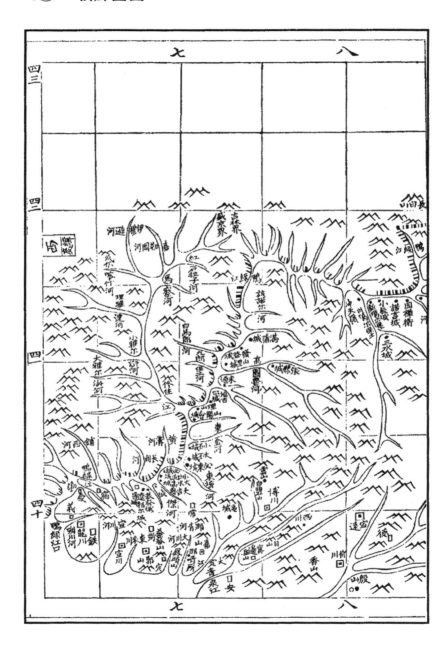

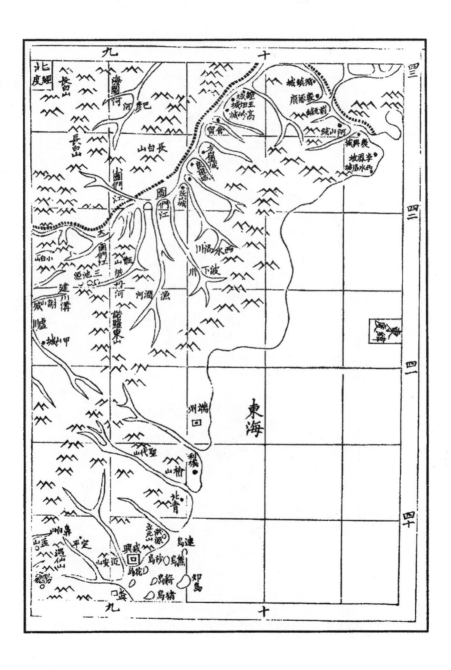

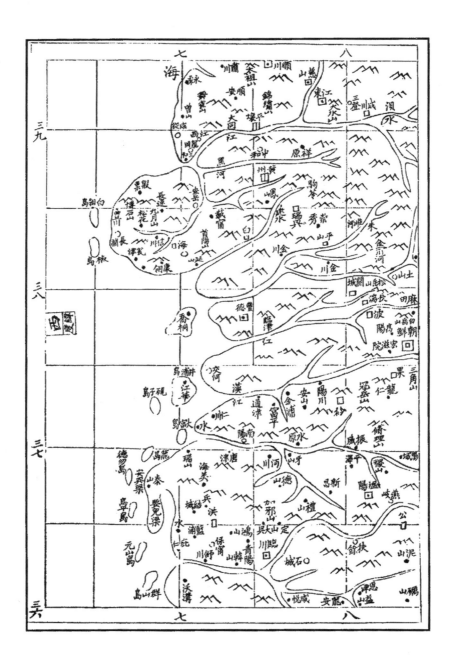

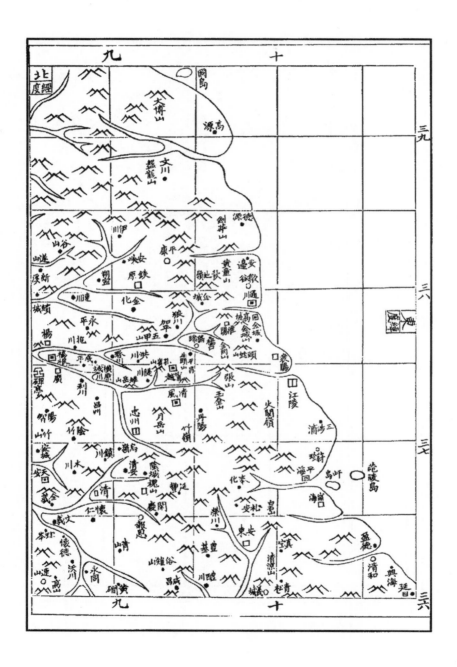

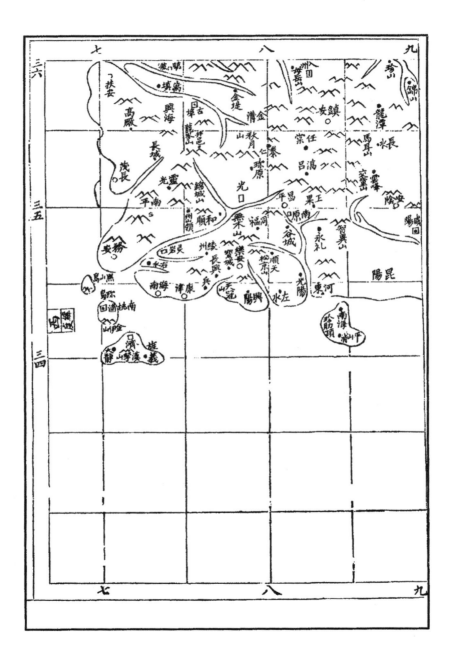

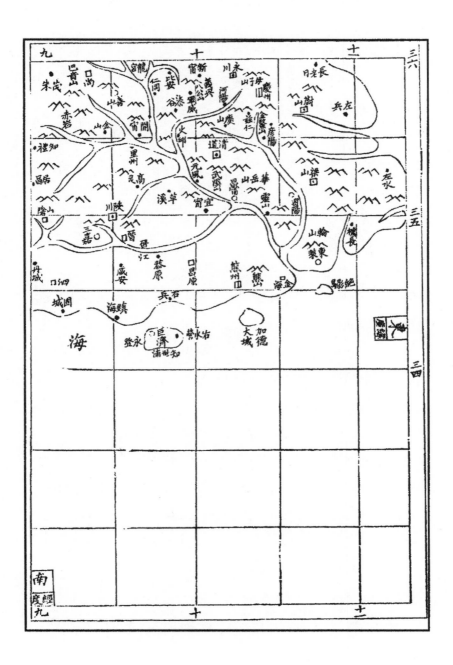

순진성循鎭城: 지금의 함경북도 경원군 훈융리訓戎里이다.

경원부慶源府: 지금의 함경북도 경원군이다.

전원포前元鋪: 지금의 함경북도 새별군 고건원古乾原이다.

아산포阿山鋪: 지금의 함경북도 경흥군 신아산리新阿山里이다.

경흥성慶興城: 지금의 함경북도 경흥군이다.

이봉파李鳳坡: 지금의 함경북도 나선특별시 홍의리洪儀里이다.

서수락성西水洛城: 지금의 함경북도 나선특별시 우암리牛岩里이다. 옛 명칭
은 서수라리西水羅里이다.

종성鍾城: 지금의 함경북도 종성군이다.

왕탄성王坦城: 지금의 함경북도 나선특별시 방원동防垣洞으로 추정된다.
간평間坪이라고도 칭한다.

고령성高嶺城: 지금의 함경북도 회령시 고령진이다.

회령會寧: 지금의 함경북도 회령시이다.

방산보성方山堡城: 지금의 남산南山인 듯하다.

양옹성良雍城: 지금의 함경북도 무산군 양영리梁永里이다.

무산성茂山城: 지금의 함경북도 무산군 무산읍이다.

서수락천西水洛川: 지금의 성천수城川水로 두만강으로 유입되는 강이다.

파하천波下川: 지금의 연면수延面水로 두만강으로 유입되는 강이다.

어윤하漁潤河: 지금의 서두수西頭水로 두만강으로 유입되는 강이다.

단주端州: 지금의 함경남도 단천시端川市이다.

장백산長白山: 지금의 백두산으로, 불함산不咸山, 개마산蓋馬山, 태백산太白
山, 도태산徒太山, 백산白山, 가이민상견아린歌爾民商堅阿隣이라고도 한다.

압록강鴨綠江: 지금의 압록강으로, 우리나라와 중국의 동북 지방과 국경을 이루면서 서해로 유입되는 강이다.

해란강海蘭江: 지금의 중국 길림성 연변 조선족 자치주를 흐르는 강으로 두만강의 한 지류이다.

파언하巴彥河: 지금의 흑룡강黑龍江의 한 지류이다.

도문강圖們江: 지금의 두만강이다.

소도문강小圖們江: 지금의 두만강이다.

대도문강大圖們江: 지금의 두만강이다.

증산甑山: 함경도 경원부 서쪽에 있으나 이 지도에서는 지금의 청봉靑峰 일대로 잘못 그렸다.

홍단하洪丹河: 지금의 소홍단수小紅湍水로 두만강으로 유입되는 강이다.

낙라동산諾羅東山: 마천령산맥摩天嶺山脈 중단에 위치한다.

단주端洲: 함경남도 단천端川의 옛 명칭이다.

삼지원三池源: 지금의 삼지연三池淵이다.

건천구建川溝: 지금의 가림천佳林川이다.

사산성謝山城: 지금의 혜산惠山이다.

소백산小白山: 삼지연과 장군봉將軍峰 사이에 위치한다.

허천하虛川河: 지금의 허천강이다.

성경계盛京界: 지금의 심양시 경계이다.

길림계吉林界: 지금의 길림성 경계이다.

이목손하伊穆遜河: 지도상에는 표시되어 있으나, 현재 어떤 지역을 가리키는지는 미상이다.

가륵도하嘉勒圖河: 지도상에는 표시되어 있으나, 현재 어떤 지역을 가리키는지는 미상이다.

와이객십하瓦爾喀什河: 지도상에는 표시되어 있으나, 현재 어떤 지역을 가리키는지는 미상이다.

인선위因禪衛: 지도상에는 표시되어 있으나, 현재 어떤 지역을 가리키는지는 미상이다.

낙언성諾言城: 지도상에는 표시되어 있으나, 현재 어떤 지역을 가리키는지는 미상이다.

소진성小辰城: 지도상에는 표시되어 있으나, 현재 어떤 지역을 가리키는지는 미상이다.

신갈이보新噶爾堡: 지도상에는 표시되어 있으나, 현재 어떤 지역을 가리키는지는 미상이다.

천갈이보川葛爾堡: 지도상에는 표시되어 있으나, 현재 어떤 지역을 가리키는지는 미상이다.

충천령沖天嶺: 지금의 병풍산屛風山으로 추정된다.

해락이하該諾爾河: 지금의 자성강慈城江이다.

홍석랍자하紅石拉子河: 지도상에는 표시되어 있으나, 현재 어떤 지역을 가리키는지는 미상이다.

마찰하馬察河: 압록강의 옛날 명칭으로 추정된다.

이아달하理雅達河: 지도상에는 표시되어 있으나, 현재 어떤 지역을 가리키는지는 미상이다.

삼수성三水城: 지금의 양강도 삼수군이다.

갑산성甲山城: 지금의 양강도 갑산군이다.

성대산聖代山: 지금의 검덕산劍德山으로 추정된다.

회산檜山: 지금의 대덕산大德山으로 추정된다.

이성利城: 지금의 함경남도 이원군利原郡이다.

북청北靑: 지금의 함경남도 북청군이다.

홍원洪源: 지금의 함경남도 홍원군洪原郡이다.

입원산立元山: 지금의 함경남도 함관령咸關嶺으로 추정된다.

함흥咸興: 지금의 함경남도 도청 소재지이다.

정평定平: 지금의 함경남도 정평군이다.

도안산道安山: 지금의 함경남도 정평군 북동쪽에 위치한 산이다.

화도花島: 지금의 함경남도 화도로 추정된다.

사도沙島: 조선 시대 함경북도 용흥강龍興江 앞바다에 위치한 섬으로 추정된다.

비백산鼻白山: 지금의 백산白山 일대에 위치했던 것으로 추정된다.

우선산遇仙山: 지금의 북대봉北大峰이다.

우산盂山: 지도상에는 표시되어 있으나, 현재 어떤 지역을 가리키는지는 미상이다.

연도連島: 지금의 함경남도 신포시 앞바다의 마양도馬養島로 추정된다.

저도猪島: 지금의 함경남도 대저도大猪島와 소저도小猪島로 추정된다.

웅도熊島: 지금의 강원도 원산시 웅도이다.

신도薪島: 지금의 강원도 원산시 신도이다.

묘도卯島: 지금의 함경남도 묘도이다.

양덕陽德: 지금의 평안남도 양덕군이다.

동해東海: 지금의 동해이다.

덕德: 지금의 평안남도 덕천시德川市로 추정된다.

영원寧遠: 지금의 평안남도 영원군이다.

서천西川: 지금의 평안북도 희천시熙川市이다.

개천价川: 지금의 평안남도 개천시이다.

은산殷山: 지금의 평안남도 은산군이다.

향산香山: 지금의 묘향산으로, 평안북도 영변군·희천군과 평안남도 덕천군에 걸쳐 있는 산이다.

목산目山: 지금의 평안북도 영변군에 위치한 산으로 추정된다.

영변寧邊: 지금의 평안북도 영변군이다.

악산岳山: 지금의 평안북도 영변군 약산藥山이다.

운산雲山: 지금의 평안북도 운산군이다.

박천博川: 지금의 평안북도 박천군이다.

백벽석산白碧石山: 지금의 평안북도 운산군에 있는 백벽산이다.

장걸성張傑城: 지금의 자강도 강계시江界市이다.

만포성滿浦城: 지금의 자강도 만포시이다.

고산리성高山理城: 지금의 자강도 만포시 고산리이다.

백마랑하白馬郎河: 지도상에는 표시되어 있으나, 현재 어떤 지역을 가리키는지는 미상이다.

구랑보하九郎堡河: 지도상에는 표시되어 있으나, 현재 어떤 지역을 가리키는지는 미상이다.

동가강佟佳江: 지금의 요녕성 환인현桓仁縣을 흐르는 강으로 압록강의 지류이다.

소아이호하小雅爾滸河: 지도상에는 표시되어 있으나, 현재 어떤 지역을 가리키는지는 미상이다.

대아이호하大雅爾滸河: 지도상에는 표시되어 있으나, 현재 어떤 지역을 가리키는지는 미상이다.

도로하圖魯河: 지금의 평안북도 강계군과 위원군을 흐르는 독로강禿魯江이다.

미원未源: 지금의 평안북도 위원군渭原郡이다.

지이고성地尔古城: 평안북도 초산군 판면 삼거리三巨里이다.

이산理山: 지금의 평안북도 초산군楚山郡이다.

동금하東金河: 지금의 평안북도 초산군을 흐르는 충만강忠滿江이다.

소비성小丕城: 지금의 자강도 우시군雩時郡이다.

대비성大丕城: 지금의 평안북도 향산군 태평리太平里이다.

필동성必東城: 지금의 평안북도 벽동군碧潼郡이다.

구성龜城: 지금의 평안북도 태천泰川 서북쪽에 위치한다.

상常: 지금의 평안북도 창성군昌城郡으로 추정된다.

가산嘉山: 지금의 평안북도 박천군 가산면이다.

나청청那靑廳: 지금의 평안북도 운전군 청정리淸亭里이다.

대정강大定江: 지금의 평안북도 초산군 가산면을 흐르는 강이다.

청천강靑泉江: 지금의 평안북도 남부를 흐르는 강으로, 살수대첩의 살수
薩水가 바로 이곳이다.

안安: 지금의 평안남도 안주읍으로, 청천강에 위치한 수륙 교통의 중심지
이다.

대천하大川河: 지금의 평안북도 구성시와 정주군을 흐르는 달천강達川江
이다.

필성必城: 지금의 평안북도 벽동군에 위치했던 벽단진碧團鎭이다.

걸하傑河: 지금의 평안북도 창성군을 흐르는 영주천榮州川으로 추정된다.

숙宿: 지금의 평안북도 삭주군朔州郡이다.

개막산蓋幕山: 지금의 평안북도 적유령산맥狄逾嶺山脈 남단에 위치한다.

삭朔: 지금의 평안북도 태천군泰川郡이다.

동래천東來川: 지금의 평안북도 곽산군과 선천군의 경계를 흐르는 동래강

東萊江이다.

애愛: 지금은 폐지된 평안북도의 청성군淸城郡으로 추정된다.

의義: 지금의 평안북도 신의주新義州에 속한다.

철鉄: 지금의 평안북도 철산군鐵山郡이다.

삭천하朔川河: 지금의 평안북도 신의주시와 용천군의 경계를 흐르는 삼교천三橋川이다.

국도國島: 함경북도 용흥강 동남쪽에 위치한 섬을 이르던 명칭으로 추정된다.

대박산大博山: 함경남도 영흥군의 북대봉산맥北大峰山脈 남단에 위치한다.

고원高源: 지금의 함경남도 고원군高原郡이다.

패수浿水: 비류수沸流水이다. 고조선 때에, 요동과 경계를 이루던 강으로, 지금의 청천강·압록강 또는 요서遼西 지방의 대릉하大凌河로 보는 설이 있다.

성천成川: 지금의 평안남도 성천군이다.

강동江東: 지금의 평안남도 강동군이다.

삼등三登: 지금의 평안남도 강동군 삼등면이다.

순천順川: 지금의 평안남도 순천시이다.

대수산大水山: 지도상에는 표시되어 있으나, 현재 어떤 지역을 가리키는지는 미상이다.

평양平壤: 지금의 평양직할시이다.

자산慈山: 지금의 평안남도 순천시 자산리이다.

금수산錦繡山: 지금의 평양직할시 북쪽에 위치하며 명승지인 모란봉牡丹峯이 있다.

숙천肅天: 지금의 평안남도 숙천군이다.

태조산太祖山: 지금의 평안남도 청룡산靑龍山이다.

순안順安: 지금의 평안남도 평원군 순안면이다.

대동강大同江: 지금의 대동강이다.

영유永柔: 지금의 평안남도 평원 지역의 옛 명칭으로, 남양南陽이라고도 한다.

무작산舞雀山: 지도상에는 표시되어 있으나, 현재 어떤 지역을 가리키는 지는 미상이다.

증산曾山: 지금의 평안남도 증산군甑山郡이다.

함종咸從: 지금의 평안남도에 있던 군으로 증산군과 강서군에 분리되어 폐지되었다.

문천文川: 지금의 함경남도 문천군이다.

반룡산盤龍山: 지금의 평안남도 양덕군과 함경남도 문천군의 경계에 위치한 두류산頭流山이다.

상원祥原: 지금의 황해도 상원군이다.

황주黃州: 지금의 황해도 황주군이다.

구령駒苓: 지금의 황해도 언진산彦眞山, 증봉산甑峰山 일대에 해당된다.

흑하黑河: 지금의 황해도 황주군을 흐르는 황주천黃州川으로 추정된다.

봉산鳳山: 지금의 함경북도 경원군 봉산리이다.

강서江西: 지금의 평안남도 강서군이다.

용강龍岡: 지금의 평안남도 용강군이다.

삼화三和: 지금의 평안남도 남포특별시 용강군 삼화리이다.

장련長連: 지금의 황해도 은율군 장련리이다.

은율殷栗: 지금의 황해도 은율군이다.

안악安岳: 지금의 황해도 안악군이다.

덕원德源: 함경남도 덕원군이었다가 강원도 원산시의 모체가 되었다.

검화산劍華山: 검봉산劍峯山의 오기로, 지금의 함경남도 남부 안변군安邊郡의 서남쪽에 있다.

황동산黃童山: 지금의 강원도 안변군과 통천군의 경계를 이루는 황룡산黃龍山이다.

추지령秋池嶺: 추지령楸池嶺이라고도 한다. 강원도 회양군 안풍면과 통천군 벽양면(지금의 통천군 중천리와 금강군 화천리) 사이에 있는 고개이다.

평강平康: 지금의 강원도 평강군이다.

이천伊川: 지금의 강원도 이천군이다.

철원鐵原: 지금의 강원도 철원군이다.

삭녕朔寧: 지금의 경기도 연천군連川郡에 속한다.

안협安峽: 지금의 강원도 이천군의 옛 지명으로, 세종 때 경기도에서 강원도가 되었다.

곡산谷山: 지금의 황해도 곡산군이다.

수산遂山: 지금의 황해도 수안군遂安郡이다.

신계新溪: 지금의 황해도 신계군이다.

주탄하朱灘河: 지금의 황해도를 흐르는 예성강禮城江이다.

금천하金川河: 지금의 황해도를 흐르는 구연천九淵川으로 추정된다.

토산土山: 지금의 황해도 토산군兎山郡으로 추정된다.

송악산松岳山: 지금의 황해도 송악산이다.

개성開城: 지금의 황해도 개성시이다.

숭수崇秀: 지금의 황해도 평산군 평산읍(옛 남천읍南川邑) 부근으로 추청된다.

평산平山: 지금의 황해도 평산군이다.

금천金川: 지금의 황해도 금천군이다.

건수建水: 지금의 황해도 봉산군 구연리로, 예로부터 흥수원興水院이라고 불렀다.

서흥瑞興: 지금의 황해도 서흥군이다.

백白: 지금의 황해도 연백군으로 옛 명칭은 배천白川이다.

재령載寧: 지금의 황해도 재령군이다.

수양산首陽山: 지금의 황해도 해주시와 신원군 경계에 위치한 산이다. 위원의 지도에서는 지금의 장수산長壽山 위치에 잘못 그려 놓았다.

해海: 지금의 황해도 해주시이다.

송화松花: 지금의 황해도 송화군이다.

신천信川: 지금의 황해도 재령군 신천군이다.

강령康翎: 지금의 황해도 강령군이다.

옹진甕津: 지금의 인천광역시 서부 서해안에 있는 백령도, 대청도, 소청도, 대연평도, 소연평도 등 서해 5도를 중심으로 이루어진 군이다.

장연長淵: 지금의 황해도 장연군이다.

구월산九月山: 지금의 황해도 은율군과 안악군 경계에 있는 산이다.

박석산博石山: 지금의 황해도에 위치한 산이다.

백령도白翎島: 지금의 인천광역시 옹진군 백령면에 속한 섬이다.

초도椒島: 지금의 황해도 송화군 풍해면에 속한 섬이다.

연산延山: 지금의 황해도 연산군이다.

풍천豐川: 지금의 황해도 과일군이다. 1967년 과일을 많이 생산한 데서 지금의 과일군으로 이름이 바뀌었는데, 우리말 고유 명칭을 가진 군이다.

통천通川: 지금의 강원도 통천군이다.

금성金城: 지금의 강원도 김화군이다.

회양淮陽: 지금의 강원도 회양군이다.

금성산金城山: 지금의 강원도 김화군 서쪽에 위치한 산이다.

금강산金剛山: 지금의 강원도 금강산이다. 여름에는 온 산에 녹음이 물들어 봉래산蓬萊山, 가을에는 단풍이 들어 풍악산楓嶽山, 겨울에는 기암괴석의 산체가 뼈처럼 드러나므로 개골산皆骨山이라 불린다.

고성高城: 지금의 강원도 고성군이다.

두사산頭蛇山: 지금의 강원도 동해시 삼화동과 삼척시 하장면·미로면에 걸쳐 있는 두타산頭陀山으로 추정된다.

양구楊口: 지금의 강원도 양구군이다.

인제麟蹄: 지금의 강원도 인제군이다.

김화金化: 지금의 강원도 김화군이다.

낭천狼川: 지금의 강원도 화천군華川郡이다.

가평加平: 지금의 경기도 가평군이다.

오갑산五甲山: 오신산五申山의 잘못된 표기로, 지금의 강원도 김화군 북쪽에 위치한다.

홍천洪川: 지금의 강원도 홍천군이다.

춘천春川: 지금의 강원도 춘천시이다.

우두산牛頭山: 백덕산百德山이다. 강원도 영월군과 평창군 사이에 있는 차령산맥 줄기의 이름난 산이다.

공작산孔雀山: 지금의 강원도 홍천군의 동쪽에 위치한 산이다.

적성績城: 지금의 경기도 파주시 적성면積城面이다.

양楊: 지금의 경기도 양주시이다.

양근楊根: 지금의 경기도 양평군楊平郡이다.

저평底平: 지평砥平이라고도 한다. 1914년에 양평군에 합병됐다.

포천抱川: 지금의 경기도 포천시이다.

마전麻田: 지금의 경기도 연천군에 속한다.

파波: 지금의 경기도 파주시坡州市이다.

백악산白岳山: 지금의 서울특별시에 위치한 북악산北岳山이다.

조선朝鮮: 당시 조선의 수도였던 한양漢陽을 가리킨다.

고양高陽: 지금의 경기도 고양시이다.

홍자원宏滋院: 조선시대 중국 사신들이 투숙했던 '홍제원弘濟院'의 오기이다. 홍제원은 지금의 서울특별시 홍제동에 위치했다.

장단長湍: 지금의 경기도 장단군이다.

풍덕豊德: 지금의 경기도 개풍 지역의 옛 지명이다.

교동喬桐: 지금의 인천광역시 강화군 교동면이다.

임진강臨津江: 지금의 임진강으로, 한반도 중부를 거쳐 서해로 흘러가는 강이다.

평창平昌: 지금의 강원도 평창군이다.

양양襄陽: 지금의 강원도 양양군이다.

강릉江陵: 지금의 강원도 강릉시이다.

삼섭포三涉浦: 지금의 강원도 삼척시 삼척포三陟浦로 추정된다.

화관령火關嶺: 대관령의 오기로 추정된다.

장산張山: 지금의 강원도 태백시와 영월군에 걸쳐 있는 장산壯山으로 추정된다.

단양丹陽: 지금의 충청북도 단양군이다.

죽령竹嶺: 지금의 경상북도 영주시 풍기읍과 충청북도 단양군 대강면의 경계에 있는 고개이다.

월악산月岳山: 지금의 충청북도 제천시 한수면과 덕산면 경계에 위치한 산이다.

치악산雉嶽山: 지금의 강원도 원주시, 영월군, 횡성군에 걸쳐 있는 산이다.

옥대산玉鉛山: 지금의 오대산五臺山으로 추정된다.

제천堤川: 지금의 충청북도 제천시이다.

원천原川: 지금의 강원도 원주시原州市이다.

영월寧越: 지금의 강원도 영월군이다.

청풍淸風: 지금의 충청북도 제천시 청풍면이다.

충주忠州: 지금의 충청북도 충주시이다.

이천利川: 지금의 경기도 이천시이다.

여주呂州: 지금의 경기도 여주군驪州郡이다.

광廣: 지금의 경기도 광주시이다.

비정碑亭: 지금의 경기도 성남시城南市로 추정된다.

양지陽智: 지금의 경기도 용인시 양지면이다.

죽산竹山: 지금의 경기도 안성시 죽산면이다.

음죽陰竹: 경기도 이천시 음죽군이었는데, 지금의 충청북도 음성군에 편입되었다.

삼각산三角山: 지금의 삼각산이다.

과果: 지금의 경기도 과천시果川市이다.

용인龍仁: 지금의 경기도 용인시이다.

관악산冠岳山: 지금의 서울특별시 관악구와 금천구, 경기도 안양시, 과천시에 걸쳐 있는 산이다.

수리산修理山: 지금의 경기도 안양시 및 안산시에 걸쳐 있는 산이다.

진위振威: 지금의 경기도 평택시 진위면이다.

금衿: 지금의 경기도 안양시安養市이다.

양천陽川: 지금의 서울특별시 양천구이다.

안산安山: 지금의 경기도 안산시이다.

김포金浦: 지금의 경기도 김포시이다.

수원水原: 지금의 경기도 수원시이다.

부평富平: 지금의 인천광역시 부평구이다.

통진通津: 지금의 경기도 김포시 통진읍으로, 조선 시대에 도호부가 있었다.

남양南陽: 경기도 화성 지역의 옛 명칭이다.

인천仁川: 지금의 인천광역시이다.

교하交河: 지금의 경기도 파주시 교하동이다.

수水: 조선 시대 경기도에 설치했던 수군절도사의 군영이다.

한강漢江: 아리수, 한수漢水라고도 불리며, 서울 중심을 지나 서해로 흐르는 강이다.

정포도井浦島: 지금의 인천광역시 강화도이다.

강화江華: 지금의 인천광역시 강화군이다.

대부도大富島: 지금의 경기도 안산시 대부도大阜島이다.

연자도硯子島: 지금의 충청남도 당진시 대난지도大蘭芝島이다.

한도旰島: 지금의 경상북도 울릉군 독도獨島이다.

원릉도苑陵島: 지금의 경상북도 울릉군 울릉도鬱陵島이다.

울진蔚珍: 지금의 경상북도 울진군이다.

평해平海: 지금의 경상북도 울진군 평해읍이다.

영해寧海: 지금의 경상북도 영덕군 영해면이다.

봉화奉化: 지금의 경상북도 봉화군이다.

예안礼安: 지금의 경상북도 안동시安東市 예안면이다.

백석산白石山: 지금의 충청북도 괴산군과 경상북도 상주시에 걸쳐 있는 백악산이다.

괴산槐山: 지금의 충청북도 괴산군이다.

진천鎭川: 지금의 충청북도 진천군이다.

조령鳥嶺: 지금의 경상북도 문경시 문경읍과 충청북도 괴산군 연풍면 경계에 있는 고개이다.

청안淸安: 지금의 충청북도 괴산군 청안면이다.

음성陰城: 지금의 충청북도 음성군이다.

한경閑慶: 점촌店村으로 지금의 경상북도 문경 지역에 있다.

보은報恩: 지금의 충청북도 보은군이다.

연풍延豐: 지금의 충청북도 괴산군 칠성면이다.

목천木川: 지금의 충청남도 천안시 병천면이다.

청주淸州: 지금의 충청북도 청주시이다.

회인懷仁: 지금의 충청북도 보은군 회인면이다.

안성安城: 지금의 경기도 안성시이다.

천안天安: 지금의 충청남도 천안시이다.

전의全義: 지금의 세종특별자치시 전의면이다.

양성陽城: 지금의 경기도 안성시 양성면이다.

직산稷山: 지금의 충청남도 천안시 직산읍이다.

연기燕岐: 지금의 세종특별자치시 조치원읍鳥致院邑이다.

평택平澤: 지금의 경기도 평택시이다.

온양溫陽: 지금의 충청남도 아산시 온양 지역이다.

신창新昌: 충청남도 아산 지역의 옛 명칭이다.

아산牙山: 지금의 충청남도 아산시이다.

덕산德山: 지금의 충청남도 예산군 덕산면으로 삽교挿橋 지역 서북쪽에 위치한다.

예산禮山: 지금의 충청남도 예산군으로 삽교 지역 동쪽에 위치한다.

가야산加邪山: 지금의 충청남도 예산군 덕산면 서쪽에 있는 가야산伽倻山이다.

해미海美: 지금의 충청남도 서산시 해미이다.

당진唐津: 지금의 충청남도 당진시이다.

면천沔川: 충청남도 당진 지역의 옛 명칭이다.

서산瑞山: 지금의 충청남도 서산시이다.

홍洪: 지금의 충청남도 홍성군洪城郡이다.

병兵: 조선 시대 전라도 지방에 두었던 전라 병영이다.

수水: 조선 시대 전라도에 설치했던 수군절도사의 군영이다

결성結城: 지금의 서산시 서산읍 서남쪽 해안에 위치한다.

용도龍島: 지금의 용유도龍遊島이다.

태산泰山: 태안泰安의 오기로 추정된다. 지금의 충청남도 태안군이다.

오평도烏平島: 충청남도 보령시에 있는 원산도元山島 서쪽에 위치한 섬이다.

요아량要兒梁: 지금의 안면도安眠島로 추정된다.

안흥량安興梁: 난행량難行梁이라고도 하며, 충청남도 태안군에 있는 해협으로 추정된다.

덕물도德勿島: 지금의 인천광역시 옹진군 덕적도德積島의 옛 지명이다.

영천榮川: 지금의 경상북도 영천시이다.

예천醴川: 지금의 경상북도 예천군醴泉郡이다.

안동安東: 지금의 경상북도 안동시이다.

연일延日: 지금의 경상북도 포항시浦項市 근처이다.

흥해興海: 경상북도 포항 지역의 옛 명칭이다.

청화淸和: 지금의 경상북도 포항시 청하면淸河面으로 추정된다.

진보眞寶: 지금의 전라북도 진안군眞安郡이다.

청량산淸涼山: 지금의 경상북도 봉화군 명호면에 있는 산이다.

의성義城: 지금의 경상북도 의성군이다.

풍기豐基: 지금의 경상북도 영주시 풍기읍이다.

함창咸昌: 지금의 경상북도 상주시 함창읍이다.

청산靑山: 충청북도 옥천 지역의 옛 명칭이다.

속치산俗雉山: 소백산맥小白山脈 북단에 위치한다.

황간黃澗: 지금의 충청북도 영동군 동북쪽에 위치한다.

영동永同: 지금의 충청북도 영동군이다.

회덕懷德: 지금의 대전광역시 북쪽에 위치한다.

진잠珍岑: 지금의 대전광역시 유성구 진잠동으로, 옛 지명은 진령鎭嶺이다.

옥천沃川: 지금의 충청북도 옥천군이다.

연산連山: 지금의 충청남도 논산시論山市 일원一圓의 옛 지명이다.

고산高山: 지금의 전라북도 익산시 동쪽에 위치한다.

이산泥山: 지금의 충청남도 논산시 노성면魯城面이다.

여산礪山: 지금의 전라북도 익산시 여산면이다.

은진恩津: 지금의 충청남도 논산시 강경읍江景邑이다.

부여扶餘: 지금의 충청남도 부여군이다.

익산益山: 지금의 전라북도 익산시이다.

홍산鴻山: 지금의 충청남도 부여군 홍산면이다.

용안龍安: 지금의 전라북도 익산시 함열읍이다.

석성石城: 지금의 전라남도 함평군 함평읍 석성리이다.

함열咸悅: 지금의 전라북도 익산시 함열읍 함열리이다.

정산定山: 지금의 전라남도 무안군 일로읍 산정리山亭里이다.

대흥大興: 지금의 전라남도 신안군 압해읍 동서리東西里이다.

임천臨川: 지금의 충청남도 부여군 임천면林泉面이다.

청양靑陽: 지금의 충청남도 청양군이다.

한산韓山: 지금의 충청남도 공주시 우성면 한천리韓川里이다.

보령保寧: 지금의 충청남도 보령시이다.

남포藍浦: 지금의 충청남도 보령시 남포면이다.

서천舒川: 지금의 충청남도 서천군 서천읍이다.

비인庇仁: 지금의 충청남도 서천군 비인면이다.

군산도群山島: 지금의 전라북도 군산시 고군산군도古群山群島이다.

원산도元山島: 지금의 충청남도 보령시 오천면 원산도이다.

옥구沃溝: 지금의 전라북도 군산시 옥구읍이다.

장로일長老日: 지금의 경상북도 포항시 구룡포九龍浦이다.

울산蔚山: 지금의 울산광역시이다.

좌병左兵: 조선 시대 경상도 울산 지방에 두었던 경상 좌병영이다.

좌수左水: 조선 시대 경상도에 설치했던 수군절도사의 군영이다.

양산梁山: 지금의 경상남도 양산시이다.

기장機長: 지금의 부산광역시 기장군이다.

윤산輪山: 지금의 부산광역시 동래 지역 북쪽에 있는 금정산金定山으로, 금정산金亭山이라고도 한다.

동래東萊: 지금의 부산광역시 동래 지역이다.

절영도絶影島: 지금의 부산광역시 남쪽의 영도影島이다.

영천永川: 지금의 경상북도 영주시이다.

모자산母子山: 지금의 경상북도 구미산龜尾山으로 추정된다.

경주慶州: 지금의 경상북도 경주시이다.

언양彦陽: 지금의 울산광역시 울주군 언양읍이다.

금오산金鰲山: 지금의 경상남도 경주 남산으로, 금오산이라고도 한다.

자인玆仁: 지금의 경상북도 경산시 자인면이다.

신녕新寧: 지금의 경상북도 영천시 신녕면이다.

팔공산八公山: 지금의 대구광역시 동구와 경상북도 영천시 신녕면 및 군위군 부계면에 걸쳐 있는 산이다.

하양河陽: 경상북도 경산 지역의 옛 명칭이다.

경산慶山: 지금의 경상북도 경산시이다.

청도淸道: 지금의 경상북도 청도군이다.

의령義寧: 지금의 경상남도 의령군이다.

원풍元風: 본래 '현풍玄風'이나 위원이 강희황제康熙皇帝를 피휘하여 고쳤다. 지금의 대구광역시 달성군 현풍읍玄風邑이다.

무계산武溪山: 지금의 경상남도 의령군 동북쪽에 위치한 미타산彌陀山으로 추정된다.

화악산華岳山: 지금의 경상남도 창녕군昌寧郡 인근에 위치한 화악산이다.

영산靈山: 지금의 경상남도 창녕 지역의 옛 명칭이다.

밀양密陽: 지금의 경상남도 밀양시이다.

웅주熊州: 지금의 경상남도 진해 지역의 옛 명칭이다.

웅산熊山: 개암산介巖山으로 진자산榛子山이라고도 하며, 지금의 경상남도 김해시 북쪽에 위치한다.

김해金海: 지금의 경상남도 김해시이다.

가덕대성加德大城: 지금의 부산광역시 강서구 가덕도加德島이다.

칠곡柒谷: 지금의 경상북도 칠곡군漆谷郡이다.

군위軍威: 지금의 경상북도 군위군이다.

비안比安: 지금의 경상북도 비안면이다.

인동仁同: 지금의 경상북도 구미 지역의 옛 명칭이다.

용궁龍宮: 지금의 경상북도 예천 지역의 옛 명칭이다.

화구火邱: 지금의 대구광역시이다.

개령開寧: 지금의 경상북도 김천 지역의 옛 명칭이다.

선산善山: 지금의 경상북도 구미시 선산읍이다.

이주里州: 지금의 경상북도 성주군星州郡으로 추정된다.

고령高灵: 지금의 경상북도 고령군이다.

합천陜川: 지금의 경상남도 합천군이다.

초계草溪: 지금의 경상남도 합천군 초계면이다.

진晉: 지금의 경상남도 진주晉州이다.

진강晉江: 지금의 경상남도 진주 남강南江이다.

창원昌原: 지금의 경상남도 창원시이다.

공원恭原: 지금의 경상남도 함안군 칠원漆原의 오기로 추정된다.

함안咸安: 지금의 경상남도 함안군이다.

우병右兵: 경상남도 통영 지역에 있던 충무忠武이다.

진해鎭海: 지금의 경상남도 진해시이다.

영등永登: 지금의 경상남도 거제시 영등포永登浦이다.

거제巨濟: 신현新縣, 고현古縣이라고도 한다. 지금의 경상남도 거제시이다.

지세포知世浦: 지설포知泄浦라고도 하는데, 지금의 경상남도 거제시 지세포이다.

우수영右水營: 지금의 경상남도 거제시 장승포長承浦이다.

상尙: 지금의 경상북도 상주시尙州市이다.

파음산巴音山: 경상북도 상주시와 충청북도 옥천군에 걸쳐 있는 팔음산八音山으로 추정된다.

적암赤岩: 적상산赤裳山의 오기로, 전라북도 무주군의 동쪽에 있다.

무주茂朱: 지금의 전라북도 무주군으로, 무주茂州라고도 한다.

김산金山: 지금의 경상북도 김천시이다.

산음山陰: 지금의 경상남도 산청 지역의 옛 명칭이다.

지례知禮: 지금의 경상북도 김천 지역의 옛 명칭이다.

거창居昌: 지금의 경상남도 거창군이다.

삼가三嘉: 지금의 경상남도 합천 지역의 옛 명칭이다.

단성丹城: 지금의 경상남도 산청 지역의 옛 명칭이다.

사泗: 지금의 경상남도 사천시泗川市이다.

고성固城: 지금의 경상남도 고성군이다.

진산珍山: 지금의 충청남도 금산 지역의 옛 명칭이다.

금산錦山: 지금의 충청남도 금산군이다.

용담龍潭: 지금의 전라북도 진안 지역의 옛 명칭이다.

장수長水: 지금의 전라북도 장수군이다.

마이산馬耳山: 지금의 전라북도 진안군에 위치한 마이산이다.

운봉雲峯: 지금의 경상남도 함양군 서남쪽에 위치한다.

교동산交童山: 지도상에는 표시되어 있으나, 현재 어떤 지역을 가리키는지는 미상이다.

안음安陰: 지금의 경상남도 함양 지역의 옛 명칭이다.

함양咸陽: 지금의 경상남도 함양군이다.

곤양昆陽: 경상남도 사천 지역의 옛 명칭이다.

입주入州: 지금의 전라북도 전주시全州市로 추정된다.

모악산母岳山: 지금의 전라북도 전주시에 위치한 모악산이다.

진안鎭安: 지금의 전라북도 진안군이다.

임당任堂: 지금의 전라북도 임실군任實郡이다.

태인泰仁: 지금의 전라남도 광양시 태인동이다.

순려淳呂: 지금의 전라북도 순창군淳昌郡이다.

옥과玉果: 지금의 전라남도 곡성군 옥과면이다.

창평昌平: 지금의 전라남도 담양군潭陽郡 창평면이다.

남원南原: 지금의 전라북도 남원시이다.

구례求禮: 지금의 전라남도 구례군이다.

지리산智異山: 방장산方丈山, 두류산頭流山이라고도 하며, 한라산 다음으로 높은 산이다. 행정구역상 전라남도 구례군, 전라북도 남원군, 경상남도 산청군·함양군·하동군 등 3개 도 5개 군에 걸쳐 있다.

하동河東: 지금의 경상남도 하동군이다.

남해南海: 지금의 경상남도 남해군이다.

평산포平山浦: 지금의 경상남도 남해군 평산항平山港으로, 임진왜란 때 전라좌수영 휘하에 수군 지휘관 조만호가 이곳에 주둔하면서 성을 축조하고 평산포라 불렀다.

진륵항珍肋項: 진조항珍助項 혹은 미조항彌助項이라고도 하는데, 지금의 경상남도 남해군 미조면으로 추정된다.

금구金溝: 지금의 전라북도 김제 지역의 옛 명칭이다.

김제金堤: 지금의 전라북도 김제시이다.

고부古埠: 지금의 전라북도 정읍의 옛 명칭이다.

곡성谷城: 지금의 전라남도 곡성군이다.

순천順天: 지금의 전라남도 순천시이다.

광양光陽: 지금의 전라남도 광양시이다.

정읍井邑: 지금의 전라북도 정읍시이다.

추월산秋月山: 지금의 전라남도 담양군 용면과 전라북도 순창군 복흥면에 걸쳐 있는 산이다.

용잠산龍岑山: 지금의 내장산內藏山이다.

진원珍原: 지금의 전라남도 담양군이다.

광光: 지금의 광주광역시이다.

금성산錦城山: 지금의 전라남도 나주시에 위치한 금성산이다.

주령州嶺: 지금의 전라남도 나주시羅州市이다.

화순和順: 지금의 전라남도 화순군이다.

동복同福: 지금의 전라남도 화순 지역의 옛 명칭이다.

무목산無木山: 지금의 전라남도 광주광역시에 위치한 무등산無等山이다.

능주綾州: 지금의 전라남도 화순 지역의 옛 명칭이다.

송경산松京山: 지금의 전라남도 순천시 서쪽에 위치한 조계산曹溪山이다.

낙안樂安: 지금의 전라남도 순천시 낙안면이다.

보성寶城: 지금의 전라남도 보성군이다.

장흥長興: 지금의 전라남도 장흥군이다.

병兵: 조선 시대 전라남도 강진 지방에 두었던 전라 좌병영이다.

천관산天冠山: 지금의 전라남도 장흥군 관산읍과 대덕읍 경계에 있는 산이다.

흥양興陽: 지금의 전라남도 고흥군高興郡이다.

임피臨陂: 지금의 전라북도 군산시 임피면臨陂面이다.

만전萬塡: 만경萬頃의 오기로, 지금의 전라북도 김제시 만경읍이다.

부안扶安: 지금의 전라북도 부안군이다.

고창高廠: 지금의 전라북도 고창군이다.

홍해興海: 지도에는 홍해로 표기되어 있으나 위치상 전라북도 고창 지역의 홍덕리興德里가 맞다. 홍해는 원래 경상북도 포항 지역의 옛 명칭으로, 이 지도에서는 위원이 잘못 그렸다.

장성長城: 지금의 전라남도 장성군이다.

영광靈光: 지금의 전라남도 영광군이다.

무장茂長: 지금의 전라북도 고창 지역의 옛 명칭이다.

남평南平: 지금의 전라남도 나주 지역의 옛 명칭이다.

무안務安: 지금의 전라남도 무안군이다.

영암灵巖: 지금의 전라남도 영암군 영암읍이다.

우수右水: 조선 시대 전라남도 해남 지방에 두었던 전라 우수영이다.

해남海南: 지금의 전라남도 해남군이다.

강진康津: 지금의 전라남도 강진군이다.

흑산도黑山島: 지금의 전라남도 신안군 흑산도黑山島이다.

진도珎島: 지금의 전라남도 진도군 진도이다.

남도포南桃浦: 지금의 전라남도 진도군 임해면에 위치한 항구이다.

금이산金伊山: 지금의 전라남도 진도군 진도 남쪽에 위치하는 산이다.

제濟: 지금의 제주특별자치도이다.

한라산漢拏山: 지금의 제주특별자치도 한라산이다.

정의旌義: 지금의 제주특별자치도 서귀포시 표선면表善面이다.

대정大靜: 지금의 제주특별자치도 서귀포시 대정읍이다.

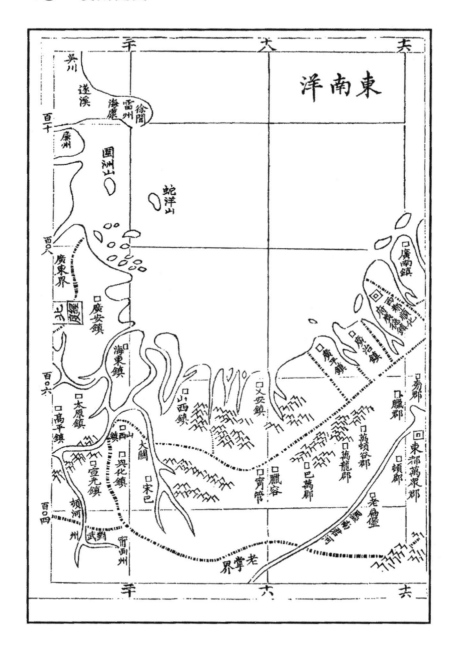

東南洋

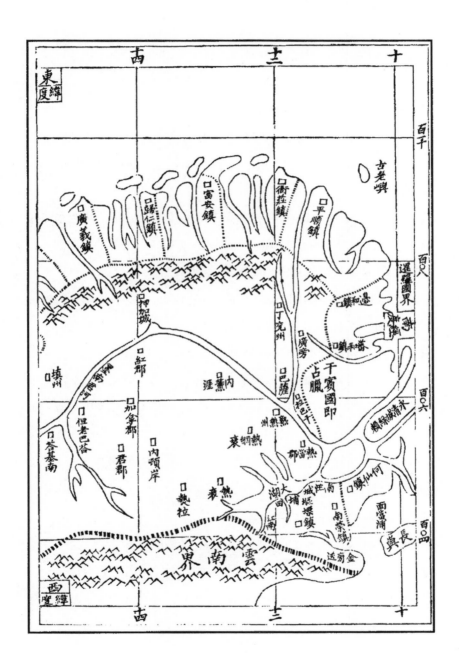

🐉 **안남 지도**

오천吳川: 지금의 광동성 서남부에 위치한 오천시이다.

서문徐聞: 지금의 광동성 담강시湛江市 서문현이다.

뇌주雷州: 지금의 광동성 뇌주시이다.

해강海康: 지금의 뇌주시 해강현이다.

고로서古老嶼: 지금의 베트남 빈투언하이Bình Thuận Hải에 있는 혼섬Cù Lao Hon이다.

평순진平順鎮: 지금의 베트남 투언하이주Thuận Hải 판리Phan Ly 서쪽 일대에 해당하는데, 당시에는 빈투언Bình Thuận이라 불렸다.

아장진衙莊鎮: 지금의 베트남 냐짱Nha Trang이다.

부안진富安鎮: 대략 지금의 베트남 푸카인성Phú Khánh 북반부에 해당하는데, 당시에는 푸옌Phú Yên이라 불렸다.

귀인진歸仁鎮: 지금의 베트남 꾸이년Quy Nhơn이다.

광의진廣義鎮: 지금의 베트남 응에빈성Nghệ Bình 꽝응아이Quảng Ngãi이다.

사양산蛇洋山: 『월민순시기략粤閩巡視紀略』에 따르면 사양산은 곧 소봉래小蓬萊이다.

위주산圍洲山: 명대에는 대봉래산이라 불렸으며, 지금의 광동성 수계현遂溪縣에 위치한다.

광주廣州: 지금의 광동성 광주이다.

광남진廣南鎮: 지금의 베트남 꽝남Quảng Nam 일대이다.

섬라국계暹羅國界: 지금의 태국 경계이다.

변화진邊和鎮: 지금의 비엔호아Biên Hòa로, 베트남 동나이성Đồng Nai의 행정 중심지이다.

번화진蕃和鎭: 피엔안Phiên An으로, 자딘Gia Định, 즉 지금의 호찌민시Hồ Chi Minh이다.

간빈국干賓國: 지금의 캄보디아Cambodia로, 점랍占臘이라고도 한다. '간빈干賓'은 캄보디아의 수도 프놈펜Phnom Penh의 음역이다.

광방廣旁: 지도상에는 표시되어 있으나, 현재 어떤 지역을 가리키는지는 미상이다.

정연주丁竞州: 지도상에는 표시되어 있으나, 현재 어떤 지역을 가리키는지는 미상이다

파살巴薩: 지금의 라오스 참파삭주Champassak 팍세Pakse를 가리킨다.

납파간拉巴干: 지금의 캄보디아 라타나키리주Ratanakiri를 가리킨다.

압가성押加城: 지금의 라오스 아타프Attapeu이다.

내훈애內薰涯: 지금의 라오스 살라완Salavan 일대로 추정된다.

홍군紅郡: 지금의 라오스 콩Khong으로 추정된다.

전주塡州: 지금의 라오스 시엥쿠앙Xieng Khouang으로, 큰 코끼리가 길을 막는다는 뜻이다.

묵남군하墨南君河: 지금의 메콩강Mekong River이다.

서도순화부西都順化府: 지금의 베트남 후에Huế이다.

광덕진廣德鎭: 꽝득Quảng Đức으로, 지금의 베트남 빈찌티엔성Binh Tri Thien 남부이다.

광평진廣平鎭: 꽝빈Quảng Bình으로, 지금의 베트남 빈찌티엔성 북부이다.

광치진廣治鎭: 지금의 베트남 빈찌티엔성 중부에 해당하는데, 당시에는 꽝찌Quảng Tri라 불렸다.

광안진廣安鎭: 지금의 베트남 꽝닌성Quảng Ninh에 위치하며, 당시에는 꽝옌Quảng Yên이라 불렸다.

광동계廣東界: 광동성 경계이다.

영청성永淸城: 지금의 베트남 호찌민시로, 당시에는 빈타인Vinh Thanh이라 불렸다.

녹뢰綠賴: 베트남의 쩔런Chợ Lớn, 사이공Saigon 일대로 지금의 호찌민시 이다.

하선진河仙鎭: 지금의 베트남 하띠엔Hà Tiên이다.

면당포面當浦: 서당포西當浦의 오기로, 지금의 캄보디아 시아누크주 림Ream 이다.

열당군熱當郡: 지금의 캄보디아 스퉁트렝Stung Treng이다.

숙열주熟熱州: 지도상에는 표시되어 있으나, 현재 어떤 지역을 가리키는 지는 미상이다.

열망쇠熱網衰: 지금의 캄보디아 프레아 비헤아르Preah Vihear이다.

열쇠熱衰: 야소다라푸라Yasodharapura로 대도시라는 뜻이다. 지금의 캄보디 아 앙코르Angkor이다.

열랍熱拉: 지금의 캄보디아 시엠레아프Siem Reap이다.

남영진南榮鎭: 지금의 캄보디아 수도 프놈펜이다.

남왕성南汪城: 지금의 캄보디아 프놈펜으로, 당시에는 남방Nam Vang이라 불렸다.

우표진堢㵼鎭: 캄보디아의 러브Love, Lovec이다.

대호大湖: 지금의 톤레사프호Tonle Sap이다.

포전埔田: 지금의 캄보디아 푸르사트Pursat이다.

강남江南: 지금의 캄보디아 캄퐁치낭Kampong Chhnang이다.

내돈안內頓岸: 지도상에는 표시되어 있으나, 현재 어떤 지역을 가리키는 지는 미상이다.

가나군加拿郡: 지도상에는 표시되어 있으나, 현재 어떤 지역을 가리키는
지는 미상이다.

단로파답但老巴答: 지도상에는 표시되어 있으나, 현재 어떤 지역을 가리키
는지는 미상이다.

군군君郡: 지금의 캄보디아 케옴크산Cheom Ksan이다.

답기남答基南: 지금의 라오스 무앙캄무안Muang Khammouan이다.

방군旁郡: 지금의 태국 우본라차타니Ubon Ratchathani, 즉 우본Ubon을 가리키
는 듯하다.

동도만중군東都萬衆郡: 지금의 라오스 수도 비엔티안Vientiane이다.

돈군頓郡: 지도상에는 표시되어 있으나, 현재 어떤 지역을 가리키는지는
미상이다.

납군臘郡: 지금의 태국 나콘라차시마Nakhon Ratchasima, 즉 코라트Khorat로 추
정된다.

만돈곡군萬頓谷郡: 지도상에는 표시되어 있으나, 현재 어떤 지역을 가리키
는지는 미상이다.

만룡군萬龍郡: 지도상에는 표시되어 있으나, 현재 어떤 지역을 가리키는
지는 미상이다.

파만군巴萬郡: 지도상에는 표시되어 있으나, 현재 어떤 지역을 가리키는
지는 미상이다.

예안진乂安鎭: 지금의 베트남 응에띤성Nghệ Tinh에 위치하며, 당시에는 응
에안Nghệ An이라 불렸다.

산서진山西鎭: 지금의 베트남 하선빈성Ha Sơn Binh 북부와 빈푸성Vinh Phu 일
대에 해당하며, 당시에는 선떠이Sơn Tây라 불렸다.

해동진海東鎭: 지금의 베트남 꽝닌성에 위치하며, 하이동Hai Đông이다.

태원진太原鎭: 지금의 베트남 타이응우옌Thái Nguyễn 일대이다.

고평진高平鎭: 지금의 베트남 까오방성Cao Bằng이다.

납용臘容: 지도상에는 표시되어 있으나, 현재 어떤 지역을 가리키는지는 미상이다.

영관審管: 지도상에는 표시되어 있으나, 현재 어떤 지역을 가리키는지는 미상이다.

대관大關: 지도상에는 표시되어 있으나, 현재 어떤 지역을 가리키는지는 미상이다.

송파宋巴: 지도상에는 표시되어 있으나, 현재 어떤 지역을 가리키는지는 미상이다.

홍화진興化鎭: 지금의 베트남 빈푸성 서부, 하선빈성 서부 및 선라성Sơn La, 호앙리엔선성Hóang Liên Sơn 일대에 해당한다. 당시에는 흐엉호아Hướng Hóa 라 불렸다.

선광진宣光鎭: 지금의 베트남 하뚜옌성Hà Tuyên 일대에 해당하며, 당시에는 뚜옌꽝Tuyên Quang이라 불렸다.

장서長嶼: 지금의 베트남 푸꾸옥섬Đào Phú Quốc이다.

금방송金旁送: 지금의 캄보디아 캄퐁손Kampong Son이다.

운남계雲南界: 운남성 경계이다.

노편보老扁堡: 지금의 라오스 루앙프라방Luang Prabang이다.

묵남군하墨南君河: 지금의 메콩강Mekong River이다.

노장계老掌界: 라오스 경계이다.

녕면주審面州: 지도상에는 표시되어 있으나, 현재 어떤 지역을 가리키는지는 미상이다.

대무주對武州: 지도상에는 표시되어 있으나, 현재 어떤 지역을 가리키는

지는 미상이다.

돈하頓河: 돈강Don River이다. 지금의 감강Sông Gâm으로 추정된다.

東南洋沿海各國圖

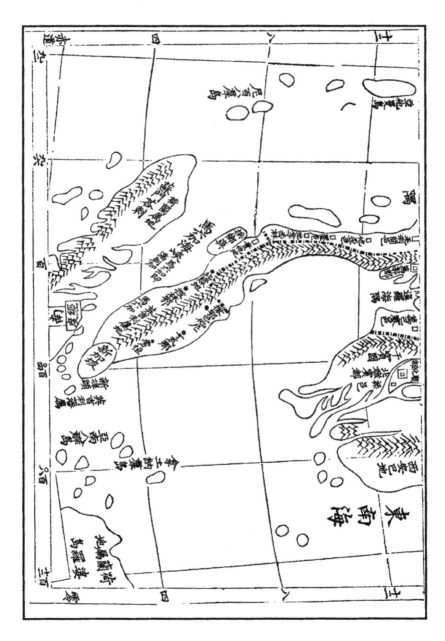

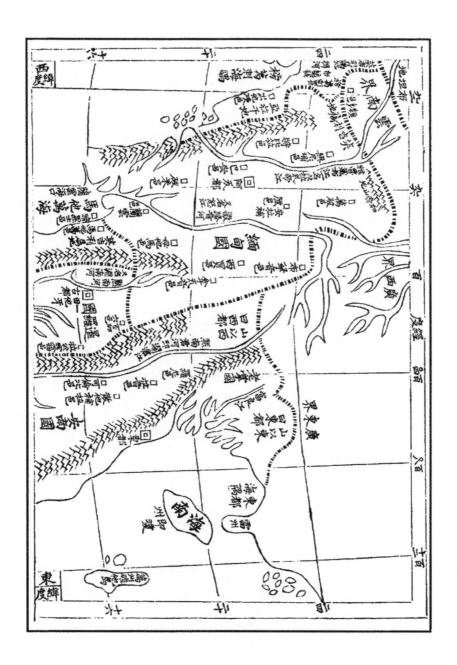

🐉 동남양 연안 각 나라 지도

운남계雲南界: 운남성 경계이다.

액다읍額多邑: 지도상에는 표시되어 있으나, 현재 어떤 지역을 가리키는 지는 미상이다.

가제산지加帝山地: 인도와 미얀마 변방에 있는 캄티Hkamti이다.

포탄지布坦地: 부탄Bhutan으로, 의미는 티베트의 끝이라는 뜻이다.

영길리속지英吉利屬地: 영국의 속지이다.

방갈랄계榜葛剌界: 벵골Bengal 경계이다.

포란보득하布蘭補得河: 지금의 브라마푸트라강Brahmaputra River이다.

광서계廣西界: 광서성 경계이다.

광동계廣東界: 광동성 경계이다.

만파읍萬破邑: 지금의 미얀마 바모Bhamo이다.

아로장포강雅魯藏布江: 일명 이랍와제강以拉瓦帝江으로, 지금의 이라와디강 Irrawaddy River이다. 이 지도에서는 중국의 아로장포강이 미얀마의 이리와 디강과 만나는 것으로 잘못 이해하고 있다.

무니포읍無尼埔邑: 지금의 인도 마니푸르주Manipur이다.

뇌주雷州: 지금의 광동성 뇌주시이다.

동도東都: 지금의 베트남 하노이Hà Nội를 가리킨다. 장산산맥長山山脈의 동 쪽에 위치해 동도라 불렸다. 이 지도에서는 위치가 잘못됐다.

동도해우東都海隅: 중국 해남성海南省과 베트남 북부 사이의 해역이다.

부량강富良江: 지금의 베트남 하노이 부근 홍강Hồng Hà의 주류인 푸르엉강 Sông Phú Lương을 가리킨다.

노장국老掌國: 지금의 라오스Laos이다.

서도西都: 지금의 베트남 타인호아Thanh Hóa이다. 장산산맥의 서쪽에 위치해 서도西都라 불렸다.

포나음읍布拏音邑: 지금의 태국 북단에 위치한 치앙라이Chiang Rai로, 만라이왕Mangrai이 건설한 창성성昌盛城이다.

서매읍西買邑: 지금의 태국 치앙마이Chiang Mai로, 당시에는 제미Zemee라 불렸다.

면전국緬甸國: 지금의 미얀마Myanmar이다.

안랍보랍읍安拉補臘邑: 지금의 미얀마 아마라푸라Amarapura이다.

살로음하撒路音河: 지금의 살윈강Salween River으로, 노강怒江이라고도 한다.

아와도阿瓦都: 아바Ava로, 지금의 미얀마 잉와Innwa이다.

파안읍巴安邑: 지금의 미얀마 파간Pagan이다.

영길리속지英吉利屬地: 영국의 속지이다.

특비랍읍特比拉邑: 지금의 인도 트리푸라주Tripura이다.

아랍간지阿拉干地: 지금의 미얀마 라카인주Rakhine의 옛 명칭으로, 아라칸Arakan이라 불렸다.

출타경읍出他硬邑: 지금의 방글라데시 치타공Chittagong이다.

방갈랄해우榜葛剌海隅: 지금의 벵골만Bay of Bengal이다.

만주애타도萬州礙他島: 지도상에는 표시되어 있으나, 현재 어떤 지역을 가리키는지는 미상이다.

해남海南: 지금의 해남성으로, 바로 경주瓊州이다.

동도東都: 지금의 베트남 하노이이다.

나니읍羅尼邑: 지금의 라오스 루앙프라방Luang Prabang이다.

납음읍拉音邑: 지금의 라오스 수도 비엔티안Vientiane으로 추정된다.

묵남군하黙南君河: 난창강瀾滄江이라고도 하며, 지금의 메콩강Mekong River이다.

나와음읍拿瓦音邑: 지금의 태국 북부 도시 람팡Lampang이다.

모타마읍母他馬邑: 지금의 미얀마 페가Pega이다.

난운읍蘭雲邑: 지금의 미얀마 양곤Yangon이다. 옛 명칭은 랑군Rangoon이다.

파미읍破米邑: 지금의 미얀마 프롬Prome이다.

백가류읍百加六邑: 지금의 태국 핏사눌록Phitsanulok이다.

가륜비읍可倫比邑: 지금의 태국 콩치암Khong chiam으로, 당시에는 꺼룬비 Columpi라 불렸다.

산타보랍읍散他補拉邑: 지도상에는 표시되어 있으나, 현재 어떤 지역을 가 리키는지는 미상이다.

섬라국暹羅國: 지금의 태국이다.

마타만읍馬他萬邑: 지금의 미얀마 모타마Mottama로, 옛 명칭은 마르타반 Martaban이다. 당시에는 영국 속지였다.

암흑사읍暗黑士邑: 지금의 미얀마 짜익까미Kyaikkami로, 옛 명칭은 애머스 트Amherst이다.

마타만해우馬他萬海隅: 지금의 마르타반만Gulf of Martaban이다.

난운해구蘭雲海口: 지금의 미얀마 양곤강Yangon Myit이다.

안남국安南國: 지금의 베트남Vietnam이다.

전타아고도田他牙古都: 지금의 태국 아유타야Ayuthaya이다.

납공새서읍拉公塞西邑: 지금의 태국 나콘라차시마Nakhon Ratchasima로, 지금 의 명칭은 코라트Khorat이다.

동남해東南海: 남중국해South China Sea이다.

서안西安: 지금의 베트남 호찌민시로, 당시에는 사이공Saigon으로 불렸다.

파지巴地: 지금의 베트남 바리아Bà Rịa이다.

순화도順化都: 지금의 베트남 후에Huế이다.

간빈국干賓國: 지금의 캄보디아이다.

녹읍祿邑: 녹내祿奈로, 쩔런Chợ Lớn 일대를 가리키며, 지금의 베트남 호찌민시이다.

북눈빈도北嫩賓都: 백양분百囊奔이라고도 하며, 지금의 캄보디아 수도 프놈펜Phnom Penh이다.

만파새읍萬巴賽邑: 지금의 태국 촌부리Chonburi로, 만불세萬佛歲이다.

섬라해우暹羅海隅: 지금의 타이만Gulf of Thailand으로, 시암만Gulf of Siam이다.

아타만도亞他曼島: 지금의 인도 안다만제도Andaman Islands이다.

만곽도萬郭都: 지금의 태국 수도 방콕Bangkok이다.

모리간읍毛利間邑: 지금의 미얀마 몰먀잉Mawlamyine으로, 옛 명칭은 모울메인Moulmein이다.

타왜읍他歪邑: 지금의 미얀마 다웨이Dawei로, 옛 명칭은 타보이Tavoy이다.

묵위墨危: 지금의 미얀마 메익Myeik으로, 옛 명칭은 메르귀Mergui이다.

지나실림地拏悉林: 지금의 미얀마 타닌타리Tanintharyi로, 옛 명칭은 테나세림Tenasserim이다.

니백팔군도尼百八羣島: 지금의 인도 니코바르제도Nicobar Islands이다.

귀타지貴他地: 지금의 말레이시아 크다주Kedah이다.

빈랑서檳榔嶼: 지금의 말레이시아 피낭섬Pulau Pinang이다.

마륙가馬六加: 만랄가滿剌加라고도 하며, 지금의 말레이시아 믈라카주Melaka이다. 당시에는 영국의 속지였다.

마륙가해협馬六加海峽: 지금의 믈라카해협Strait of Malacca이다.

북랍지北臘地: 지금의 말레이시아 페락주Perak이다.

살림악撒林鄂: 지금의 말레이시아 슬랑오르주Selangor이다.

나사납군도拿士納羣島: 지금의 인도네시아 나투나제도Kepulauan Natuna이다.

신가파新加坡: 싱가포르와 말레이반도 사이에 조호르해협Johor Strait(또는 Selat Tebrau라고도 함)이 있는데, 위원은 조호르해협을 지도에 그리지 않았다.

신부두新埠頭: 영국의 속지로, 지금의 싱가포르Singapore이다.

아남팔군도亞南八群島: 지금의 인도네시아 아남바스제도Kepulauan Anambas 이다.

살악撒鄂: 지금의 태국 송클라Songkhla이다.

파타니巴他尼: 지금의 태국 빠따니Pattani이다.

정와나丁瓦那: 지금의 말레이시아 트렝가누주Terengganu이다.

방항旁恒: 지금의 말레이시아 파항주Pahang이다.

소문답랄蘇門答剌: 네덜란드의 속지로, 지금의 인도네시아 수마트라섬 Pulau Sumatra이다.

바라도婆羅島: 네덜란드의 속지로, 지금의 칼리만탄섬Pulau Kalimantan이다. 보르네오섬Pulau Borneo이라고도 불린다.

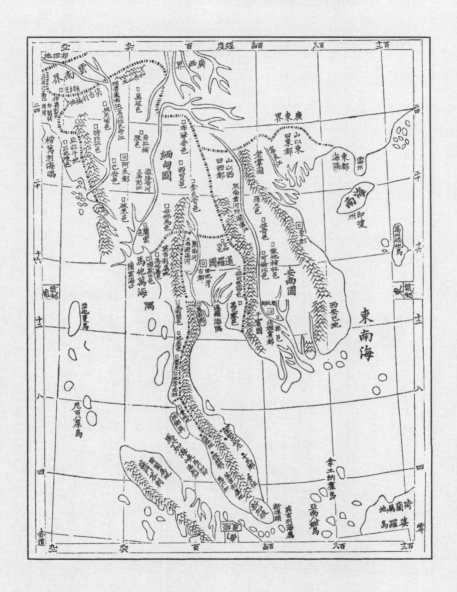

中南兩印度國合圖

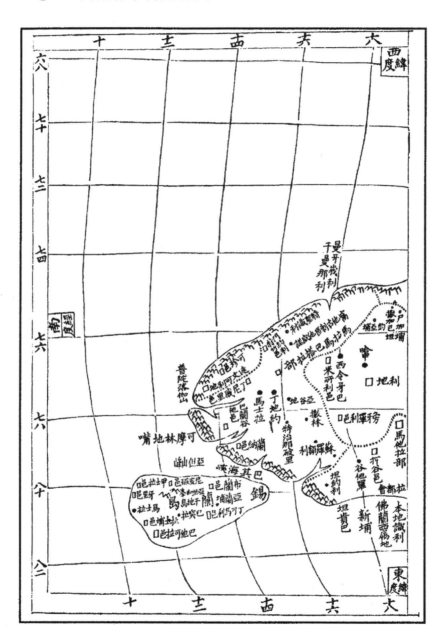

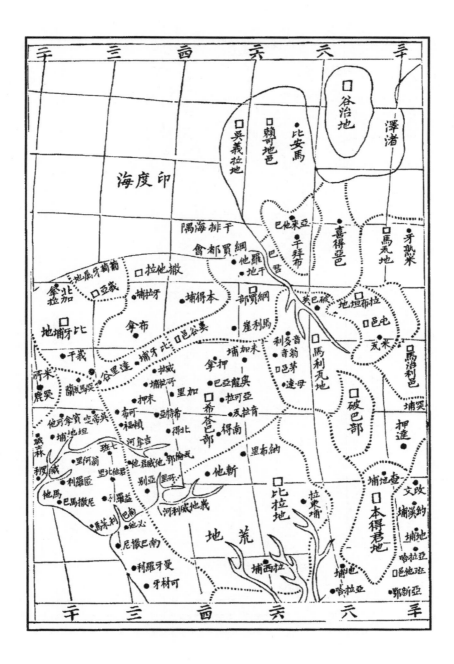

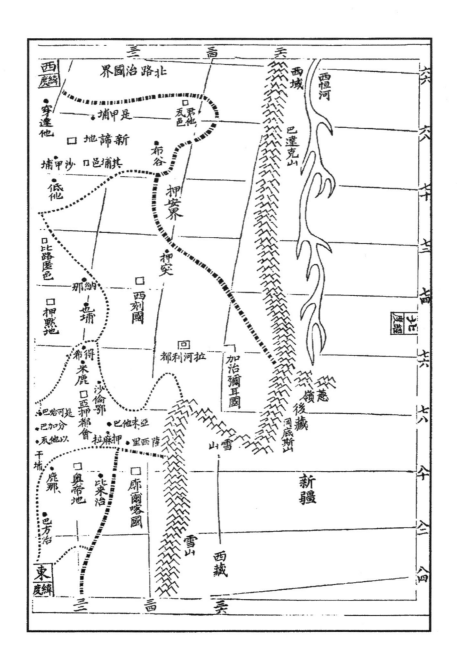

🐉 중인도·남인도 지도

서항하西恒河: 지금의 인더스강Indus River이다.

서역西域: 중국에서 한대漢代 이후로 옥문관玉門關과 양관陽關 서쪽의 여러 나라를 일컫던 역사적 용어이다.

북로치국계北路治國界: 파키스탄 발루치스탄Baluchistan의 경계이다.

곡치지谷治地: 파키스탄과 인도에 걸쳐 있는 지금의 쿠치습지Rann of Kutch 이다. 잡기란은卡奇蘭恩이라고도 한다.

군타와읍君他瓦邑: 지금의 파키스탄 카치Kach이다.

시갑포是甲埔: 지금의 파키스탄 시카르푸르Shikarpur이다.

파달극산巴達克山: 지금의 아프가니스탄 바다흐샨Badakhshān이다.

포곡布谷: 지금의 파키스탄 바카르Bhakkar이다.

기포읍其埔邑: 지금의 파키스탄 카이르푸르Khairpur이다.

사갑포沙甲埔: 사구르Shahghur로, 지금의 인도 사가르Sagar이다.

천달타穿達他: 지금의 파키스탄 타타Thatta이다.

신체지新諦地: 지금의 파키스탄 신드주Sind이다.

택저澤渚: 순다르반스Sundarbans로, 맹그로브숲 습지라는 의미이다. 인도 와 방글라데시에 걸쳐 있다.

뢰가지읍賴可地邑: 지금의 인도 라지코트Rajkot이다.

비안마比安馬: 지금의 인도 비람감Viramgam이다.

오의랍지吳義拉地: 지금의 인도 암렐리Amreli이다.

압안계押安界: 아프가니스탄Afghanistan 경계이다.

저지低地: 란Rann으로, 습지라는 의미이다.

인도해印度海: 지금의 아라비아해Arabian Sea이다.

압돌押突: 지금의 파키스탄 아톡Attock이다.

비로닉색比路匿色: 지금의 인도 비카네르Bikaner이다.

아숙미牙熟米: 지금의 인도 자이살메르Jaisalmer이다.

마와지馬瓦地: 지금의 인도 말와Malwa이다.

회득아파喜得亞巴: 지금의 인도 하이데라바드Hyderabad이다.

아래타파亞來他巴: 지금의 인도 아마다바드Ahmadabad이다.

간배포干拜布: 지금의 인도 캄바트Khambhat이다.

간배해우干排海隅: 지금의 캄바트만Gulf of Khambhat이다.

망매도회網買都會: 지금의 인도 뭄바이Mumbai이다.

파라타巴羅他: 지금의 인도 바도다라Vadodara이다.

군간지君干地: 지금의 인도 캄가온Khamgaon이다.

서각국西刻國: 인도 북부에 위치했던 시크 왕국Sikh Empire을 가리킨다.

야포也埔: 지금의 인도 자이푸르Jaipur이다.

납나納那: 지금의 인도 날나울Narnaul이다.

압묵지押黙地: 지금의 인도 아지메르Ajmer이다.

랍포탄지拉布坦地: 라자푸타나Rajapootana로, 지금의 인도 라자스탄주Rajasthan
이다.

둔읍屯邑: 지금의 인도 통크Tonk이다.

파파영破巴英: 지금의 인도 보팔Bhopal이다.

망매부網買部: 지금의 인도 뭄바이이다.

마리애馬利崖: 지금의 인도 말레가온Malegaon이다.

본득포本得埔: 지금의 인도 판다르푸르Pandharpur이다.

아랍포牙拉埔: 지금의 인도 콜라푸르Kolhapur이다.

포나布拿: 푸나Poona로, 지금의 인도 푸네Pune이다.

살타랍撒他拉: 지금의 인도 사타라Satara이다.

아아莪亞: 포르투갈의 속지로, 지금의 인도 고아Goa이다.

북가나랍北加拿拉: 지금의 인도 우타라칸나다Uttara Kannada 지구이다.

비아포지比牙埔地: 지금의 인도 비자푸르Bijapur 지구이다.

총령葱嶺: 지금의 파미르고원Pamir Plateau이다.

가치미이국加治彌耳國: 지금의 카슈미르Kashmir이다.

랍하리도拉河利都: 지금의 파키스탄 라호르Lahore이다.

사륜악沙倫鄂: 지금의 인도 사하란푸르Saharanpur이다.

득희得希: 지금의 인도 델리Delhi이다.

미록米鹿: 지금의 인도 메루트Meerut이다.

마치리읍馬治利邑: 지도상에는 표시되어 있으나, 현재 어떤 지역을 가리키는지는 미상이다.

아압도회亞押都會: 지금의 인도 아그라Agra이다.

미와米瓦: 지금의 인도 베아와르Beawar이다.

마리와지馬利瓦地: 지금의 인도 말와 지구이다.

음다리音多利: 지금의 인도 인도르Indore이다.

옹음翁音: 지금의 인도 우자인Ujjain이다.

모읍茅邑: 지금의 인도 마우Mhow이다.

모달母達: 지도상에는 표시되어 있으나, 현재 어떤 지역을 가리키는지는 미상이다.

미가포未加埔: 지금의 인도 부란푸르Burhanpur이다.

압나押拿: 지금의 인도 잘나Jalna이다.

오룡아파奧龍亞巴: 지금의 인도 아우랑가바드Aurangabad이다.

아가랍亞可拉: 지금의 인도 아콜라Akola이다.

음랍와音拉瓦: 지금의 인도 암라바티Amravati이다.

가리加里: 지금의 인도 굴바르가Gulbarga이다.

소랍포所拉埔: 지금의 인도 숄라푸르Sholapur이다.

위랍威拉: 지도상에는 표시되어 있으나, 현재 어떤 지역을 가리키는지는 미상이다.

말압末押: 지금의 인도 미라지Miraj이다.

아간犹干: 지금의 인도 고칸Gokarn으로 추정된다.

달리곡達里谷: 지금의 인도 탈리코티Talikoti이다.

비아포比牙埔: 지금의 인도 비자푸르Bijapur이다.

누곡읍婁谷邑: 지금의 인도 아칼코트Akkalkot이다.

돌마와란突馬瓦蘭: 지금의 인도 다르마바람Dharmavaram이다.

후장後藏: 티베트의 시가체Shigatse 지구를 가리킨다. 티베트는 라사Lhasa 지구인 전장前藏과 가르토크Gartok 지구인 아리阿里와 함께 세 지역으로 구분됐다.

강저사산岡底斯山: 카일라스산Kailas Mountain이다.

설산雪山: 지금의 히말라야산맥Himalaya Mountains이다.

아말타파亞末他巴: 지금의 인도 모라다바드Moradabad이다.

살서리薩西里: 지도상에는 표시되어 있으나, 현재 어떤 지역을 가리키는 지는 미상이다.

압마랍押麻拉: 지금의 인도 알모라Almora이다.

시가합파是可哈巴: 지금의 인도 우타르프라데시주Uttar Pradesh 시코하바드 Shikohabad이다.

분가파分加巴: 지금의 인도 우타르프라데시주 파테하바드Fatehabad이다.

이타와以他瓦: 지금의 인도 에타와Etawah이다.

간포干埔: 개문改文이라고도 하며, 지금의 인도 칸푸르Kanpur이다.

돌포突埔: 지금의 인도 라자스탄주 돌푸르Dholpur이다.

압달押達: 지금의 인도 코타Kota이다.

파파부破巴部: 지금의 인도 보팔이다.

납포리納布里: 지금의 인도 나그푸르Nagpur이다.

참타斬他: 찬다Chanda로, 지금의 인도 찬드라푸르Chandrapur이다.

남득南得: 지금의 인도 난데드Nanded이다.

희답파부希答巴部: 지금의 인도 하이데라바드 지구이다.

가포可布: 지금의 인도 코팔Koppal이다.

희특아希特亞: 지금의 하이데라바드로 추정된다.

뢰복賴福: 지금의 인도 라이추르Raichur이다.

길나하吉拿河: 지금의 인도 크리슈나강Krishna River이다.

북득北得: 지금의 인도 비다르Bidar이다.

와륜악瓦倫鄂: 지금의 인도 와랑갈Warangal이다.

소리아별所里亞別: 지금의 인도 수리아페트Suryapet이다.

타위군타他威君他: 지금의 인도 데바라콘다Devarakonda이다.

칠반七班: 지도상에는 표시되어 있으나, 현재 어떤 지역을 가리키는지는
미상이다.

오제돌吳帝突: 지도상에는 표시되어 있으나, 현재 어떤 지역을 가리키는
지는 미상이다.

빈나가타賓拿可他: 지금의 인도 페누콘다Penukonda이다.

탄지포坦地埔: 지금의 인도 힌두푸르Hindupur이다.

닉라리匿羅利: 지금의 인도 넬로르Nellore이다.

군타북리君他北里: 지금의 인도 콘다팔리Kondapalli이다.

옹아리翁阿里: 지금의 인도 옹골Ongole이다.

직사림職士林: 직사이職士爾의 오기로, 지금의 인도 치투르Chittoor이다.

위라리威罗利: 지금의 인도 벨로르Vellore이다.

신강新疆: 지금의 중국 신강 위구르 자치구이다.

곽이객국廓爾喀國: 구르카Gurkha로, 지금의 네팔Nepal이다.

비래치比來治: 지금의 인도 바흐라이치Bahraich이다.

오제지奧帝地: 아바드Awadh로, 아우드Oudh라고도 하며, 지금의 인도 우타르프라데시주 북부에 위치한다.

록나鹿那: 지금의 인도 러크나우Lucknow이다.

파방치巴方治: 바레일리Bareiliy로, 지금의 인도 라에바레일리Rae Bareli이다.

개문改文: 지금의 인도 칸푸르Kanpur이다.

약한포約漢埔: 지금의 인도 자운푸르Jaunpur이다.

지포地埔: 가지푸르Ghazipur 동남쪽에 위치했던 것으로 추정된다. 지금의 레오티푸르Reotipur로, 인도 우타르프라데시주 남부에 위치한다. 본 지도에서는 '본득군지本得君地' 동남쪽과 서남쪽에 각각 하나의 지포地埔가 있다.

사지포查地埔: 지금의 인도 차타르푸르Chatarpur이다.

본득군지本得君地: 지금의 인도 알라하바드Allahabad 지구를 가리키며 알라신의 지역이라는 뜻이다.

비랍지比拉地: 지금의 인도 베라르Berar 지구이다.

납동포拉東埔: 비랍서포比拉西埔의 오기로, 지금의 인도 빌라스푸르Bilaspur이다.

아타위리하峨他威里河: 지금의 인도 고다바리강Godavari River이다.

필타必他: 지금의 인도 피타푸람Pithapuram이다.

남파살니南巴撒尼: 지금의 인도 비샤카파트남Vishākhapatnam이다.

남파리화마南巴利茉馬: 마소리파남馬蘇利巴南의 오기로, 지금의 인도 마실리파트남Machilipatnam이다.

익라리益羅利: 엘로르Ellore로, 지금의 인도 엘루루Eluru이다.

니살마파尼撒馬巴: 베자야와다Bezawada로, 지금의 인도 비자야와다Vijayawada이다.

서장西藏: 지금의 티베트Tibet이다.

아랍합亞拉哈: 지금의 인도 알라하바드성이다. 본 지도에서는 '본득군지' 동남쪽과 서남쪽에 각각 하나의 아랍합이 있다.

반타읍班他邑: 지금의 인도 반다Banda이다.

아신악亞新鄂: 아짐구르Azimghur로, 지금의 인도 아잠가르Azamgarh이다.

랍서포拉西埔: 지금의 인도의 라이푸르Raipur이다.

황지荒地: 황무지이다.

가림아可林牙: 지금의 인도 카링가파트남Kalingapatnam이다.

만아아리曼牙峨利: 간만나리干曼那利라고도 하며, 지금의 인도 망갈루루Mangaluru이다.

시가포尸加埔: 지도상에는 표시되어 있으나, 현재 어떤 지역을 가리키는지는 미상이다.

살가파탄撒加巴坦: 지도상에는 표시되어 있으나, 현재 어떤 지역을 가리키는지는 미상이다.

약아포約亞埔: 지도상에는 표시되어 있으나, 현재 어떤 지역을 가리키는지는 미상이다.

마랍마파탑랍부馬拉馬巴塔拉部: 지금의 인도 말라바르Malabar 지구이다.

서령아파西令牙巴: 지금의 인도 스리랑가파트남Srirangapatnam이다.

미소리읍米所利邑: 지금의 인도 마이소르Mysore이다.

방아라리읍旁牙羅利邑: 지금의 인도 벵갈루루Bengaluru이다.

리지利地: 지도상에는 표시되어 있으나, 현재 어떤 지역을 가리키는지는 미상이다.

합갑哈甲: 지금의 인도 하산Hassan이다.

특성식리特聖識利: 지금의 인도 탈라세리Thalassery이다.

와타고랄닉타위락窩他古剌匿他威諾: 지도상에는 표시되어 있으나, 현재 어떤 지역을 가리키는지는 미상이다.

이특죽읍利特竹邑: 지금의 인도 트리추르Trichur이다.

문약門約: 지금의 인도 폰나니Ponnani이다.

가진읍可珍邑: 지금의 인도 코친Cochin이다.

달문가리지達文可利地: 지금의 인도 트라방코르Travancore이다.

정니위리읍丁尼威里邑: 티네벨리Tinnevelly로, 지금의 인도 티루넬벨리Tirunelveli이다.

보타락가산普陀落伽山: 지금의 인도 서고츠산맥Western Ghats 남단의 파파나삼산Papanasam이다.

아곡지亞谷地: 지금의 인도 아야쿠디Ayakudi이다.

정지약丁地約: 지금의 인도 딘디굴Dindigul이다.

마사랍馬士拉: 지금의 인도 마두라이Madurai이다.

파란곡타읍巴蘭谷他邑: 팔레므코타Pallemcotta로, 지금의 인도 팔라얌코타이Palayamkottai이다.

마타랍부馬他拉部: 지금의 인도 마드라스Madras 지구이다.

마타랍도회馬他拉都會: 지금의 인도 마드라스이다.

압곡읍押谷邑: 지금의 인도 아르코트Arcot이다.

탄약리坦約利: 탄조르Tanjore로, 지금의 인도 탄자부르Thanjavur이다.

곡타라谷他羅: 쿠다루르Kudalur로, 지금의 인도 쿠달로르Cuddalore이다.

살림撒林: 지금의 인도 살렘Salem이다.

소라액리蘇羅額利: 지금의 인도 스리랑감Srirangam이다.

특치나파리特治那破里: 트리치노폴리Tirchnopoly로, 지금의 인도 티루치치라팔리Tiruchchirappalli이다.

란납읍蘭納邑: 람나드Ramnad로, 지금의 인도 라마나타푸람Ramanathapuram이다.

가마림지취可摩林地嘴: 지금의 인도 코모린곶Cape Comorin이다.

아단산봉亞但山峰: 인도 남동 해안 앞바다의 라메스와람섬과 스리랑카 북서부의 마나르섬 사이에 늘어서 있는 모래톱으로, 애덤스브리지Adam's Bridge이다.

파기해협巴其海峽: 지금의 팔크해협Palk Strait이다.

본지식리本地識利: 지금의 인도 푸두체리Puducherry의 중심지 퐁디셰리Pondicherry이다.

불란서속지佛蘭西屬地: 프랑스의 속지이다.

신포新埔: 포르토노보Porto Novo로, 지금의 인도 파랑기펫타이Parangipettai이다.

탄귀읍坦貴邑: 지금의 인도 타랑감바디Tharangambadi이다.

석란도錫蘭島: 실론Ceylon으로, 지금의 스리랑카Sri Lanka이다.

포란읍布蘭邑: 지금의 스리랑카 푸탈람Puttalam이다.

아란포亞蘭埔: 지금의 스리랑카 아누라다푸라Anuradhapura이다.

정가마리읍丁可馬利邑: 지금의 스리랑카 트링코말리Trincomalee이다.

아탄산봉亞坦山峯: 지금의 스리랑카 애덤스산Adam's Peak이다.

니안파읍尼安破邑: 지금의 스리랑카 네곰보Negombo이다.

간지도干地島: 지금의 스리랑카 캔디Kandy이다.

파돌랍巴突拉: 지금의 스리랑카 바둘라Badulla이다.

갑사랍읍甲士拉邑: 카투라Catura로, 지금의 스리랑카 칼루타라Kalutara이다.

아리읍牙里邑: 지금의 스리랑카 갈레Galle이다.

파타가랍읍巴他可拉邑: 바티카로Baticalo로, 지금의 스리랑카 바티칼로아 Batticaloa이다.

랍사포읍拉士埔邑: 지금의 스리랑카 라트나푸라Ratnapura이다.

마사랍馬士拉: 마대랍馬大拉의 오기로, 지금의 스리랑카 마타라Matara이다.

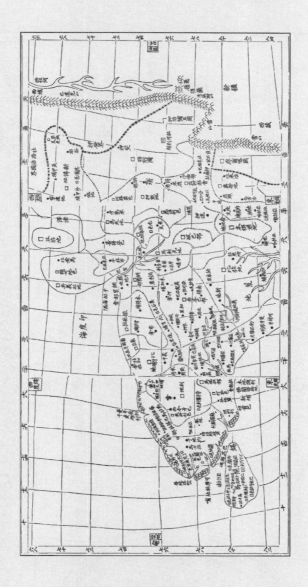

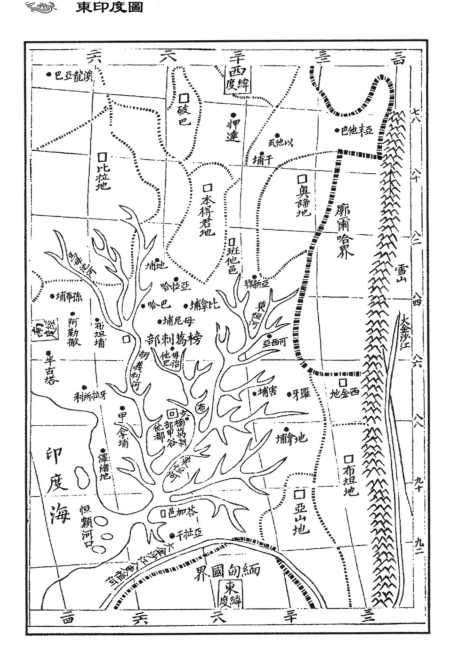

오룡아파澳龍亞巴: 지금의 인도 아우랑가바드Aurangabad이다.

아말타파亞末他巴: 지금의 인도 모라다바드Moradabad이다.

이타와以他瓦: 지금의 인도 에타와Etawah이다.

간포干埔: 개문改文이라고도 하며 지금의 인도 칸푸르Kanpur이다.

압달押達: 지금의 인도 코타Kota이다.

파파破巴: 지금의 인도 보팔Bhopal이다.

곽이합계廓爾哈界: 구르카Gurkha 경계이다. 구르카는 지금의 네팔Nepal이다.

오체지奧諦地: 아바드Awadh로, 아우드Oudh라고도 하며, 지금의 인도 우타르프라데시주Uttar Pradesh 북부에 위치한다.

본득군지本得君地: 지금의 인도 알라하바드Allahabad 지구를 가리키며 알라신의 지역이라는 뜻이다.

비랍지比拉地: 지금의 인도 베라르Berar 지구이다.

반타읍班他邑: 지금의 인도 우타르프라데시주 반다Banda이다.

설산雪山: 지금의 히말라야산맥Himalaya Mountains이다.

아랍합亞拉哈: 지금의 인도 알라하바드이다.

아신악亞新鄂: 아짐구르Azimghur로, 지금의 인도 아잠가르Azamgarh이다.

지포地埔: 가지푸르Ghazipur 동남쪽에 위치했던 것으로 추정된다. 지금의 레오티푸르Reotipur로, 인도 우타르프라데시주 남부에 위치한다.

마모지하馬母池河: 지금의 마하나디강Mahanadi River이다.

대금사강大金沙江: 지금의 이라와디강Irrawaddy River이다.

가서아可西亞: 지금의 인도 카티하르Katihar로 추정된다.

동항하東恒河: 안일득하安日得河, 안치시하安治市河, 감치신하澉治新河라고도 하며 지금의 갠지스강Ganges River이다.

비나포比拿埔: 지금의 인도 다나푸르Danapur이다.

파합巴哈: 바하르Bahar로, 지금의 인도 비하르Bihar이다.

모니포母尼埔: 인도 북동부에 위치한 마니푸르로 추정된다.

방갈랄부榜葛剌部: 벵골Bengal로, 지금의 방글라데시Bangladesh와 인도 서벵골주West Bengal 일대를 말한다.

포탄포布坦埔: 푸담푸르Puddampoor로, 지금의 인도 바담파하르Badampahar이다.

손포포孫布埔: 지금의 인도 삼발푸르Sambalpur이다.

아륵살阿勒撒: 지금의 인도 오디샤Odisha 하일랜드Highland 일대를 가리킨다.

서김지西金地: 지금의 인도 시킴Sikkim이다.

라아羅牙: 지금의 인도 랄간지Lalganj이다.

해포害埔: 지금의 인도 하지푸르Hajipur이다.

포문布文: 지금의 인도 바르다만Barddhaman이다.

모치타파母治他巴: 무셰다바드Mooshedabad로, 지금의 인도 잠셰드푸르Jamshedpur이다.

호의리하胡義利河: 지금의 후글리강Hooghly River이다.

아랍소리牙拉所利: 지금의 인도 발라소르Balasore이다.

반고탑半古塔: 지금의 인도 쿠타크Cuttack이다.

포탄지布坦地: 지금의 부탄Bhutan으로 티베트의 끝이라는 뜻이다.

지나포地拿埔: 지금의 방글라데시 디나지푸르Dinajpur이다.

방갈랄부갑곡타도榜葛剌部甲谷他都: 지금의 인도 서벵골주 콜카타Kolkata이다.

갑나포甲拿埔: 지금의 인도 카라그푸르Kharagpur이다.

택저지澤渚地: 순다르반스Sundarbans로, 맹그로브숲 습지라는 의미이다. 인도와 방글라데시에 걸쳐 있다.

아산지亞山地: 지금의 인도 아삼주Assam이다.

동항하東恒河: 지금의 갠지스강이다.

답가읍答加邑: 지금의 방글라데시 수도 다카Dacca이다.

아랍간亞拉干: 지금의 미얀마 라카인주Rakhine의 옛 명칭으로, 아라칸Arakan
이라 불렸다.

항액하구恒額河口: 갠지스강 입구이다.

인도해印度海: 지금의 인도양이다.

면전국계緬甸國界: 지금의 미얀마Myanmar 경계이다.

대금사강입동항하大金沙江入東恒河: 이라와디강은 갠지스강으로 들어간다.
위원은 이라와디강이 갠지스강으로 흘러 들어간다고 여겼으나 사실은
안다만해Andaman Sea로 유입된다.

五印度國圖

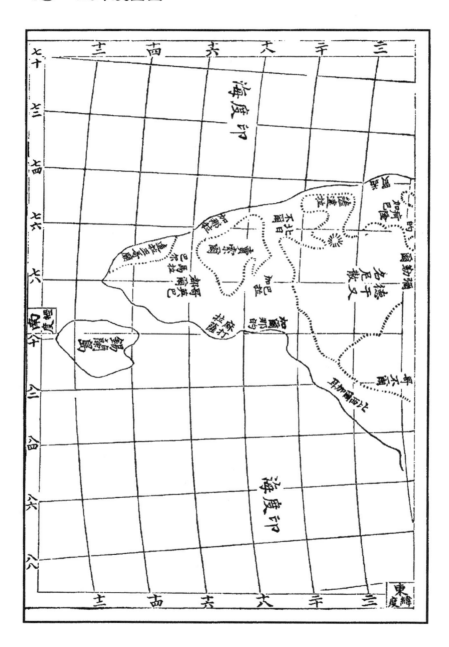

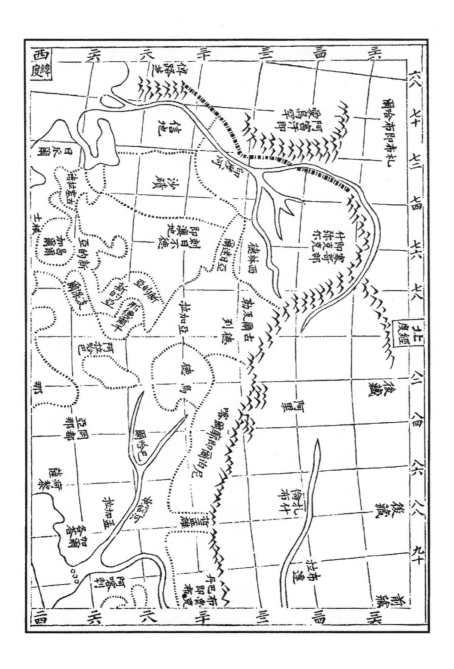

전장前藏: 지금의 티베트 라사Lhasa와 산남山南 지역을 가리킨다.

후장後藏: 지금의 티베트 시가체Shigatse 지구를 가리킨다.

찰포札布: 포합이布哈爾이라고도 하며, 지금의 우즈베키스탄 부하라Bukhara 이다.

색가부塞哥部: 극극십미이克克什弥尔라고도 하며, 시크Sikh이다. 지금의 인도 카슈미르Kashmir 지구이다.

포달랍布達拉: 지금의 티베트 포탈라Potala이다.

찰십륜포扎什倫布: 지금의 티베트 타쉬룬포Tashilhunpo이다.

아리阿里: 청대 티베트의 가르토크Gartok 지구를 가리킨다.

아부한阿富汗: 애오한愛鳥罕이라고도 하며, 지금의 아프가니스탄Afghanistan 이다.

고이와륵古爾瓦勒: 지금의 인도 가르왈Garhwal 지구이다.

서림덕西林德: 지금의 인도 시르힌드Sirhind 지구이다.

포로극파布魯克巴: 포단布丹이라고도 하며 지금의 부탄Bhutan이다. 티베트 의 끝이라는 뜻이다.

니박이尼泊爾: 곽이객廓爾喀이라고도 하며 구르카로, 지금의 네팔Nepal이다.

덕례德列: 지금의 인도 델리Delhi이다.

아일미이亞日迷爾: 지금의 인도 아지메르Ajmer이다.

인도하印度河: 서항하西恒河라고도 하며, 지금의 인더스강Indus River이다.

철맹웅哲孟雄: 지금의 인도 시킴Sikkim이다.

아가랍亞加拉: 지금의 인도 아그라Agra이다.

오덕烏德: 지금의 인도 아바드Awadh 지구이다. 아우드Oudh라고도 한다.

랄일불덕剌日不德: 지금의 인도 라자스탄주Rajasthan이다.

오지澳地: 지금의 인도 라자스탄주 우다이푸르Udaipur이다.

사적沙磧: 사막이다.

신지信地: 신디Sindy로, 지금의 파키스탄 신드주Sind이다.

비로지俾路芝: 지금의 파키스탄 발루치스탄Baluchistan이다.

신적아新的亞: 지금의 인도 신디아Scindia 지구이다.

파합이巴哈爾: 바하르Bahar로, 지금의 인도 비하르Bihar 지구이다.

안액하安額河: 지금의 갠지스강Ganges River이다.

아객랄阿喀剌: 지금의 미얀마 라카인Rakhine이다. 옛 명칭은 아라칸Arakan
이다.

맹가랍孟加拉: 벵골Bengal로, 지금의 방글라데시Bangladesh와 인도 서벵골주
West Bengal이다.

아랍합파阿拉哈巴: 지금의 인도 알라하바드Allahabad 지구이다.

파보이波保爾: 지금의 인도 보팔Bhopal이다.

나덕이간那德爾干: 방덕이간邦德爾干으로 써야 한다. 지금의 인도 마디아프
라데시주Madhya Pradesh 북부에 위치하는 분델칸드Bundelkhand이다.

가이각답加爾各荅: 지금의 인도 콜카타Kolkata이다.

아려살痾黎薩: 지금의 인도 오디샤주Odisha이다.

강도아나岡都亞那: 인도의 역사적 지명인 곤드와나Gondwana 지구이다.

고새랍덕古塞拉德: 지금의 인도 구자라트주Gujarat이다.

갈이가이葛爾加爾: 지금의 인도 홀카르Holkar 지구이다.

일조이日爪爾: 지금의 인도 주나구르Junaghur이다.

근적사根的士: 지금의 인도 칸데시Khandesh 지구이다.

나가불이那哥不爾: 지금의 인도 나그푸르Nagpur이다.

비서이가이比西爾加耳: 인도 북부 시르카르스Northern Circars 지구로, 지금의 인도 안드라프라데시주Andhra Pradesh와 오디샤주 일대이다.

미륵이彌勒爾: 지금의 인도 베라르Berar 지구이다.

덕간德干: 니산尼散이라고도 하며, 지금의 인도 데칸Deccan 지구이다.

아륭가파痾隆加巴: 지금의 인도 아우랑가바드Aurangabad 지구이다.

맹매孟買: 지금의 인도 뭄바이Mumbai이다.

살달랍薩達拉: 지금의 인도 사타라Satara이다.

북일불이北日不爾: 지금의 인도 비자푸르Bijapur이다.

파랍가巴拉加: 지금의 인도 발라가트Balaghaut 지구이다.

가이나적加爾那的: 지금의 인도 카르나티크Carnatic 지구이다.

인도해印度海: 지금의 아라비아해 동부 및 벵골만을 가리킨다.

마타랍살麻打拉薩: 지금의 인도 마드라스Madras이다.

매색이賣索爾: 지금의 인도 마이소르Mysore 지구이다.

가나랍加那拉: 지금의 인도 카나라Kanara 지구이다.

마랍파이馬拉巴尔: 지금의 인도 말라바르Malabar 지구이다.

가영파도이哥英巴都爾: 지금의 인도 코임바토르Coimbatore이다.

달랍왕가묘達拉王哥廟: 인도 서남부의 트라방코르Travancore 지구이다. 행운의 여신이 거주하는 곳이라는 뜻이다.

석란도錫蘭島: 지금의 스리랑카Sri Lanka이다.

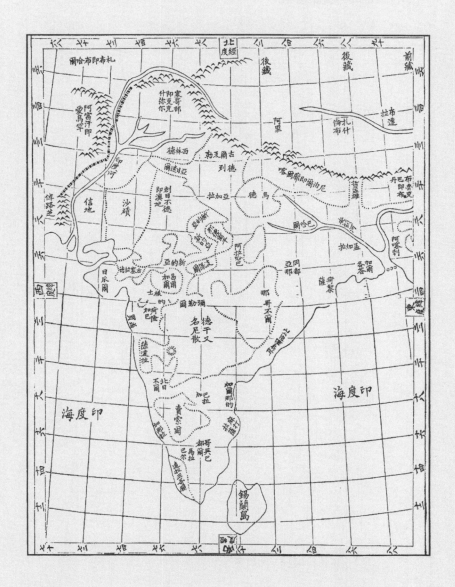

五印度國舊圖

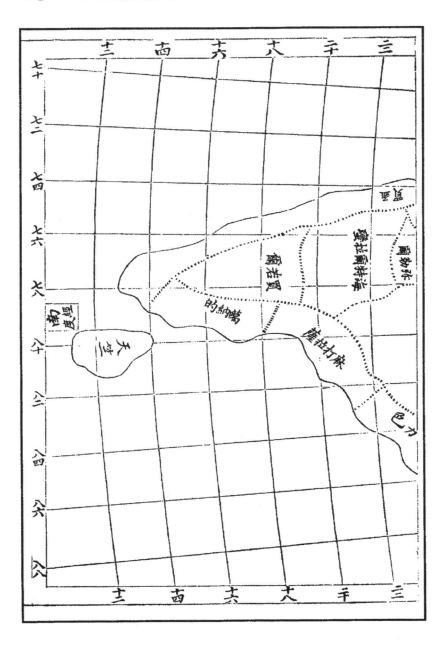

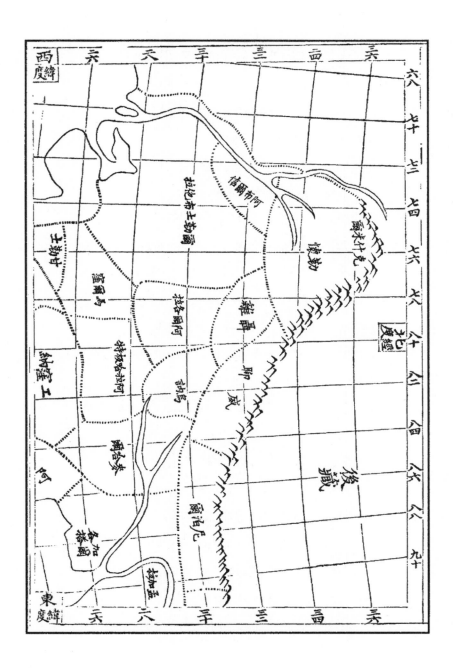

🎗️ 오인도 고지도

후장後藏: 지금의 티베트 시가체Shigatse 지구를 가리킨다.

극십미이克什米爾: 지금의 카슈미르Kashmir 지구이다.

륵회勒懷: 지금의 파키스탄 라호르Lahore 지구이다.

섭리聶離: 지금의 인도 델리Delhi 지구이다.

아포이신阿布爾信: 지금의 파키스탄 물탄Multan 지구이다.

니박이尼泊爾: 지금의 네팔Nepal이다.

가이각탑加爾各搭: 지금의 인도 콜카타Kolkata이다.

맥합이麥哈爾: 바하르Bahar로, 지금의 인도 비하르Bihar 지구이다.

오눌烏訥: 지금의 인도 아바드Awadh 지구이다. 아우드Oudh라고도 한다.

위료威聊: 지금의 인도 가르왈Garhwal 지구이다.

아이각랍阿爾各拉: 지금의 인도 아그라Agra 지구이다.

이륵사포타랍爾勒士布他拉: 라자푸타나Rajapootana로, 지금의 인도 라자스탄
주Rajasthan이다.

맹가랍孟加拉: 벵골Bengal로, 지금의 방글라데시Bangladesh와 인도 서벵골주
West Bengal이다.

마이와馬爾窪: 지금의 인도 말와Malwah 지구이다.

아랍합판특阿拉哈板特: 지금의 인도 알라하바드Allahabad 지구이다.

공와납工窪納: 인도의 역사적 지명인 곤드와나Gondwana 지구이다.

감륵사甘勒士: 지금의 인도 칸데시Khandesh 지구이다.

아력색阿力色: 지금의 인도 오디샤Odisha 지구이다.

미륵이弥勒爾: 지금의 인도 베라르Berar 지구이다.

맹매孟買: 지금의 인도 뭄바이Mumbai이다.

해특이랍만海特爾拉蠻: 지금의 인도 하이데라바드Hyderabad 지구이다.

마타랍살麻打拉薩: 지금의 인도 마드라스Madras이다.

매약이買若爾: 지금의 인도 마이소르Mysore 지구이다.

갈납적噶納的: 지금의 인도 카르나티크Carnatic 지구이다.

천축天竺: 실론Ceylon으로, 지금의 스리랑카Sri Lanka이다.

西域各回部圖

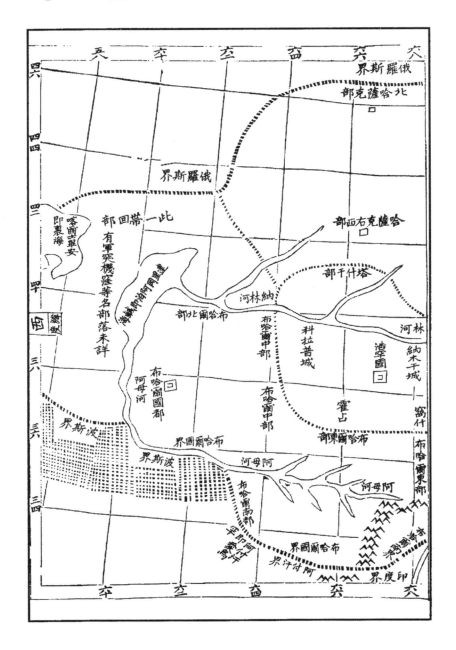

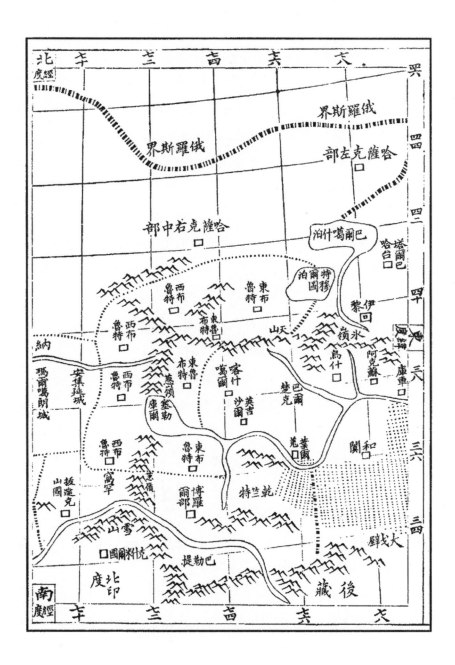

아라사계俄罗斯界: 러시아Russia 경계이다.

합살극좌부哈薩克左部: 지금의 카자흐스탄Kazakhstan을 가리킨다.

합살극우중부哈薩克右中部: 지금의 카자흐스탄이다.

북합살극부北哈薩克部: 지금의 카자흐스탄이다.

합살극우서부哈薩克右西部: 지금의 카자흐스탄이다.

차일대회부此一帶回部: 이곳 일대는 회부 지역이다.

군돌과 기와 등의 부락 이름이 있는데, 어디인지 명확하지 않다.

　　─군돌軍突: 지금의 우즈베키스탄 쿤그라드Kungrad이다.

　　─기와機窪: 지금의 히바Khiva로, 우즈베키스탄 호레즘주Khorezm의 도
　　　시이다.

파이갈십박巴爾噶什泊: 지금의 발하슈호Balqash Koli이다.

특목이도박特穆爾圖泊: 지금의 이식쿨호Lake Issyk-Kul이다.

탑이파합태塔爾巴哈台: 탑성 지구塔城地區로, 지금의 타르바가타이Tarbagatai
이다. 신강新疆 위구르 자치구 북쪽에 위치한다.

포로특布魯特: 본 지도에서 보이는 '동포로특東布魯特'과 '서포로특西布魯特'
은 모두 키르기스스탄Kyrgyzstan을 가리킨다.

색륵고이塞勒庫爾: 색륵고이色勒庫爾라고도 하며, 지금의 중국 신강 서남부
타슈쿠르간 타지크 자치현이다.

탑십간부塔什干部: 지금의 우즈베키스탄 타슈켄트Tashkent이다.

납림하納林河: 지금의 나린강Naryn River이다.

객이사필안喀爾士畢安: 리해裏海로, 지금의 카스피해Caspian Sea이다.

이려伊黎: 청대 신강부新疆府 이름으로, 이리伊犁라고도 한다.

빙령冰嶺: 지금의 신강 위구르 자치구에 위치한 천산으로 곤도륜昆都侖, 곤륜崑崙이라고도 한다.

천산天山: 지금의 신강 위구르 자치구에 위치한 산이다.

오십烏什: 우츠투르판Uqturpan으로, 지금의 중국 신강 위구르 자치구 오십현烏什縣이다.

객십갈이喀什噶爾: 카슈가르Kashgar로, 지금의 중국 신강 위구르 자치구 타림분지 북서쪽에 위치한 도시이다.

총령蔥嶺: 지금의 파미르고원Pamir Plateau이다.

설산雪山: 지금의 히말라야산맥Himalaya Mountains이다.

마이갈랑성瑪爾噶朗城: 지금의 우즈베키스탄 마르길란Margilan이다.

안집연성安集延城: 지금의 우즈베키스탄 안디잔Andizhan이다.

납목간성納木干城: 지금의 우즈베키스탄 나망간Namangan이다.

호한국浩罕國: 코칸트Qo'qon로, 지금의 우즈베키스탄에 있다.

과랍보성科拉普城: 지금의 타지키스탄Tajikistan 이스트라브샨Istravshan이다.

달리강아박達里岡阿泊: 함해鹹海라고도 하며, 지금의 아랄해Aral Sea이다.

아극소阿克蘇: 고대의 고묵국姑墨國이 위치했던 곳으로, 지금의 중국 신강 위구르 자치구 아크수Aksu 지구이다.

고차庫車: 지금의 신강 위구르 자치구 쿠차이다.

화전和闐: 호탄khotan으로, 지금의 중국 신강 위구르 자치구 남서쪽에 있는 오아시스 도시이다.

섭이강葉爾羌: 지금의 중국 신강 위구르 자치구 서부에 있는 야르칸드Yarkand이다.

파이초극巴爾楚克: 지금의 중국 신강 위구르 자치구 마랄베시Maralbexi이다.

영길사이英吉沙爾: 지금의 중국 신강 위구르 자치구 카슈가르 지구에 위치

한다. 과거 양기히사르Yangihissar라고 불렸는데, 위구르어로 '신성新城'이
란 뜻이다.

와십窩什: 지금의 키르기스스탄 오슈Osh이다.

곽점霍占: 후잔트Khujand로, 지금의 타지키스탄 레니나바트주Leninabad이다.

아모하阿母河: 지금의 아무다리야강Amu Darya이다.

포합이국도布哈爾國都: 지금의 우즈베키스탄 부하라Bukhara이다.

포합이布哈爾: 본 지도에 보이는 '포합이동부布哈爾東部', '포합이중부布哈爾中
部', '포합이북부布哈爾北部', '포합이남부布哈爾南部'는 부하라 칸국이다.

건축특乾竺特: 지금의 카슈미르 서북부 기르기트Girgit 동북쪽에 위치한다.

박라이부博羅爾部: 볼로Bolor로 지금의 파키스탄 북단 및 카슈미르 서북부
에 위치한다.

와한窩罕: 지금의 아프가니스탄의 와한Wakhan이다.

발달극산국撥達克山國: 지금의 아프가니스탄 동북부 바다흐샨Badakhshān 지
구이다.

포합이남계布哈爾南界: 부하라 남쪽 경계이다.

포합이국계布哈爾國界: 부하라 경계이다.

파사계波斯界: 페르시아Persia로, 지금의 이란Iran이다.

파륵제巴勒提: 발티트Baltit로, 훈자Hunza라고도 칭한다. 지금의 카슈미르
서북부에 위치한다.

극십미이국克什彌爾國: 가습미라迦濕彌羅라고도 하며, 지금의 카슈미르Kashmir
이다.

대과벽大戈壁: 지금의 고비사막Gobi Desert이다.

후장後藏: 지금의 티베트 시가체Shigatse 지구를 가리킨다.

북인도北印度: 지금의 카슈미르주Kashmir, 인도의 펀자브주Punjab, 하리아

나주Haryana, 파키스탄의 서북 변경, 펀자브주 및 아프가니스탄의 카불강 Kabul River 남쪽 양측 강변 지역이다.

인도계印度界: 인도India 경계이다.

아부한阿付汗: 애오한愛烏罕이라고도 하며, 지금의 아프가니스탄Afghanistan 이다.

아부한계阿付汗界: 아프가니스탄 경계이다.

西域押安比路治三國圖

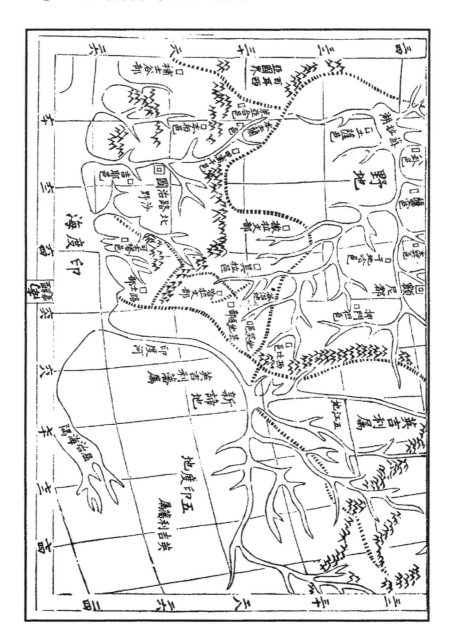

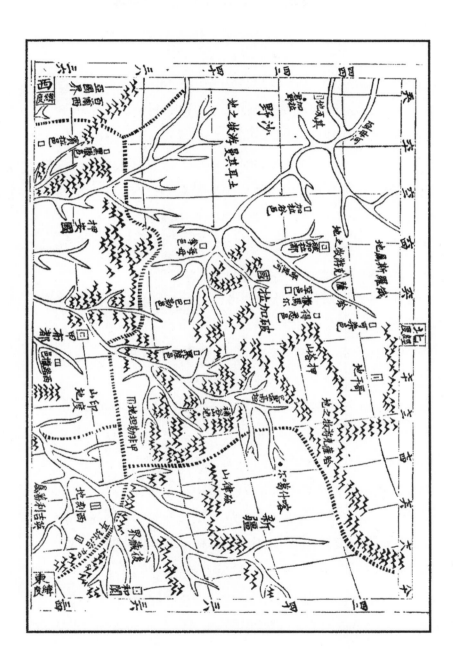

아모하亞母河: 지금의 아무다리야강Amu Darya이다.

기와지其瓦地: 지금의 우즈베키스탄 히바Khiva이다.

가랍군야加拉君野: 지금의 투르크메니스탄 카라쿰사막Kara-Kum Desert이다.

사야沙野: 사막 지대이다.

투르크멘인Türkmenler이 유목하던 땅이다.

흑랍읍黑臘邑: 지금의 아프가니스탄 서북부에 있는 헤라트Herat이다.

빈랍읍賓拉邑: 지금의 아프가니스탄 서부에 있는 파라Farah이다.

백이서아국계百爾西亞國界: 이란 경계이다. 백이서아국은 페르시아Persia로, 지금의 이란Iran이다.

아라사속지俄羅斯屬地: 러시아 속지이다.

카자흐인Kazakh이 유목하던 땅이다.

파가랍도破加拉都: 지금의 우즈베키스탄 부하라Bukhara이다.

가랍곡읍加拉谷邑: 지금의 우즈베키스탄 카라Kala이다.

가염읍可染邑: 후잔트Khujand로, 지금의 타지키스탄 레니나바트주Leninabad 에 있다.

가간지哥干地: 지금의 우즈베키스탄 코칸트Qo'qon 일대이다.

득실읍得悉邑: 지금의 우즈베키스탄 지자흐Jizzax이다.

살마이한읍撒馬尔罕邑: 지금의 우즈베키스탄 사마르칸트Samarkand이다.

가리하哥里河: 지금의 제라프샨강Zeravshan River으로 추정된다.

파가랍국破加拉國: 지금의 우즈베키스탄 부하라 일대이다.

압답산押荅山: 지금의 알라이산맥Alay Mountains의 서쪽 끝을 가리킨다.

파묵고탄巴墨高坦: 지금의 파미르고원Pamir Plateau으로, 중국과 타지키스탄,

아프가니스탄 사이에 위치한다.

보곡산지補谷山地: 지도상에는 표시되어 있으나, 현재 어떤 지역을 가리키는지는 미상이다.

흑살읍黑薩邑: 지도상에는 표시되어 있으나, 현재 어떤 지역을 가리키는지는 미상이다.

파륵읍巴勒邑: 지금의 아프가니스탄 발흐Balkh이다.

매모나읍每母拿邑: 지금의 아프가니스탄 마이마나Maymanah이다.

갑포도甲布都: 지금의 아프가니스탄 카불Kabul이다.

압안국押安國: 지금의 아프가니스탄Afghanistan이다.

서로살읍西路撒邑: 지도상에는 표시되어 있으나, 현재 어떤 지역을 가리키는지는 미상이다.

갑비륵탄지甲非勒坦地: 지도상에는 표시되어 있으나, 현재 어떤 지역을 가리키는지는 미상이다.

인도산지印度山地: 지금의 힌두쿠시산맥Hindu Kush Mountains이다.

객십갈이喀什噶尔: 타림분지 서쪽 끝에 위치한 카슈가르Kashgar이다.

신강新疆: 지금의 신강 위구르 자치구이다.

파률산破律山: 지도상에는 표시되어 있으나, 현재 어떤 지역을 가리키는지는 미상이다.

후장계後藏界: 시가체Shigatse 지구 경계이다. 후장은 지금의 티베트 시가체 지구를 가리킨다.

화전和闐: 호탄Khotan으로, 타클라마칸사막 남쪽 끝을 따라 있는 오아시스 지역이다.

서각지西刻地: 시크교도Sikhs의 땅이다. 서각은 인도 북부에 위치했던 시크 왕국Sikh Empire을 가리킨다.

가치미이加治弥耳: 히말라야산맥Himalaya Mountains 안에 있는 카슈미르 Kashmir이다.

영길리번속英吉利藩屬: 영국 속지이다.

팔괘읍八卦邑: 지금의 아프가니스탄 차하르보르작Chahar Borjak이다.

소랍호蘇拉湖: 사바리호Lake Sabari로, 지금의 아프가니스탄과 이란 변경에 있다.

토살읍土薩邑: 지금의 투르크메니스탄 두사크Dushak이다.

야지野地: 평야 지대이다.

살흑읍薩黑邑: 지도상에는 표시되어 있으나, 현재 어떤 지역을 가리키는 지는 미상이다.

목가읍木架邑: 지도상에는 표시되어 있으나, 현재 어떤 지역을 가리키는 지는 미상이다.

액니도額尼都: 지금의 아프가니스탄 가즈니Ghazni이다.

간지합읍干地哈邑: 지금의 아프가니스탄 칸다하르Kandahar이다.

압문단읍押門但邑: 지도상에는 표시되어 있으나, 현재 어떤 지역을 가리키는지는 미상이다.

서비읍西比邑: 지금의 파키스탄 발루치스탄주 시비Sibi로 추정된다.

타돌읍他突邑: 지금의 파키스탄 다두르Dhadur이다.

곡치지谷治地: 지금의 파키스탄과 인도에 걸쳐 있는 쿠치습지Rann of Kutch 이다.

기랍읍其拉邑: 지금의 이란 호라산 지구의 칼라트Kalat이다.

살랍문부撒拉文部: 지금의 파키스탄 사라완Sarawan이다.

운타와읍芸他瓦邑: 지금의 파키스탄 카치Kach이다.

합랍문부哈拉文部: 지금의 파키스탄 하라완halawan이다.

노사부路士部: 지도상에는 표시되어 있으나, 현재 어떤 지역을 가리키는

지는 미상이다.

가사탑읍可士塔邑: 지금의 파키스탄 쿠즈다르Khuzdar이다.

본토란읍本土蘭邑: 지도상에는 표시되어 있으나, 현재 어떤 지역을 가리키는지는 미상이다.

말아합읍茉亞合邑: 소아합읍蘇亞合邑의 오기로, 지금의 이란 수르후드Surhud이다.

본포읍本布邑: 지금의 이란 밤푸르Bampur이다.

갑포간읍甲浦干邑: 지도상에는 표시되어 있으나, 현재 어떤 지역을 가리키는지는 미상이다.

보사곡부補士谷部: 지도상에는 표시되어 있으나, 현재 어떤 지역을 가리키는지는 미상이다.

북로치국北路治國: 지금의 파키스탄 발루치스탄Baluchistan이다.

사야沙野: 사막 지대이다.

길야읍吉耶邑: 케드제Kedje이다.

인도해印度海: 지금의 아라비아해Arabian Sea이다.

신체지新諦地: 지금의 파키스탄 신드주Sind이다.

영길리번속英吉利藩屬: 영국 속지이다.

인도하印度河: 인더스강Indus River이다.

영길리속英吉利屬: 영국 속지이다.

오강지五江地: 지도상에는 표시되어 있으나, 현재 어떤 지역을 가리키는지는 미상이다.

오인도지五印度地: 오인도 땅이다.

영길리번속英吉利藩屬: 영국 속지이다.

굴치해우屈治海隅: 지금의 인도 쿠치만Gulf of Kutch이다.

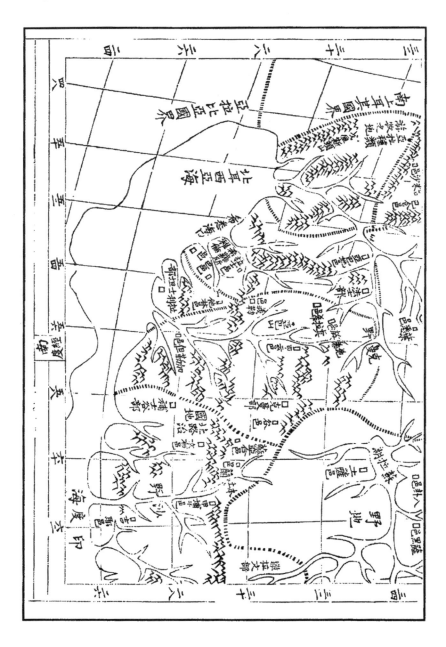

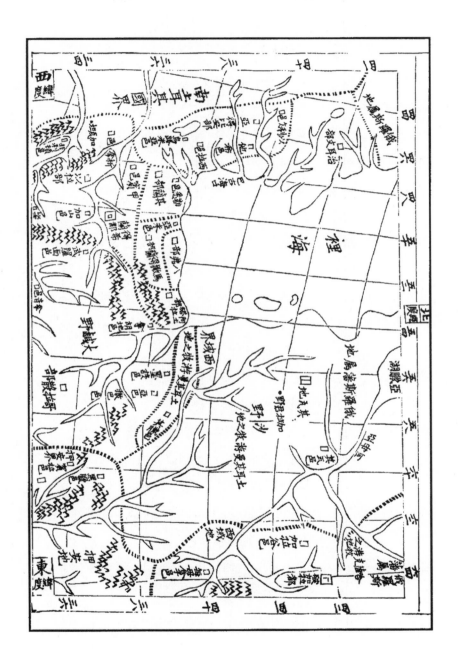

아라사속지俄羅斯屬地: 러시아 속지이다.

치이문부治耳文部: 지금의 아제르바이잔Azerbaijan이다.

이리문읍以利文邑: 지금의 아르메니아 수도 예레반Yerevan이다.

파고해구巴古海口: 지금의 아제르바이잔 수도 바쿠Baku이다.

타희읍他希邑: 지금의 이란 타브리즈Tabriz이다.

아득비안부亞得比安部: 지금의 아르다비안Ardabian 지구이다.

오로미아읍烏路米亞邑: 지금의 우루메아Urumea이다.

서랍읍西拉邑: 지도상에는 표시되어 있으나, 현재 어떤 지역을 가리키는
지는 미상이다.

남토이기국계南土耳其國界: 남터키 경계이다. 남토이기는 터키Turkey의 아
시아 부분이다.

리해裡海: 지금의 카스피해Caspian Sea이다.

륵실읍勒悉邑: 지금의 이란 라슈트Rasht이다.

기란부其蘭部: 지금의 이란 길란주Gilan이다.

아미읍亞未邑: 지금의 이란 아몰Amol이다.

팔불부八弗部: 지금의 이란 발프루시Balfroosh 일대를 가리킨다.

마살득란부馬撒得蘭部: 지금의 이란 마잔다란주Mazandaran이다.

아토탑랍부阿土塔拉部: 지금의 이란 아스트라바드Astrabad 일대를 가리킨다.

갑빈읍甲賓邑: 지금의 이란 카즈빈Qazvin이다.

득희란도得希蘭都: 지금의 이란 수도 테헤란Tehran이다.

신나읍新拿邑: 지금의 이란 센나Senna이다.

이랍부以拉部: 이라크Iraq로, 지금의 이란 서부 역사 지역명이다.

가산읍加山邑: 지금의 이란 카샨Kashan이다.

가와탄加瓦坦: 지도상에는 표시되어 있으나, 현재 어떤 지역을 가리키는 지는 미상이다.

비리항읍非利項邑: 지도상에는 표시되어 있으나, 현재 어떤 지역을 가리키는지는 미상이다.

무라면읍武羅面邑: 지도상에는 표시되어 있으나, 현재 어떤 지역을 가리키는지는 미상이다.

나호지읍拿胡地邑: 지도상에는 표시되어 있으나, 현재 어떤 지역을 가리키는지는 미상이다.

대함야大鹹野: 그레이트솔트사막The Great Salt Desert으로, 지금의 이란 카비르사막Kavir Desert이다.

나음읍拿音邑: 지금의 이란 아스파한주의 나인Na'in이다.

아랍호亞臘湖: 지금의 아랄해Aral Sea이다.

아모하亞母河: 지금의 아무다리야강Amu Darya이다.

아라사번속지俄羅斯藩屬地: 러시아 속지이다.

기와지其瓦地: 지금의 우즈베키스탄 히바Khiva이다.

기와읍其瓦邑: 지금의 우즈베키스탄 히바이다.

가랍군야加拉君野: 지금의 투르크메니스탄 카라쿰사막Kara-Kum Desert이다.

사야沙野: 사막 지대이다.

투르크멘인Türkmenler이 유목하던 땅이다.

서역계西域界: 서역 경계이다. 서역은 중국에서 한대漢代 이후로 옥문관玉門關과 양관陽關 서쪽의 여러 나라를 일컫던 역사적 용어이다.

투르크멘인이 유목하던 땅이다.

기랍읍其臘邑: 지금의 이란 호라산 지구의 칼라트Kalat이다.

묵설부墨設部: 지금의 이란 마슈하드Mashhad 지구이다.

아파살파읍亞巴撒巴邑: 지도상에는 표시되어 있으나, 현재 어떤 지역을 가리키는지는 미상이다.

가랍산부哥拉散部: 지금의 이란 호라산주Khorasan이다.

아라사번속俄羅斯藩屬: 러시아 속지이다.

카자흐인Kazakh이 유목하던 땅이다.

파가랍도破加拉都: 지금의 우즈베키스탄 부하라Bukhara이다.

가랍곡읍加拉谷邑: 지금의 우즈베키스탄 카라Kala이다.

서역지西域地: 서역 땅이다.

매모나읍每母拿邑: 지금의 아프가니스탄 마이마나Maymanah이다.

압안지押安地: 지금의 아프가니스탄Afghanistan 땅이다.

흑랍읍黑臘邑: 지금의 아프가니스탄 서북부에 있는 헤라트Herat이다.

빈랍읍賓拉邑: 지금의 아프가니스탄 서부에 있는 파라Farah이다.

압안계押安界: 지금의 아프가니스탄 경계이다.

남토이기국계南土耳其國界: 남터키 경계이다. 남토이기는 터키의 아시아 부분이다.

아랍인이 유목하던 땅이다.

고미사읍古米沙邑: 지금의 이란 코사르Kousar이다.

파함읍巴含邑: 이사파함읍以土巴含邑으로, 지금의 이란 이스파한Isfahan이다.

과리사돈산戈厘斯頓山: 지금의 쿠르디스탄Kurdistān이다.

아랍비아국계亞拉比亞國界: 아라비아Arabia 경계이다.

북이서아해北耳西亞海: 페르시아해이다.

희실해구希悉海口: 지금의 호르무즈해협Strait of Hormuz이다.

아파지읍亞巴地邑: 지금의 이란 반다르아바스Bandar Abbas항이다.

법사부法土部: 지금의 이란 파르스주Fars이다.

랍사읍拉土邑: 지금의 이란 라르Lar이다.

희라소파읍希羅所巴邑: 지금의 이란 호르무즈Hormuz이다.

아륜읍雅倫邑: 지금의 이란 자롬Jahrom이다.

랍리사탄부拉利斯坦部: 지금의 이란 남부의 라레스탄Larestan이다.

타림읍他林邑: 지금의 이란 타롬Tarom이다.

섭실읍葉悉邑: 지금의 이란 야즈드Yazd이다.

극만야克曼野: 지금의 이란 케르만사막Desert of Kerman이다.

지희족읍地希族邑: 지금의 이란 데비드Dehbid이다.

기랍희읍其拉希邑: 지금의 이란 시라즈Shiraz이다.

의륵읍義勒邑: 지금의 이란 지라Zeera이다.

갑운읍甲云邑: 지도상에는 표시되어 있으나, 현재 어떤 지역을 가리키는
지는 미상이다.

아파산亞巴山: 지도상에는 표시되어 있으나, 현재 어떤 지역을 가리키는
지는 미상이다.

극만부克曼部: 지금의 이란 케르만주Kerman이다.

곡읍谷邑: 지도상에는 표시되어 있으나, 현재 어떤 지역을 가리키는지는
미상이다.

가륵단읍加勒但邑: 지도상에는 표시되어 있으나, 현재 어떤 지역을 가리키
는지는 미상이다.

팔괘읍八卦邑: 지금의 아프가니스탄 차하르보르작Chahar Borjak이다.

살흑읍薩黑邑: 지도상에는 표시되어 있으나, 현재 어떤 지역을 가리키는
지는 미상이다.

소랍호蘇拉湖: 사바리호Lake Sabari로, 지금의 아프가니스탄과 이란 변경에

있다.

토살읍土薩邑: 지금의 두사크Dooshak이다.

야지野地: 평야 지대이다.

살랍문부撒拉文部: 지금의 파키스탄 사라완Sarawan이다.

소아합읍蘇亞合邑: 지금의 이란 수르후드Surhud이다.

본토란읍本土蘭邑: 지도상에는 표시되어 있으나, 현재 어떤 지역을 가리키는지는 미상이다.

갑포간읍甲埔干邑: 지도상에는 표시되어 있으나, 현재 어떤 지역을 가리키는지는 미상이다.

문포읍文布邑: 지금의 이란 밤푸르Bampur이다.

북로치국지北路治國地: 지금의 파키스탄 발루치스탄Baluchistan 땅이다.

보사곡부補士谷部: 지도상에는 표시되어 있으나, 현재 어떤 지역을 가리키는지는 미상이다.

사야沙野: 사막 지대이다.

길야읍吉耶邑: 케드제Kedje이다.

인도해印度海: 지금의 아라비아해Arabian Sea이다.

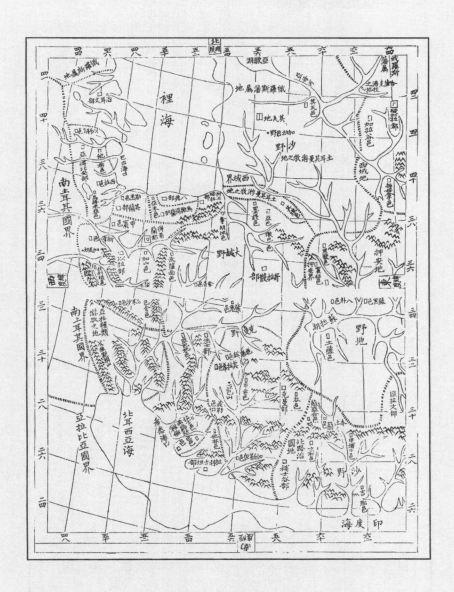

亞拉比亞國圖

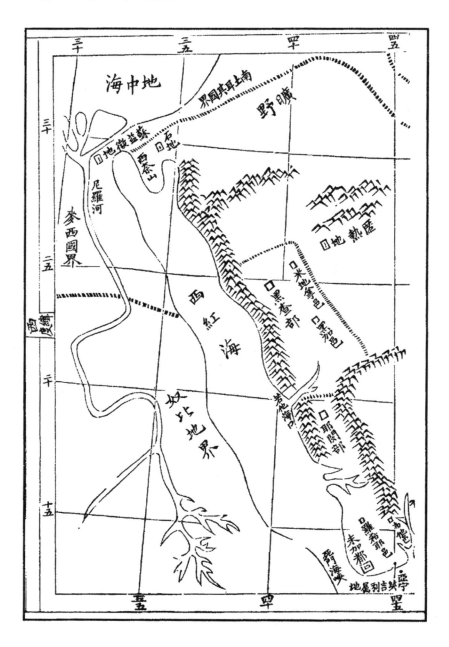

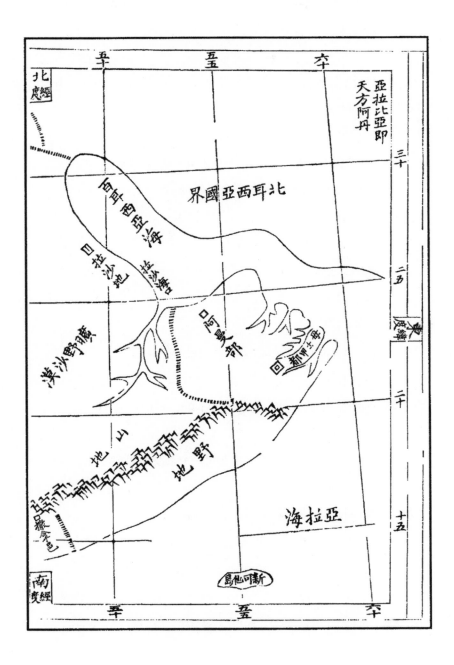

🐲 아라비아 지도

아라비아는 바로 천방天方 아단阿丹이다.

북이서아국계北耳西亞國界: 이란 경계이다. 북이서아국은 페르시아Persia로, 지금의 이란Iran이다.

백이서아해百耳西亞海: 지금의 페르시아만Persian Gulf이다.

납사해구拉沙海口: 지금의 사우디아라비아 하사주 동쪽 해구이다.

납사지拉沙地: 지금의 사우디아라비아 하사주Hasa이다.

모사갑도母士甲都: 지금의 오만 수도 무스카트Muscat이다.

아만부阿曼部: 지금의 오만Oman이다.

광야사막曠野沙漠: 지금의 사하라사막Sahara Desert이다.

야지野地: 평야 지대이다.

산지山地: 산악 지대이다.

살나읍撒拿邑: 지금의 예멘 수도 사나Sana이다.

아랍해亞拉海: 지금의 아라비아해Arabian Sea이다.

신가타도新可他島: 지금의 남예멘 소코트라섬Socotra Island이다.

광야廣野: 광야 지대이다.

남토이기국계南土耳其國界: 남터키 경계이다. 남토이기는 터키Turkey의 아시아 부분이다.

지중해地中海: 지금의 지중해Mediterranean Sea이다.

소익미지蘇益微地: 지금의 수에즈지협Isthmus of Suez이다.

석지石地: 지도상에는 표시되어 있으나, 현재 어떤 지역을 가리키는지는 미상이다.

서내산西奈山: 지금의 이집트 시나이반도에 있는 시나이산Sinai Mountain이다.

니라하尼羅河: 지금의 북아프리카 나일강Nile River이다.

맥서국계麥西國界: 이집트Egypt 경계이다.

닉열지匿熱地: 지금의 사우디아라비아 네지드주Nejd이다.

미지나읍米地拿邑: 메디나Medina로, 지금의 사우디아라비아 알마디나Al-Madinah이다.

흑가읍黑加邑: 지금의 사우디아라비아 메카Mecca이다.

흑사부黑査部: 지금의 사우디아라비아 헤자즈주Hejaz이다.

서홍해西紅海: 메카의 서쪽에 위치하며, 물의 색이 붉어서 서홍해라고 부른다.

약타해구若他海口: 지금의 사우디아라비아 지다Jiddah항이다.

야민부耶閔部: 지금의 예멘Yemen이다.

노비지계奴比地界: 누비아 경계이다. 노비는 동아프리카의 옛 제국 누비아Nubia로, 대략 지금의 수단Sudan 경내의 나일강 지역에 해당한다.

라희야읍羅希耶邑: 로헤이아Loheia로, 지금의 예멘 알루하이야Al-Luhayya이다.

미가도未加都: 모카Mocha로, 지금의 예멘 알무카Al-Mukha이다.

포타읍布他邑: 지도상에는 표시되어 있으나, 현재 어떤 지역을 가리키는지는 미상이다.

아녕亞寧: 아덴Aden으로, 지금의 남예멘 수도 알아단Al-Adan이다.

영길리속지英吉利屬地: 영국 속지이다.

사문해협死門海峽: 지금의 바브엘만데브해협Strait of Bab el Mandeb이다. 아랍어로 Bab el Mandeb는 죽음의 문이라는 뜻이다.

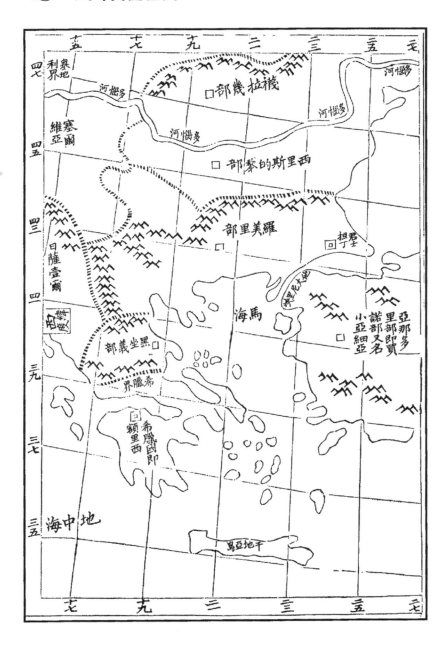

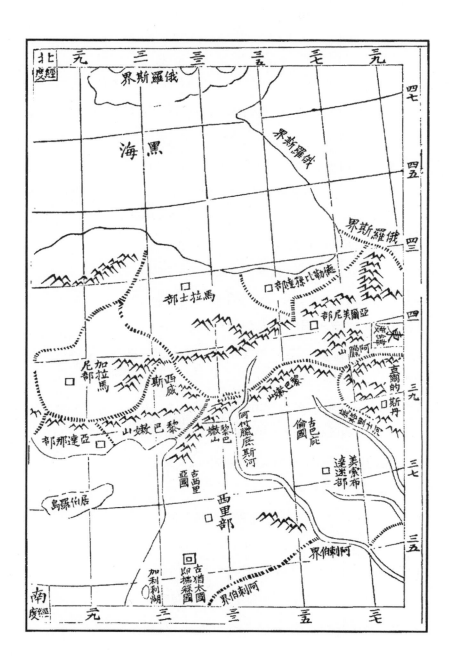

아라사계俄羅斯界: 러시아 경계이다.

흑해黑海: 지금의 흑해Black Sea이다.

덕륵비손달부德勒比孫達部: 트레비존드Trebizond로, 지금의 터키 트라브존주 Trabzon이다.

아이미니부亞爾美尼部: 지금의 터키 아르메니아Armenia 지구이다.

마랍사부馬拉士部: 지금의 터키 카라만마라슈Kahramanmaraş이다. 본 지도에 서는 '서리부'와 '마랍사부'가 남북으로 위치가 바뀌었다.

아랍산阿臘山: 지금의 아라라트산Mount Ararat이다.

고이적사단古爾的斯丹: 지금의 쿠르디스탄Kurdistan이다.

려파눈산黎巴嫩山: 지금의 루브난산맥Jebel Lubnan이다.

서위사西威斯: 지금의 터키 시바스Sivas이다.

가랍마니부加拉馬尼部: 지금의 카라마니아Karamania로, 터키 중부 지역에 위 치한다.

저격리사하底格里斯河: 지금의 티그리스강Tigris River이다.

고파비륜국古巴庇倫國: 고대 바빌론 왕국Ancient Babylon이다.

미색포달미부美索布達迷部: 메소포타미아Mesopotamia로, 지금의 티그리스강 과 유프라테스강 유역이다.

아부랍저사하阿付臘底斯河: 지금의 유프라테스강Euphrates River이다.

고서리아국古西里亞國: 아시리아 제국Assyria Empire이다.

서리부西里部: 지금의 시리아Syria이다.

아달나부亞達那部: 지금의 터키 아다나주Adana이다.

거백라도居伯羅島: 지금의 키프로스Kypros이다.

아랄백계阿剌伯界: 아라비아 경계이다. 아랄백은 아랄파아亞辣波亞, 아려미아阿黎米亞라고도 하며, 아라비아를 가리킨다.

고유태국古猶太國: 불름국拂箖國으로, 지금의 팔레스타인Palestine 일대를 가리킨다.

가리리호加利利湖: 지금의 갈릴리호Sea of Galilee이다.

오지리계奧地利界: 오스트리아 경계이다.

다뇌하多惱河: 지금의 다뉴브강Danube River이다.

말랍기부襪拉幾部: 왈라키아Walachia로, 지금의 루마니아 경내의 트란실바니아알프스산맥Transylvania Alps Mountains과 다뉴브강 사이에 있는 광활한 지역이다.

서리사적려부西里斯的黎部: 실리스트리아Silistria로, 지금의 다뉴브강 남쪽 실리스트라Silistra를 주도로 하는 요새 지역이다. 본 지도에서는 불가리아Bulgaria 전 지역을 가리키는 것으로 잘못 쓰였다.

색이유아塞爾維亞: 스르비야Srbija로, 지금의 세르비아Serbia이다.

군사단정君士担丁: 콘스탄티노플Constantinople로, 지금의 터키 이스탄불Istanbul이다.

라미리부羅美里部: 루멜리아Roumelia로, 동유럽의 역사적 지명이며, 지금의 알바니아Albania, 마케도니아Macedonia, 트라키아Thracia 등지에 해당한다.

일살일이日薩壹爾: 지금의 제자이르Djezayrs로, 차나칼레해협 서쪽에 위치하며, 주도는 겔리볼루Gelibolu이다. 본 지도에서는 알바니아 위치에 잘못 그렸다.

아나다리부亞那多里部: 매락부買諾部로, 소아세아小亞細亞라고도 한다. 지금의 터키 아나돌루Anadolu로, 아나톨리아Anatolia라고도 한다.

타대니리협他大尼里峽: 다르다넬스해협Dardanelles Strait으로, 터키어로는 차나칼레해협Çanakkale Bogazi이다.

마해馬海: 지금의 마르마라해Sea of Marmara이다. 본 지도에서는 에게해 Aegean Sea 위치에 잘못 그렸다.

흑좌의부黑坐義部: 헤리조지Herizoge로, 지금의 보스니아헤르체고비나 남부 헤르체고비나Hercegovina이다. 본래는 알바니아 서북쪽에 위치하는데, 본 지도에서는 동남쪽으로 잘못 그렸다.

희랍계希臘界: 그리스 경계이다.

희랍국希臘國: 액리서額里西로, 지금의 그리스Greece이다.

간지아도干地亞島: 칸디아Candia로, 지금의 크레타섬Creta Island이다.

지중해地中海: 지금의 지중해Mediterranean Sea이다.

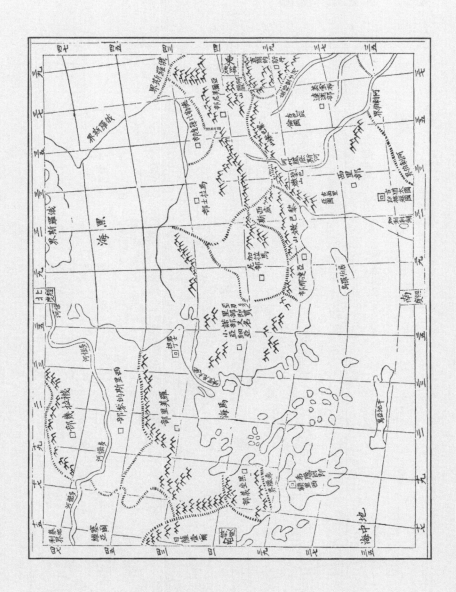

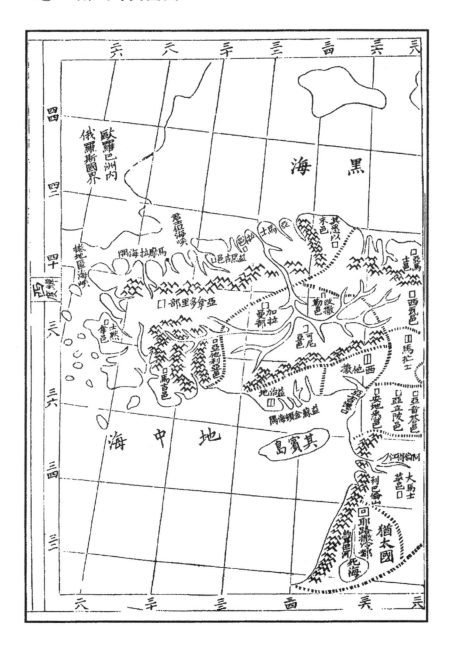

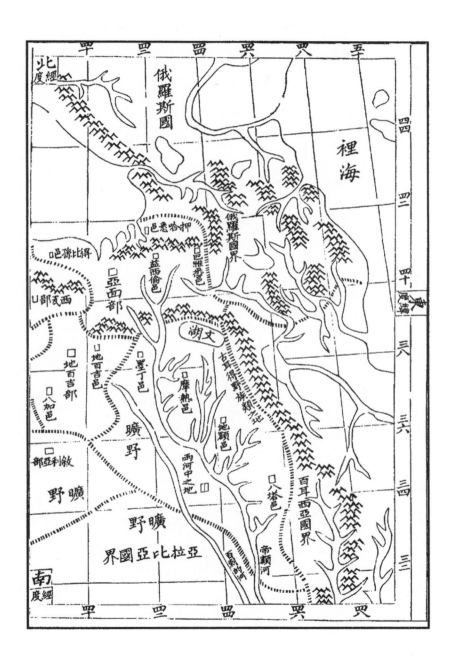

아라사국俄羅斯國: 지금의 러시아Russia이다.

리해裡海: 지금의 카스피해Caspian Sea이다.

아라사국계俄羅斯國界: 러시아 경계이다.

압합실읍押哈悉邑: 지금의 조지아 아할치혜Akhaltsikhe이다.

파아실읍巴雅悉邑: 지금의 터키 바예지드Bayezid이다.

익서륜읍益西倫邑: 지금의 터키 에르주룸Erzurum이다.

아면부亞面部: 지금의 아르메니아Armenia이다.

득비손읍得比孫邑: 지금의 터키 트라브존Trabzon이다.

서와부西瓦部: 지금의 터키 시바스주Sivas이다.

문호文湖: 지금의 터키 반호Van Gölü이다.

고이득야족류지지古耳得野族類之地: 지금의 쿠르디스탄Kurdistan이다.

묵정읍墨丁邑: 지금의 터키 마르딘Mardin이다.

지백길부地百吉部: 지금의 터키 디야르바키르주Diyarbakir이다.

지백길읍地百吉邑: 지금의 터키 디야르바키르주의 주도 디야르바키르이다.

지액읍地額邑: 지금의 이라크 티크리트Tikrit이다.

마열읍摩熱邑: 지금의 이라크 모술Mosul이다.

팔가읍八加邑: 지금의 리비아 벵가지Benghazi이다.

백이서아국계百耳西亞國界: 이란 경계이다. 백이서아국은 페르시아Persia로, 지금의 이란Iran이다.

팔탑읍八塔邑: 지금의 이라크 수도 바그다드Baghdad이다.

제액하帝額河: 지금의 티그리스강Tigris River이다.

양하중지지兩河中之地: 티그리스강과 유프라테스강 사이 지역이란 뜻으로, 지금의 메소포타미아Mesopotamia를 가리킨다.

광야曠野: 광야 지대이다.

서리아부敍利亞部: 지금의 시리아Syria이다.

광야曠野: 광야 지대이다.

백랄적하百剌的河: 지금의 유프라테스강Euphrates River이다.

아랍비아국계亞拉比亞國界: 아라비아 경계이다.

흑해黑海: 지금의 흑해Black Sea이다.

구라파주내아라사국계歐羅巴洲內俄羅斯國界: 유럽대륙에 위치한 러시아의 경계이다.

아마사읍亞馬士邑: 지금의 터키 아마시아Amasya이다.

기실이말읍其悉以末邑: 본 지도에는 기실이말읍이 한 지역으로 되어 있으나, 기실其悉은 지금의 터키 게르제Gherzeh이고, 이말읍以末邑은 지금의 터키 시노프Sinop이다.

아마사랍읍亞馬士拉邑: 지금의 터키 아마스라Amasra이다.

익흑길읍益黑吉邑: 지금의 터키 위스퀴다르Uskudar이다.

군사단해협君士但海峽: 지금의 터키 보스포루스해협Bosporus Strait이다.

마마랍해우馬摩拉海隅: 지금의 마르마라해Sea of Marmara이다.

권지닉해협捲地匿海峽: 지금의 다르다넬스해협Dardanelles Strait으로, 터키어로는 차나칼레해협Çanakkale Bogazi이라고 한다.

서와읍西瓦邑: 지금의 터키 시바스주Sivas의 주도 시바스이다.

마랍사馬拉士: 지금의 터키 마라스주Maras이다.

서타철西他撒: 악록서사본에 따르면, 지도에는 이 지명이 터키 아다나주Adana에 위치해 있는데, 아다나주의 옛 명칭은 세이한Seyhan으로, '서타철西他撒'은 '서이환西伊換'의 오기로 추정된다.

개철륵읍改撤勒邑: 지금의 터키 카이세리Kayseri이다.

가니아읍可尼亞邑: 지금의 터키 코냐Konya이다.

가랍만부加拉曼部: 지금의 터키 중부 카라마니아Caramania 지구이다.

아나다리부亞拿多里部: 지금의 터키 아나돌루Anadolu로, 아나톨리아Anatolia
라고도 한다.

사묵나읍士黙拿邑: 스미르나Smyrna로, 지금의 터키 이즈미르Izmir이다.

아음답읍亞音荅邑: 아인타브Aintab로, 지금의 터키 가지안테프Gaziantep이다.

아립피읍亞立陂邑: 지금의 시리아 알레포Aleppo이다.

안지실읍安地悉邑: 지금의 터키 안타키아Antakya이다.

아길항구亞吉港口: 지금의 터키 이스켄데룬Iskenderun이다.

익치지益治地: 지금의 터키 이첼주Icel이다.

익소금돈해우益蘇金頓海隅: 지금의 이스켄데룬만Iskenderun Körfezi으로 지도
상의 위치는 잘못됐다.

기빈도其賓島: 쿠프롬Cuprum으로, 지금의 키프로스Kypros이다.

아타리아읍亞他利亞邑: 지금의 터키 안탈리아Antalya이다.

마길읍馬吉邑: 지금의 터키 물라Mugla로 추정된다.

아륜득강阿倫得江: 지금의 오론테스강Orontes River으로, 다른 이름은 아시강
Asi River이다.

대마사혁읍大馬士革邑: 지금의 시리아 수도 다마스쿠스Damascus이다.

리파륜산利巴倫山: 지금의 루브난산맥Jebel Lubnan으로, 레바논산맥이라고
도 한다.

야로살랭부耶路撒冷部: 지금의 예루살렘Jerusalem이다.

약이단하約耳但河: 지금의 요르단강Jordan River이다.

유태국猶太國: 유대Judaea 지역이다.

사해死海: 지금의 사해Dead Sea이다.

지중해地中海: 지금의 지중해Mediterranean Sea이다.

俄羅斯國全圖

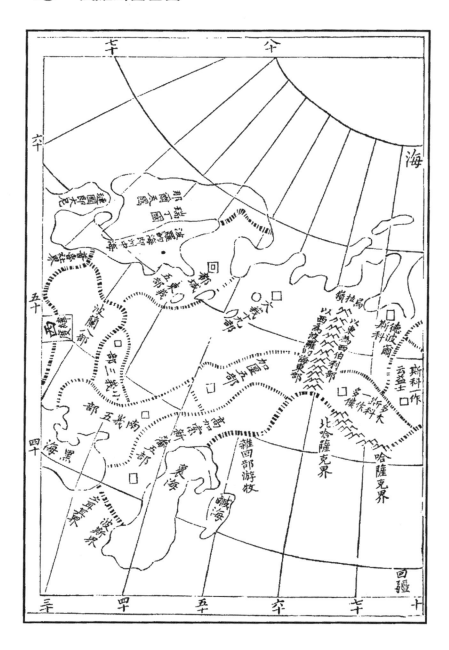

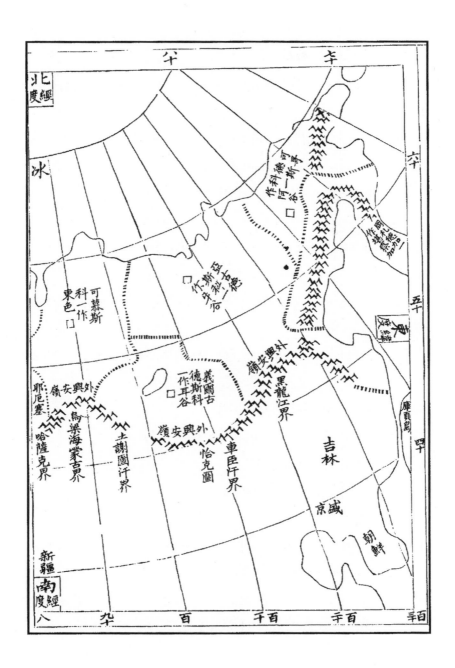

빙해冰海: 지금의 북극해Arctic Ocean이다.

가가덕사과可哥德斯科: 아곡阿谷이라고도 하며, 지금의 오호츠크Okhotsk 지역이다.

강찰덕가岡札德加: 감찰가堪察加라고도 하며, 카모하트카Kamohatka로, 지금의 캄차카반도Poluostrov Kamchatka이다.

아고덕사과亞古德斯科: 아곡牙谷이라고도 하며, 지금의 러시아 연방 사하 공화국Republic of Sakha(야쿠티야)의 수도 야쿠츠크Yakutsk이다.

가모사과可慕斯科: 동색東色이라고도 하며, 지금의 러시아 톰스크주Tomsk이다.

외홍안령外興安嶺: 홍안대령興安大嶺이라고도 하며, 지금의 스타노보이산맥Stanovoy Khrebet이다.

의이고덕사과義爾古德斯科: 이곡耳谷이라고도 하며, 지금의 러시아 이르쿠츠크주Irkutsk이다.

고혈도庫頁島: 지금의 사할린Sakhalin이다.

흑룡강계黑龍江界: 흑룡강 경계이다.

길림吉林: 지금의 중국 길림성이다.

성경盛京: 지금의 요녕성遼寧省 심양瀋陽이다.

조선朝鮮: 조선 왕조를 말한다.

차신한계車臣汗界: 차신한의 경계이다. 차신한은 세첸 칸Setsen khan이 다스리던 지역으로, 지금의 몽골 동부에 위치한다.

흡극도恰克圖: 지도에 있는 '흡극도'는 당시 중국 경내에 있던 할하부 Khalkha(지금의 몽골 인민공화국) 소속 캬흐타Kyakhta(지금의 러시아 연방 부랴트 공화국 남부의 도시)이다.

토사도한부土謝圖汗部: 투시예드 칸Tüsheet khan이 다스리던 지역으로, 지금의 몽골 중부에 위치한다.

오량해몽고계烏梁海蒙古界: 우량카이가 살던 몽골 지역으로 추정된다. 원래 몽골인들은 자신들보다 북쪽에 사는 수렵민족을 우량카이라고 불렀지만, 17세기 초가 되면 우량카이라는 말은 북서부 지방에 드문드문 흩어져 사는 부족들을 가리키게 된다. 탕누 우량카이唐努烏梁海, 알타이 우량카이阿勒坦淖爾烏梁海 등이 있었으며, 나중에는 몽골, 러시아 연방, 중국 신강 위구르 자치구 등에 합병되었다.

야액색사과耶厄塞斯科: 운익사云益士라고도 하며, 지금의 러시아 에니세이스크Yeniseysk 지역이다.

합살극계哈薩克界: 카자흐스탄 경계이다.

신강新疆: 지금의 신강 위구르 자치구이다.

회강回疆: 지금의 중국 신강 위구르 자치구 타림 분지 일대 천산남로 지역을 지칭한다. 청나라 때 중국인이 이슬람교도의 강역이라는 뜻으로, '회강'이라 불렀다.

덕파이사과德波爾斯科: 지금의 러시아 토볼스크Tobolsk 지역이다.

다목사극多木斯克: 다복多僕이라고도 하며, 지금의 러시아 옴스크주Omsk이다.

오랍령烏拉嶺: 지금의 우랄산맥Ural Mountains이다.

이동위서백리부以東爲西伯利部: 우랄산맥 동쪽은 서백리부이다. 서백리부는 지금의 러시아 시베리아Siberia이다.

이서위파라적해동부以西爲波羅的海東部: 우랄산맥 서쪽은 파라적해 동부이다. 파라적해는 지금의 발트해Baltic Sea이다.

북합살극계北哈薩克界: 북카자흐스탄 경계이다.

대아십구부大峨十九部: 대아 19개 부락이다. 대아는 대러시아를 가리킨다.

도성都城: 지금의 러시아 상트페테르부르크Sankt Petersburg이다. 1924년 레닌그라드Leningrad로 이름을 바꿨다가 1990년에 다시 옛 명칭을 복구했다.

동아오부東峨五部: 동아 5개 부락이다. 동아는 동러시아로, 발트해 인근 지역이다.

파라적해波羅的海: 주중해州中海로, 지금의 발트해이다.

서정국瑞丁國: 지금의 스웨덴Sweden이다.

나이와국那爾瓦國: 지금의 노르웨이Norway이다.

연국璉國: 대니大尼로, 지금의 덴마크Denmark이다.

보로사계普魯社界: 프로이센 경계이다.

파란팔부波蘭八部: 파란 8개 부락이다. 파란은 지금의 폴란드Poland이다.

소아삼부小峨三部: 소아 3개 부락이다. 소아는 소러시아를 가리킨다.

가언오부加匽五部: 가언 5개 부락이다. 가언은 카잔한국Kazan汗國으로, 지금의 러시아 연방 타타르스탄 공화국Republic of Tatarstan과 키로프주Kirov, 페름주Perm, 울리야놉스크주Ulyanovsk, 펜자주Penza 지역이다.

남아오부南峨五部: 남아 5개 부락이다. 남아는 남러시아를 가리킨다.

고가색신번오부高加索新藩五部: 지금의 러시아 시르카시아Circassia, 아스트라한Astrakhan, 오렌부르크Orenburg와 러시아 연방 다게스탄 공화국Republic of Dagestan, 그리고 지금의 조지아Georgia 일대에 있던 5개 부락이다.

리해裏海: 지금의 카스피해Caspian Sea이다.

함해鹹海: 지금의 아랄해Aral Sea이다.

잡회부유목雜回部游牧: 여러 이슬람 부족이 유목하던 지역이다.

흑해黑海: 지금의 흑해Black Sea이다.

토이기계土耳其界: 터키 경계이다.

파사계波斯界: 이란 경계이다.

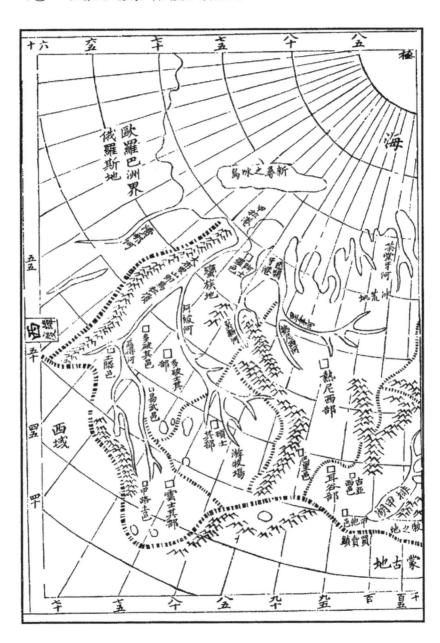

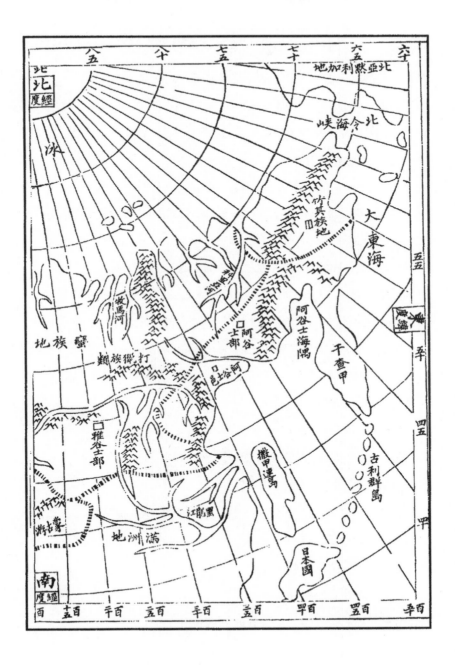

빙해冰海: 지금의 북극해Arctic Ocean이다.

북아묵리가지北亞黙利加地: 지금의 북아메리카North America이다.

북령해협北令海峽: 지금의 베링해협Bering Strait이다.

대동해大東海: 지금의 태평양Pacific Ocean이다.

죽기족지竹其族地: 축치족Chukchee의 땅이다.

과리아하科里亞河: 지금의 콜리마강Kolyma River이다.

간사갑干査甲: 감찰가監札加, 감사갑甘査甲이라고도 하며, 지금의 캄차카반 도Poluostrov Kamchatka이다.

아곡사해우阿谷士海隅: 지금의 오호츠크해Sea of Okhotsk이다.

아곡사부阿谷士部: 지금의 러시아 마가단주Magadan로 추정된다.

아곡사읍阿谷士邑: 지금의 러시아 마가단주의 주도 마가단으로 추정된다.

고리군도古利群島: 지금의 쿠릴열도Kurilskije Ostrova이다.

살갑련도撒甲連島: 중국명은 고혈도庫頁島이며, 지금의 사할린Sakhalin이다.

일본국日本國: 지금의 일본이다.

목마하牧馬河: 지금의 야나강Yana River이다.

타렵족류打獵族類: 수렵하는 원주민 거주지이다.

만족지蠻族地: 원주민 거주지이다.

아곡사부雅谷士部: 지금의 러시아 연방 사하 공화국Republic of Sakha으로, 야 쿠티야Yakutia라고도 한다.

흑룡강黑龍江: 지금의 흑룡강이다.

만주지滿洲地: 만주 땅이다.

몽고유목지지蒙古游牧之地: 몽골 유목 지대이다.

신심지빙도新尋之冰島: 새로 찾은 빙도로, 지금의 러시아 노바야제믈랴군
도Novaya Zemlya이다.

구라파주계아라사지歐羅巴洲界俄羅斯地: 유럽에 속한 러시아 땅이다.

다당아하茶堂牙河: 지금의 하탄가강Khatanga River이다.

빙황지冰荒地: 얼음으로 덮인 황무지이다.

열니서부熱尼西部: 지금의 러시아 예니세이스크Yeniseysk 지역이다.

리나하里拿河: 지금의 레나강Lena River으로, 본 지도에서는 이 강의 위치가
잘못됐다.

열니서하熱尼西河: 지금의 예니세이강Yenisey River이다.

실개아항悉開牙港: 지금의 러시아 타좁스키Tazovsky로 추정된다.

갑랍항甲拉港: 지금의 러시아 북부 카라Kala항이다.

아사라읍阿士羅邑: 지도상에는 표시되어 있으나, 현재 어떤 지역을 가리키
는지는 미상이다.

만족지蠻族地: 원주민 거주지이다.

아피하阿被河: 지금의 오비강Ob' River이다.

막신하莫新河: 지도상에는 표시되어 있으나, 현재 어떤 지역을 가리키는
지는 미상이다.

대포리산大布里山: 오랍령烏拉嶺으로, 지금의 우랄산맥Ural Mountains이다.

독나하瀆那河: 지금의 페초라강Pechora River이다.

토린읍土隣邑: 지금의 러시아 튜멘Tyumen이다.

익득하益得河: 지금의 이르티시강Irtysh River이다.

다파기읍多破其邑: 지금의 러시아 토볼스크Tobolsk이다.

이무읍易武邑: 지금의 러시아 이심Ishim이다.

다파기부多破其部: 지금의 러시아 튜멘주로 추정된다.

돈사기부頓士其部: 지금의 러시아 톰스크주Tomsk이다.

유목장游牧場: 유목 지대이다.

고아서읍古亞西邑: 지금의 러시아 크라스노야르스크Krasnoyarsk로 추정된다.

이곡부耳谷部: 지금의 러시아 이르쿠츠크주Irkutsk이다.

배갑호排甲湖: 지금의 바이칼호Ozero Baikal이다.

갑타읍甲他邑: 지금의 러시아 캬흐타Kyakhta이다.

매매진買賣鎭: 매매성買賣城으로, 당시 중국 경내에 있던 할하부Khalkha(지금의 몽골 인민공화국) 소속 캬흐타(지금의 러시아 연방 부랴트 공화국 남부의 도시)를 가리킨다.

몽고지蒙古地: 몽골 땅이다.

파리읍巴里邑: 지도상에는 표시되어 있으나, 현재 어떤 지역을 가리키는지는 미상이다.

운사기부雲士其部: 지금의 러시아 옴스크주Omsk이다.

갑로토읍甲路土邑: 지도상에는 표시되어 있으나, 현재 어떤 지역을 가리키는지는 미상이다.

서역西域: 중국에서 한대漢代 이후로 옥문관玉門關과 양관陽關 서쪽의 여러 나라를 일컫던 역사적 용어이다.

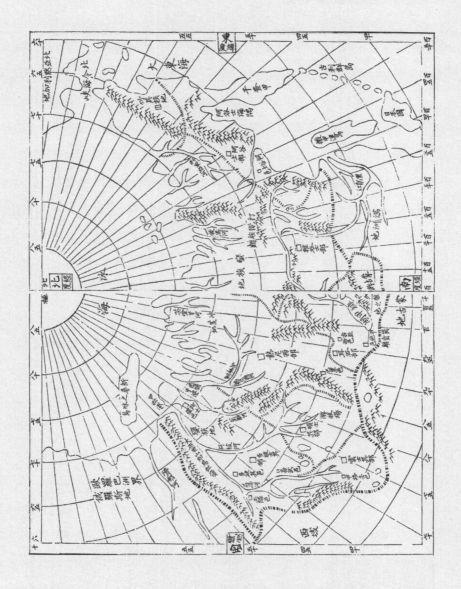

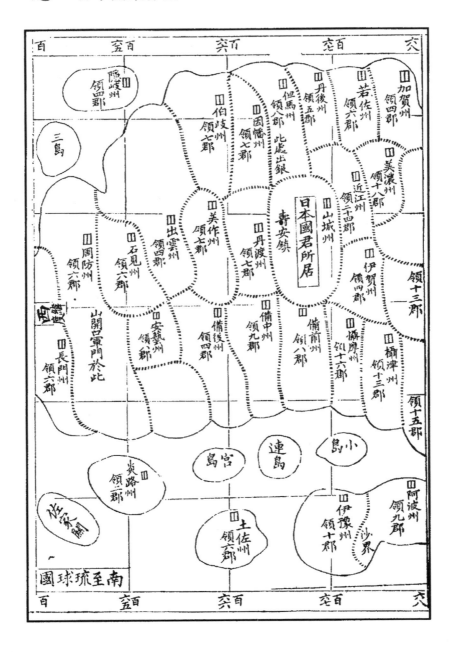

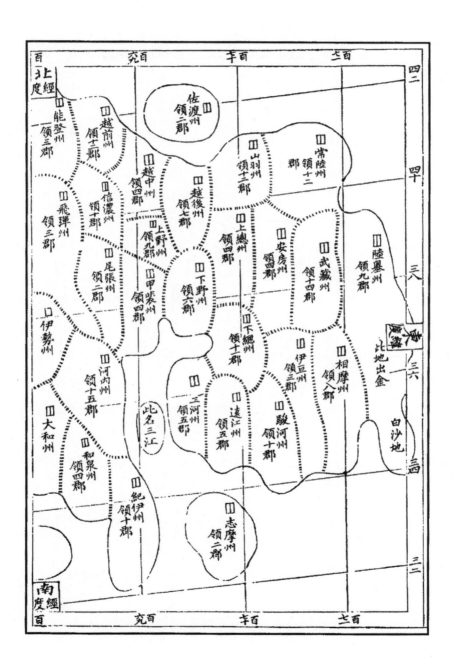

육오주陸奧州: 무쓰슈로, 9개 군을 다스렸다. 이 땅에서는 금이 난다. 백사
장이다. 무쓰슈는 지금의 아오모리현靑森縣, 이와테현巖手縣, 미야기현宮城
縣, 후쿠시마현福島縣 일대이다.

상륙주常陸州: 히타치슈로, 12개 군을 다스렸다. 히타치슈는 지금의 이바
라키현茨城縣이다.

무장주武藏州: 무사시슈로, 14개 군을 다스렸다. 무사시슈는 지금의 도쿄
도東京都, 사이타마현埼玉縣과 가나가와현神奈川縣의 일부이다.

상마주相摩州: 사가미슈로, 8개 군을 다스렸다. 사가미슈는 지금의 가나
가와현으로, 관청 소재지는 요코하마시橫濱市이다.

이긍주伊亘州: 이즈슈로, 3개 군을 다스렸다. 이즈슈는 지금의 이즈반도伊
豆半島로, 시즈오카현靜岡縣에 속한다.

산우주山羽州: 데와슈로, 12개 군을 다스렸다. 데와슈는 지금의 야마가타
현山形縣, 아키타현秋田縣의 일부이다.

안방주安房州: 아와슈로, 4개 군을 다스렸다. 아와슈는 지금의 지바현千葉
縣이다.

상총주上總州: 가즈사슈로, 4개 군을 다스렸다. 가즈사슈는 지금의 지바
현이다.

하총주下總州: 시모사슈로, 11개 군을 다스렸다. 시모사슈는 지금의 지바
현 북부와 이바라키현 일부이다.

지마주志摩州: 시마슈로, 2개 군을 다스렸다. 시마슈는 지금의 미에현三重
縣 동남쪽이다.

좌도주佐渡州: 사도슈로, 2개 군을 다스렸다. 사도슈는 지금의 사도가섬佐

渡島으로, 니가타현新潟縣에 속한다.

월후주越後州: 에치고슈로, 7개 군을 다스렸다. 에치고슈는 지금의 니가타현이다.

월중주越中州: 엣추슈로, 4개 군을 다스렸다. 엣추슈는 지금의 도야마현富山縣이다.

월전주越前州: 에치젠슈로, 12개 군을 다스렸다. 에치젠슈는 지금의 후쿠이현福井縣 쓰루가시敦賀市 동북쪽이다.

하야주下野州: 시모쓰게슈로, 6개 군을 다스렸다. 시모쓰게슈는 지금의 도치기현栃木縣이다.

상야주上野州: 고즈케슈로, 9개 군을 다스렸다. 고즈케슈는 지금의 군마현群馬縣이다.

갑배주甲裴主: 가이슈로, 4개 군을 다스렸다. 가이슈는 지금의 야마나시현山梨縣의 옛 명칭이다.

신농주信濃州: 시나노슈로, 10개 군을 다스렸다. 시나노슈는 지금의 나가노현長野縣 일대이다.

미장주眉張州: 오와리슈로, 2개 군을 다스렸다. 오와리슈는 지금의 아이치현 서북부이다. 센고쿠 시대 천하통일을 목전에 두고 사망한 명장 오다 노부나가織田信長의 출신지이다.

하내주河內州: 가와치슈로, 15개 군을 다스렸다. 가와치슈는 지금의 교토부京都府 일대이다.

준하주駿河州: 스루가슈로, 10개 군을 다스렸다. 스루가슈는 지금의 시즈오카현 동부와 중부이다.

원강주遠江州: 도토미슈로, 5개 군을 다스렸다. 도토미슈는 지금의 시즈오카현 서부이다.

삼하주三河州: 미카와슈로, 5개 군을 다스렸다. 미카와슈는 지금의 아이치현愛知縣 동남부 일대를 가리킨다.

이곳을 삼강三江이라고 한다.

기이주紀伊州: 기이슈로, 10개 군을 다스렸다. 기이슈는 지금의 와카야마현和歌山縣 대부분과 미에현 일부분이다.

화천주和泉州: 이즈미슈로, 4개 군을 다스렸다. 이즈미슈는 지금의 오사카부大阪府 남부이다.

능등주能登州: 노토슈로, 3개 군을 다스렸다. 노토슈는 지금의 이시카와현石川縣 북부이다.

비탄주飛彈州: 히다슈로, 3개 군을 다스렸다. 히다슈는 지금의 기후현岐阜縣 북부이다.

이세주伊勢州: 이세슈로, 13개 군을 다스렸다. 이세슈는 지금의 미에현에 속한다.

대화주大和州: 야마토슈로, 15개 군을 다스렸다. 야마토슈는 지금의 나라현奈良縣이다.

가하주加賀州: 가가슈로, 4개 군을 다스렸다. 가가슈는 지금의 이시카와현 남부이다.

약좌주若佐州: 와카사슈로, 6개 군을 다스렸다. 와카사슈는 지금의 후쿠이현 서남부이다.

미농주美濃州: 미노슈로, 18개 군을 다스렸다. 미노슈는 지금의 기후현 서남부이다.

근강주近江州: 오미슈로, 24개 군을 다스렸다. 오미슈는 지금의 시가현滋賀縣 일대이다.

이하주伊賀州: 이가슈로, 4개 군을 다스렸다. 이가슈는 지금의 미에현이다.

섭진주欅津州: 셋쓰슈로, 13개 군을 다스렸다. 셋쓰슈는 지금의 오사카 서
북부와 효고현兵庫縣 동남부이다.

섭마주欅摩州: 셋마슈로, 16개 군을 다스렸다. 셋마슈는 지금의 효고현 남
부이다.

아파주阿波州: 아와슈로, 9개 군을 다스렸다. 아와슈는 지금의 도쿠시마
현德島縣이다.

사계沙界: 모래 땅이다.

이예주伊豫州: 이요슈로, 10개 군을 다스렸다. 이요슈는 지금의 에히메현
愛媛縣이다.

단후주丹後州: 단고슈로, 5개 군을 다스렸다. 단고슈는 지금의 교토 북부
이다.

단마주但馬州: 다지마슈로, 8개 군을 다스렸다. 이 땅에서는 금이 난다. 다
지마슈는 지금의 효고현과 돗토리현鳥取縣 일대이다.

산성주山城州: 일본국 군주가 거처했던 곳이다. 야마시로슈는 지금의 교
토京都이다.

수안진壽安鎭: 수안진국지산壽安鎭國之山으로, 바로 아소산阿蘇山이다. 일본
규슈九州 구마모토현熊本縣 아소 지방에 위치한 활화산으로, 정식 명칭은
아소고가쿠산阿蘇五嶽이다.

비전주備前州: 비젠슈로, 8개 군을 다스렸다. 비젠슈는 지금의 오카야마
현岡山縣 동남부이다.

비중주備中州: 비추슈로, 9개 군을 다스렸다. 비추슈는 지금의 오카야마
현 서부이다.

비후주備後州: 빈고슈로, 4개 군을 다스렸다. 빈고슈는 지금의 히로시마
현廣島縣 동부이다.

인번주因幡州: 이나바슈로, 7개 군을 다스렸다. 이나바슈는 지금의 돗토리현 동부이다.

단도주丹渡州: 단바슈로, 7개 군을 다스렸다. 단바슈는 지금의 교토와 효고현 일부이다.

백기주伯歧州: 호키슈로, 7개 군을 다스렸다. 호키슈는 지금의 돗토리현 중부와 서부이다.

미작주美作州: 미마사카슈로, 7개 군을 다스렸다. 미마사카슈는 지금의 오카야마현 동북부이다.

소도小島: 고지마섬으로 추정된다.

연도連島: 지도상에는 표시되어 있으나, 현재 어떤 지역을 가리키는지는 미상이다.

궁도宮島: 미야지마섬으로 추정된다. 미야지마섬은 이쓰쿠시마섬嚴島이다.

토좌주土佐州: 도사슈로, 6개 군을 다스렸다. 도사슈는 지금의 고치현高知縣이다. 에도 시대 말기 사쓰마번과 조슈번의 동맹을 알선해서 대정봉환(1867)을 주도해 막부 체제의 종식과 근대 일본의 토대를 마련한 사카모토 료마坂本龍馬(1836~1867)의 출신지이다.

출운주出雲州: 이즈모슈로, 4개 군을 다스렸다. 이즈모슈는 지금의 시마네현島根縣 동부이다.

은기주隱岐州: 오키슈로, 4개 군을 다스렸다. 오키슈는 지금의 오키제도隱岐諸島로, 시마네현에 속한다.

삼도三島: 시마네현 나카노섬中ノ島, 니시노섬西ノ島, 지부리섬知夫里島, 3개의 섬으로 추정된다.

석견주石見州: 이와미슈로, 6개 군을 다스렸다. 이와미슈는 지금의 시마네현 서부이다.

안예주安藝州: 아키슈로, 8개 군을 다스렸다. 아키슈는 지금의 히로시마현 서부이다.

주방주周防州: 스오슈로, 6개 군을 다스렸다. 스오슈는 지금의 야마구치현山口縣 동부이다. 산개구군문山開口軍門이 여기에 있다.

장문주長門州: 나가토슈로, 6개 군을 다스렸다. 나가토슈는 지금의 야마구치현 서부이다.

염로주炎路州: 아와지슈로, 2개 군을 다스렸다. 아와지슈는 지금의 아와지섬淡路島이다.

좌가관佐家關: 사가세키로, 지금의 오이타현大分縣에 속한다.

남지유구국南至琉球國: 남쪽으로는 류큐국에 이른다.

日本國西界圖

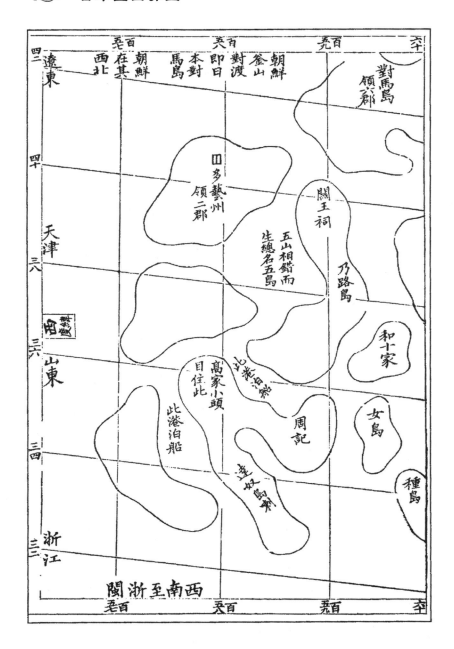

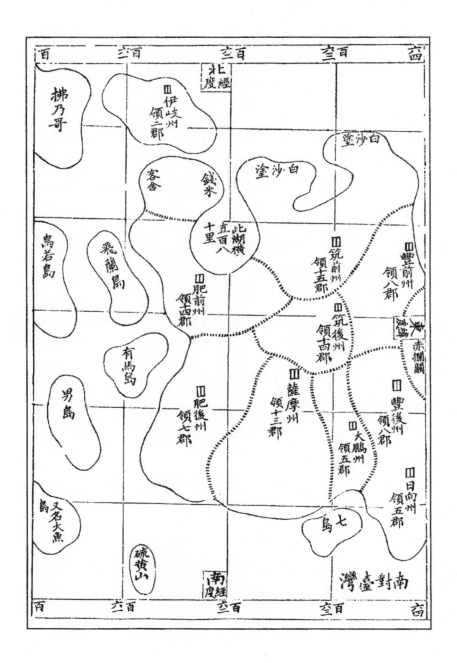

적란관赤攔關: 아카마가세키로, 시모노세키下關의 옛 명칭이다.

풍전주豐前州: 부젠슈로, 8개 군을 다스렸다. 부젠슈는 지금의 후쿠오카현福岡縣 동부와 오이타현 북부이다.

풍후주豐後州: 분고슈로, 8개 군을 다스렸다. 분고슈는 지금의 오이타현 대부분 지역이다.

일향주日向州: 휴가슈로, 5개 군을 다스렸다. 휴가슈는 지금의 미야자키현宮崎縣이다.

백사도白沙塗: 백사장이다.

축전주筑前州: 지쿠젠슈로, 15개 군을 다스렸다. 지쿠젠슈는 지금의 후쿠오카현 북부이다.

축후주筑後州: 지쿠고슈로, 14개 군을 다스렸다. 지쿠고슈는 지금의 후쿠오카현 남부이다.

대붕주大鵬州: 오쓰미슈로, 5개 군을 다스렸다. 오쓰미슈는 지금의 가고시마현鹿兒島縣 동부이다.

살마주薩摩州: 사쓰마슈로, 13개 군을 다스렸다. 사쓰마슈는 지금의 가고시마현 서부이다.

칠도七島: 지도상에는 표시되어 있으나, 현재 어떤 지역을 가리키는지는 미상이다.

남대대만南對臺灣: 남쪽으로 대만과 마주하고 있다.

이기주伊岐州: 이키슈로, 2개 군을 다스렸다. 이키슈는 지금의 이키섬壹岐島으로, 나가사키현에 속한다.

전미錢米: 철래鐵來라고도 하며, 다이라多以良로, 지금의 나가사키현에 속한다.

객사客舍: 가이제皆瀨로, 지금의 나가사키현에 속한다.

이 호수는 가로세로 길이가 180리이다.

비전주肥前州: 히젠슈로, 14개 군을 다스렸다. 히젠슈는 지금의 사가현佐賀縣과 나가사키현 일부 지역이다.

비후주肥後州: 히고슈로, 7개 군을 다스렸다. 히고슈는 지금의 구마모토현熊本縣이다.

불내가拂乃哥: 후나코시船越로, 지금의 쓰시마섬對馬島에 있다.

비란도飛蘭島: 히라도섬平戶島으로, 지금의 나가사키현에 속한다.

조약도鳥若島: 지금의 우쿠섬宇久島이다.

남도男島: 단조군도男女群島의 주요 섬인 오시마섬이다.

여도女島: 단조군도의 주요 섬인 메시마섬이다.

유마도有馬島: 지도상에는 표시되어 있으나, 현재 어떤 지역을 가리키는지는 미상이다.

종도種島: 대어도大魚島라고도 하며, 다네가섬種子島이다. 가고시마현 동부에 위치한 섬으로, 센고쿠 시대 표류해 온 포르투갈 상인에 의해 처음으로 화승총이 전래된 것으로 유명하다.

유황산硫黃山: 이오야마로, 이오섬琉黃島, 즉 가고시마만鹿兒島灣 입구에서 서남쪽으로 60여 리 떨어진 곳에 위치한 작은 섬을 가리킨다. 섬에는 유황 광산이 있다.

대마도對馬島: 쓰시마섬으로, 6개 군을 다스렸다. 지금의 나가사키현에 속한다.

조선 부산의 건너편이 바로 일본의 대마도이다. 조선은 그 서북쪽에 위치한다.

다예주多藝州: 다게슈로, 2개 군을 다스렸다. 지도상에는 표시되어 있으나, 현재 어떤 지역을 가리키는지는 미상이다.

내로도乃路島: 지금의 나루섬奈留島이다.

관왕사關王祠: 관우를 모신 사당이다.

다섯 개의 산이 서로 교차하기 때문에 총괄하여 오도五島라고 한다.

—오도五島: 지금의 고토열도五島列島이다.

천진天津: 지금의 중국 천진시이다.

화십가和十家: 오지카섬小值賀島으로, 지금의 히라도섬에 속한다.

주기周記: 도키戶岐로, 지금의 고토열도 남부에 위치한다.

고가소두목高家小頭目이 여기에 거주했다.

이 항구는 선박이 정박했다.

산동山東: 지금의 중국 산동성이다.

달노도랄達奴島剌: 지금의 가고시마현 다노우라田之浦이다.

절강浙江: 지금의 중국 절강성이다.

서남지절민西南至浙閩: 서남쪽으로는 절강과 복건에 이른다.

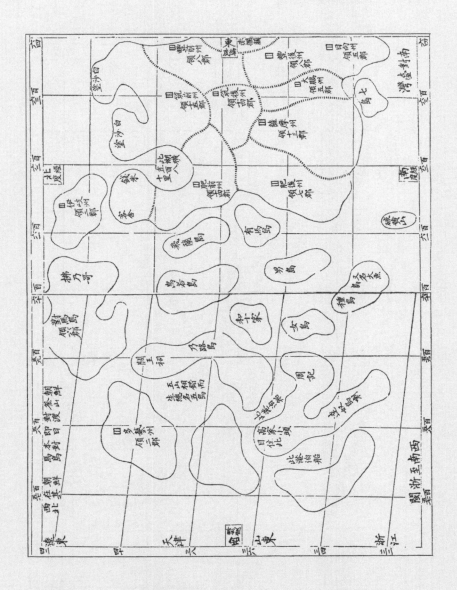

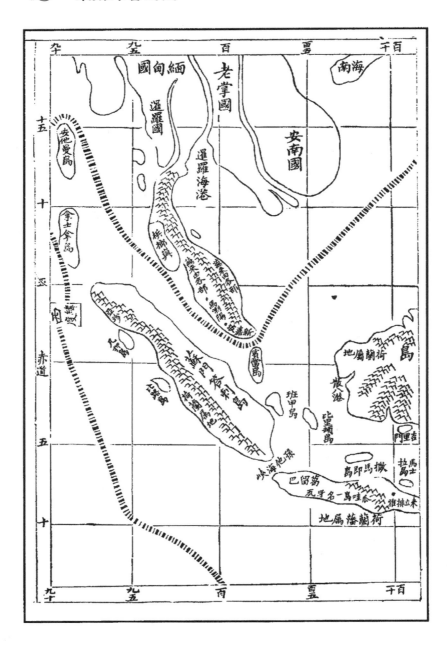

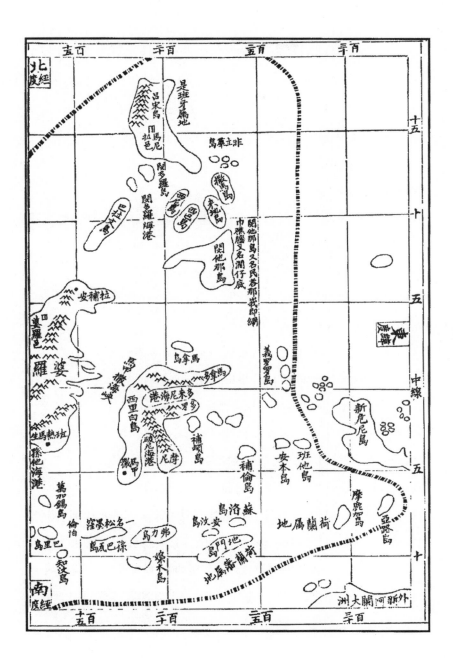

🐚 동남양 각 섬 지도

신위니도新危尼島: 지금의 뉴기니섬New Guinea으로, 인도네시아에서는 이리안섬Pulau Irian 또는 파푸아섬Pulau Papua이라고도 한다.

아로도亞路島: 지금의 인도네시아 아루제도Kepulauan Aru이다.

마록가도摩鹿加島: 몰루카제도Moluccas로, 지금의 인도네시아 말루쿠제도Kepulauan Maluku이다.

외신아란대주外新阿蘭大洲: 지금의 오스트레일리아Australia이다.

의라라도義罗罗島: 지금의 인도네시아 할마헤라섬Pulau Halmahera이다.

반타도班他島: 지금의 인도네시아 반다제도Kepulauan Banda이다.

안본도安本島: 지금의 인도네시아 암본섬Pulau Ambon이다.

하란속지荷蘭属地: 네덜란드 속지이다.

여송도呂宋島: 지금의 필리핀 루손섬Luzon Island이다.

마니랍읍馬尼拉邑: 지금의 필리핀 수도 마닐라Manila이다.

민다라도閔多羅島: 지금의 필리핀 민도로섬Mindoro Island이다.

민다라해항閔多羅海港: 지금의 민도로해협Mindoro Strait이다.

파랍문도巴拉文島: 지금의 필리핀 팔라완섬Palawan Island이다.

서니도西尼島: 지금의 필리핀 시부얀섬Sibuyan Island이다.

서파도西巴島: 지금의 필리핀 마스바테섬Masbate Island이다.

비립군도非立羣島: 16세기 중엽 스페인의 식민지였기 때문에 스페인 국왕 펠리페 2세Felipe II의 이름을 따 레이테섬Leyte Island으로 명명했다. 악록서사본에 따르면, 본 지도의 '래지도來地島' 일대는 필리핀으로, 나중에 이름이 군도群島로 확장되었고 아울러 국명國名이 되었다. 실제 레이테섬은 사마르섬의 서남쪽에 위치한다.

시반아속지是班牙属地: 스페인 속지이다.

살마도撒馬島: 지금의 필리핀 사마르섬Samar Island이다.

래지도來地島: 지금의 레이테섬으로, 필리핀 중동부 비사야제도에 속한다.

민타나도閩他那島는 민답나아아民答那莪, 망건초뇌網巾礁腦라고도 하고 또한 간자저涧仔底라고도 한다.

민타나도閩他那島: 지금의 필리핀 민다나오섬Mindanao Island이다. 본 지도에서는 간자저도, 민타나도의 이명으로 적고 있지만, 사실 간자저는 지금의 인도네시아 말루쿠제도에 있는 트르나테섬Pulau Ternate이다.

마나도馬拿島: 지금의 인도네시아 마나도투아섬Pulau Manadotua이다.

마나다馬拿多: 지금의 인도네시아 마나도Manado이다.

다래니해항多來尼海港: 지금의 인도네시아 말루쿠해에 있는 토미니만Teluk Tomini이다.

다라多罗: 지금의 인도네시아 톨로만Teluk Tolo이다.

서리백도西里白島: 셀레베스Celebes로, 지금의 인도네시아 술라웨시섬Pulau Sulawesi이다.

마니摩尼: 지금의 인도네시아 무나섬Pulau Muna으로 추정된다.

파니해항破尼海港: 지금의 인도네시아 보네만Teluk Bone이다.

마갑살馬甲撒: 마카사르Makassar로, 지금의 인도네시아 우중판당Ujung Pandang이다.

마갑살해협馬甲撒海峽: 지금의 마카사르해협Selat Makassar이다.

보돈도補頓島: 지금의 인도네시아 부퉁섬Pulau Butung이다.

보륜도補倫島: 지금의 인도네시아 부루섬Pulau Buru이다.

소락도蘇洛島: 지금의 필리핀 술루군도Sulu Archipelago이다. 본 지도에서는 위치를 위쪽으로 잘못 그렸다.

안문도安汶島: 본 지도상 위치는 지금의 인도네시아 알로르섬Pulau Alor로 추정된다. 알로르섬은 아라도亞羅島, 아락도阿洛島로 표기된다. 서계여徐繼畬의 『영환지략瀛環志略』에 따르면 안문도와 안본도는 모두 지금의 인도네시아 암본섬이다.

지문도地門島: 지금의 인도네시아 티모르섬Pulau Timor이다.

하란번속지荷蘭藩属地: 네덜란드 속지이다.

불력도弗力島: 지금의 인도네시아 플로레스섬Pulau Flores이다.

뇨목도嫋木島: 지금의 인도네시아 숨바섬Pulau Sumba으로 추정된다.

손파와도孫巴瓦島: 송묵와松墨窪라고도 하고 지금의 인도네시아 숨바와섬 Pulau Sumbawa이다.

륜박淪泊: 지금의 인도네시아 롬복섬Pulau Lombok이다.

랍보안拉補安: 지금의 말레이시아 라부안섬Pulau Labuan으로, 사바Sabah 지역에 있다.

파라읍婆羅邑: 지금의 브루나이Brunei이다.

파라도婆羅島: 지금의 보르네오섬Pulau Borneo으로, 칼리만탄섬Pulau Kalimantan이라고도 한다.

하란속지荷蘭屬地: 네덜란드 속지이다.

반열마생班熱馬生: 지금의 인도네시아 반자르마신Banjarmasin이다.

손타해항孫他海港: 지금의 순다해협Selat Sunda이다.

만가석도萬加錫島: 악록서사본에 따르면, 관련 문헌 기록이 정확하지 않은 데다가 위원도 고찰하지 않아서 술라웨시섬의 서남쪽에 또 만가석도가 있다고 잘못 여겼다. 사실 만가석도는 본 지도에서 술라웨시섬 서남쪽에 있는 마카사르로, 두 명칭 모두 지금의 우중판당이다.

파리도巴里島: 지금의 인도네시아 발리섬Pulau Bali이다.

지문도知汶島: 지금의 인도네시아 티모르섬의 또 다른 음역이다. '지문도地問島'와 '지문도知汶島'는 한 섬에 대한 두 개의 음역이지, 두 개의 섬이 아니다. 본 지도에서는 발리섬 동남쪽에 또 '지문知汶'이라는 작은 섬이 있는데, 잘못 그렸다.

길리문吉里門: 지금의 인도네시아 카리문자와제도Kepulauan Karimunjawa이다.

산팔항散八港: 지금의 인도네시아 삼바스Sambas이다.

비리돈도比里頓島: 빌리톤섬Biliton Island으로, 지금의 인도네시아 벨리퉁섬Pulau Belitung이다.

반갑도班甲島: 지금의 인도네시아 방카섬Pulau Bangka이다.

빈당도賓當島: 지금의 인도네시아 빈탄섬Pulau Bintan이다.

마사랍도馬士拉島: 지금의 인도네시아 마두라섬Pulau Madura이다.

살마즉도撒馬即島: 지금의 인도네시아 스마랑Semarang으로, 자와섬 북부에 위치한다. 본 지도에서는 자와섬 북부에 또 다른 작은 섬이 있는 것으로 잘못 그렸다.

내립배아來立排雅: 사수泗水로, 지금의 인도네시아 수라바야Surabaya이다.

조왜도爪哇島: 아와牙瓦라고도 하며, 지금의 인도네시아 자와Jawa이다.

갈류파葛留巴: 순다 클라파Sunda Kelapa로, 클라파Kelapa는 야자椰子라는 뜻이다. 이에 중국인들은 습관적으로 갈류파葛留巴, 즉 야자 도시(椰城)라고 불렀다. 1527년 드막국Demak이 이 땅을 점령하고 자야카르타Jaya Karta로 명칭을 바꿨다. 1618년에는 네덜란드의 식민군에게 점령당한 뒤, 바타비아Batavia로 이름을 바꿨다. 인도네시아가 독립한 후 16세기 초의 옛 명칭을 회복하고 자카르타Jakarta로 명칭을 정했는데, 지금의 인도네시아 수도 자카르타이다.

하란번속지荷蘭藩属地: 네덜란드 속지이다.

손타해협孫他海峽: 지금의 순다해협이다.

해남海南: 지금의 중국 해남도이다.

안남국安南國: 지금의 베트남Viet Nam이다.

노장국老掌國: 지금의 라오스Laos이다.

면전국緬甸國: 지금의 미얀마Myanmar이다.

섬라국暹羅國: 지금의 태국Thailand이다.

섬라해항暹羅海港: 시암만Gulf of Siam으로, 지금의 타이만Gulf of Thailand이다.

안타만도安他曼島: 지금의 인도 안다만제도Andaman Islands이다.

나사나도拿士拿島: 지금의 인도 니코바르제도Nicobar Islands이다.

빈랑서檳榔嶼: 지금의 말레이시아 피낭섬Pulau Pinang이다.

무래유각부蕪來由各部: 말레이Malays 각 부족이다.

마라격馬喇隔: 지금의 말레이시아 믈라카주Melaka이다.

신가파新嘉坡: 지금의 싱가포르Singapore이다.

소문답랄도蘇門答剌島: 지금의 인도네시아 수마트라섬Pulau Sumatra이다.

하란속지荷蘭属地: 네덜란드 속지이다.

범압도凡押島: 지금의 인도네시아 바냐제도Kepulauan Banyak이다.

비로도比路島: 지금의 인도네시아 시베룻섬Pulau Siberut이다.

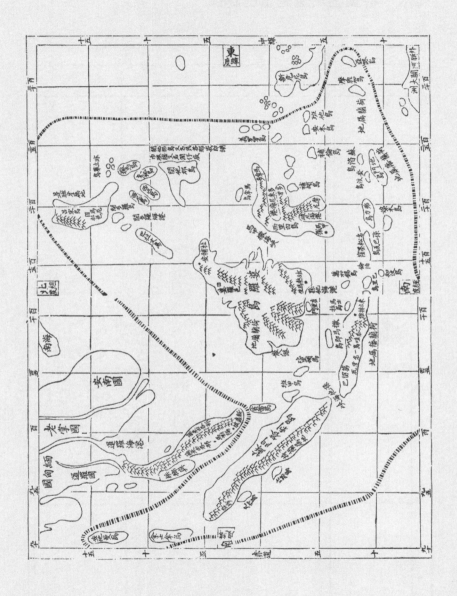

荷蘭國所屬葛留巴島圖

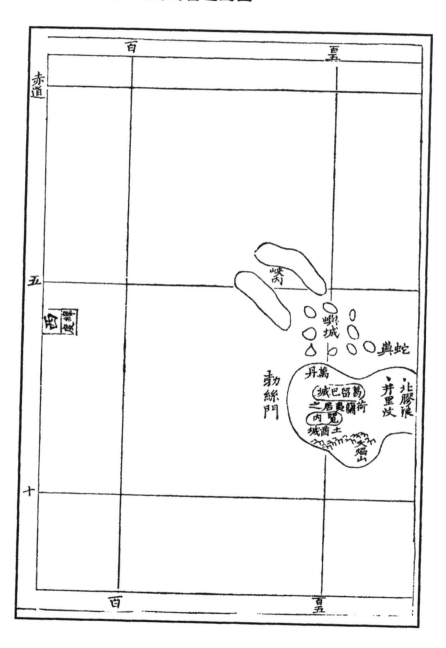

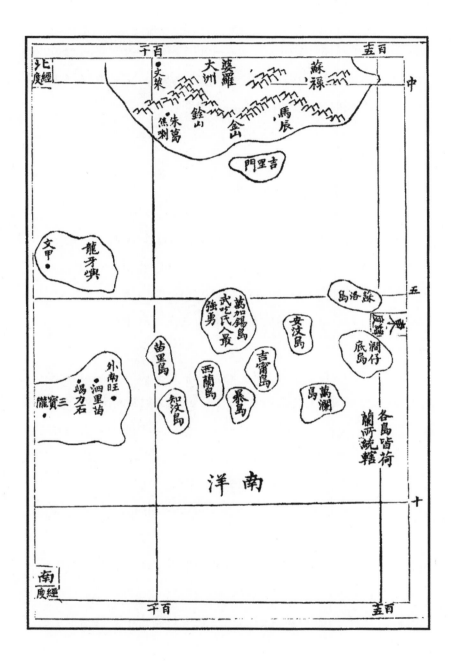

소록蘇祿: 고대 술루국Sulu으로, 술루 서왕西王이 다스리던 곳은 칼리만탄 동북부였고 동왕東王이 다스리던 곳은 술루군도Sulu Archipelago였으며, 동 왕峒王이 다스리던 곳은 팔라완Palawan 남부였다.

파라대주婆羅大洲: 지금의 보르네오섬Pulau Borneo으로, 칼리만탄섬Pulau Kalimantan이라고도 한다.

문래文萊: 지금의 브루나이Brunei이다.

마신馬辰: 지금의 인도네시아 반자르마신Banjarmasin이다.

금산金山: 반자르마신 동북쪽의 브사르산Gunung Besar 일대를 가리킨다.

전산銓山: 폰티아낙Pontianak 동부의 산을 가리킨다. 카푸아스강Sungai Kapuas 상류인 믈라위강Sungai Melawi 일대에 위치한다.

주갈초라朱葛焦喇: 지금의 인도네시아 칼리만탄섬 서남쪽 해안의 수카다 나Sukadana이다.

길리문吉里門: 지금의 인도네시아 카리문자와제도Kepulauan Karimunjawa이다.

용아서龍牙嶼: 악록서사본에 따르면, 문헌 속의 '용아문龍牙門'은 일반적으 로 싱가포르Singapore를 가리키지만, '용아산龍牙山'은 일반적으로 링가제도 Pulau Lingga를 가리킨다. 이 지도에서의 '용아서'는 그 위치와 섬에 있는 '문 갑文甲'이라는 지명으로 볼 때 상술한 두 지역은 아닌 것 같다. 용아서는 빌리톤섬Billiton Island을 가리키며, 지금의 인도네시아 벨리퉁섬Pulau Belitung 이다.

문갑文甲: '용아서'가 벨리퉁섬을 지칭한다면 '문갑'은 벨리퉁섬의 망가르 Manggar로 추정된다.

소락도蘇洛島: 『해도일지海島逸志』에 따르면 필리핀 술루군도Sulu Archipelago

를 가리킨다. 그러나 이 지도에서는 그려진 위치가 위도는 남쪽으로 10도, 경도는 서쪽으로 5도 이동해 있다.

간자저도澗仔底島: 지금의 인도네시아 트르나테섬Pulau Ternate으로, 본 지도에서는 위치를 잘못 그렸다.

만란도萬瀾島: 지금의 인도네시아 반다제도Kepulauan Banda이다.

각 섬 모두 네덜란드 속지이다.

안문도安汶島: 지금의 인도네시아 암본섬Pulau Ambon이다.

만가석도萬加錫島: 마카사르Makassar로, 술라웨시섬 서남부의 큰 도시이지 또 다른 섬이 아니다. 부기족이 가장 용감하다.

길녕도吉甯島: 지금의 인도네시아 말루쿠제도에 있는 클랑섬Pulau Kelang이다.

서란도西蘭島: 세람섬Ceram Island으로, 지금의 인도네시아 스람섬Pulau Seram이며, 클랑섬 동쪽, 암본섬 북쪽에 위치한다.

폭도暴島: 지금의 인도네시아 말루쿠제도에 있는 바바르제도Kepulauan Babar이다.

묘리도苗里島: 지금의 인도네시아 발리섬Pulau Bali이다.

지문도知汶島: 지금의 인도네시아 티모르섬Pulau Timor이다.

남양南洋: 지금의 인도양Indian Ocean이다.

외남왕外南旺: 지금의 인도네시아 자와섬Pulau Jawa 동쪽 해안의 바뉴왕기Banyuwangi이다.

사리묘泗里苗: 지금의 인도네시아 자와섬 수라바야Surabaya로, 사수泗水라고도 칭한다.

갈력석竭力石: 지금의 인도네시아 자와섬 그레식Gresik으로, 금석錦石이라고도 한다.

삼보롱三寶隴: 지금의 인도네시아 스마랑Semarang이다.

사서蛇嶼: 지금의 인도네시아 자와섬 북쪽 해안 밖에 위치하고 있으며, 라킷섬Pulau Rakit에서 카리문자와제도Kepulauan Karimunjawa 일대의 섬들을 널리 지칭하기도 한다.

서성嶼城: 스리부제도Kepulauan Seribu로, 천도군도千島群島라고도 한다. 인도네시아 자카르타만 밖에 위치한다.

협내峽內: '용아서'가 벨리퉁섬을 지칭한다면 '협내'는 지금의 인도네시아 방카해협Selat Bangka을 가리킨다.

발사문勃絲門: 지금의 인도네시아 람풍만Teluk Lampung 연안의 파당세르민Padang Cermin로 추정된다.

북교랑北膠浪: 지금의 인도네시아 자와섬 프칼롱안Pekalongan이다.

정리문井里汶: 치르본Cirebon으로, 지금의 인도네시아 자와섬에 있다.

만단萬丹: 반탄Bantan으로, 지금의 인도네시아 자와섬 서북 해안에 위치한다.

갈류파성葛留巴城: 네덜란드인의 거주지이다. 지금의 인도네시아 수도 자카르타Jakarta이다.

남내覽內: 원주민 군주의 성이다. 보르스텐란덴Vorstenlanden으로, '제후의 땅(侯地)'이란 뜻이다.

화염산火焰山: 크라카타우화산Gunung Krakatau으로, 지금의 순다해협 라카타섬Pulau Rakata이다.

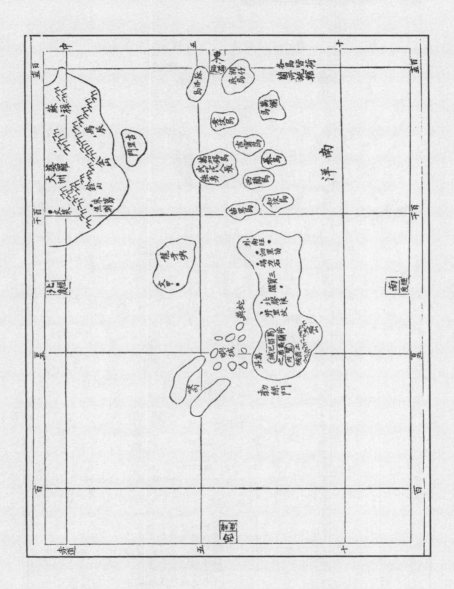

奧大利亞及各島圖

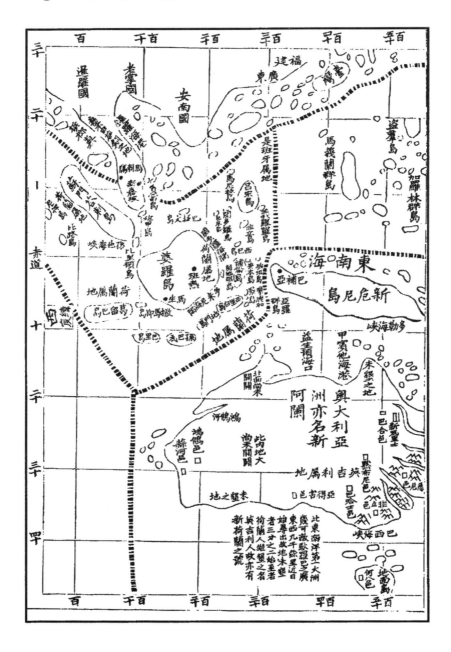

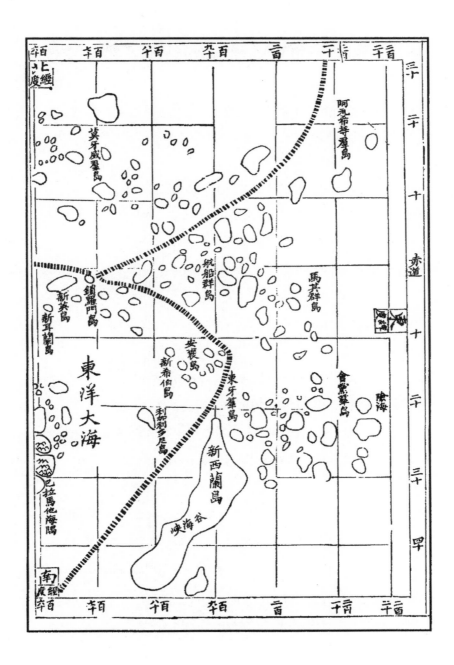

🐉 **오스트레일리아 및 부속 도서 지도**

아와희등군도阿瓦希等羣島: 오와이히섬Owhyhee Island으로, 지금의 미국령 하와이제도Hawaiian Islands이다.

마기군도馬其群島: 지금의 프랑스령 마르키즈제도îles Marquesas이다.

항선군도航船群島: 내비게이터스제도Navigators Islands로, 지금의 미국령 사모아제도Samoa Islands이다.

회당군도會黨羣島: 지금의 프랑스령 소시에테제도Îles de la Société이다.

험해險海: 지금의 프랑스령 투아모투제도Îles Tuamotu이다.

동아군도東牙羣島: 지금의 통가Tonga이다.

신서란도新西蘭島: 지금의 뉴질랜드New Zealand이다.

곡해협谷海峽: 지금의 쿡해협Cook Strait이다.

막아위군도莫牙威羣島: 멀그레이브제도Mulgrave Islands로, 지금의 오스트레일리아 바두섬Badu Island이다.

쇄라문도鎖羅門島: 지금의 솔로몬제도Solomon Islands이다.

신영도新英島: 지금의 파푸아뉴기니 뉴브리튼섬New Britain이다.

신이란도新耳蘭島: 지금의 파푸아뉴기니 뉴아일랜드섬New Ireland이다.

안포도安襃島: 피지Fiji의 바누아레부섬Vanua Levu Island으로 추정된다. 큰 섬이라는 뜻이다.

신희백도新希伯島: 뉴헤브리디스제도New Hebrides로, 지금의 바누아투Vanuatu이다.

이가리다니도利加利多尼島: 지금의 프랑스령 누벨칼레도니섬Nouvelle Calédonie이다.

동양대해東洋大海: 지금의 태평양Pacific Ocean이다.

파랍마타해우巴拉馬他海隅: 지금의 패러매타Paramatta 연해이다.

대만臺灣: 지금의 대만이다.

복건福建: 지금의 중국 복건성이다.

광동廣東: 지금의 중국 광동성이다.

안남국安南國: 지금의 베트남Viet Nam이다.

노장국老掌國: 지금의 라오스Laos이다.

섬라국暹羅國: 지금의 태국Thailand이다.

섬라해항暹羅海港: 시암만Gulf of Siam으로, 지금의 타이만Gulf of Thailand이다.

무래유족류지지蕪來由族類之地: 말레이족Malays의 땅이다.

마라격馬喇隔: 지금의 말레이시아 플라카주Melaka이다.

신가파新嘉坡: 지금의 싱가포르Singapore이다.

빈랑서梹榔嶼: 지금의 말레이시아 피낭섬Pulau Pinang이다.

도군도盜羣島: 라드로네스제도Islas de Los Ladrones이다. 1521년 마젤란Magellan 함대가 이 제도에 도착한 후 선원들이 해안에 내린 후에 원주민들을 죽이고 물건을 빼앗자 원주민들이 보복하기 위해 그들의 배와 물건을 빼앗았는데, 이에 마젤란 등의 사람들이 이 섬을 '도적군도盜賊群島'라고 부른 것이다. 1668년에 스페인 선교사들이 또 스페인 여왕의 이름으로 이 일대를 명명하여 마리아나제도Mariana Islands가 되었다.

가라림군도加羅林群島: 지금의 캐롤라인제도Caroline Islands이다.

마의란군도馬義蘭群島: 지금의 마리아나제도이다.

시반아속지是班牙屬地: 스페인 속지이다.

여송도呂宋島: 지금의 필리핀 루손섬Luzon Island이다.

마니랍도馬尼拉島: 지금의 필리핀 수도 마닐라Manila로, 당시에는 루손섬의 대도시였다. 본 지도에서는 루손섬의 서쪽에 있는 또 다른 섬으로 잘못 그렸다.

의라라도義羅羅島: 지금의 인도네시아 할마헤라섬Pulau Halmahera이다.

비립도非立島: 16세기 중엽 스페인의 식민지였기 때문에 스페인 국왕 펠리페 2세Felipe II의 이름을 따 레이테섬Leyte Island으로 명명했다.

민다라도閔多羅島: 지금의 필리핀 민도로섬Mindoro Island이다.

파니도巴尼島: 지금의 필리핀 파나이섬Panay Island이다.

서파도西巴島: 지금의 필리핀 마스바테섬Masbate Island이다.

민다라해우閔多羅海隅: 지금의 민도로해협Mindoro Strait이다.

반타도班他島: 지금의 인도네시아 반다제도Kepulauan Banda이다.

안본도安本島: 지금의 인도네시아 암본섬Pulau Ambon이다.

보륜도補倫島: 지금의 인도네시아 부루섬Pulau Buru이다.

민타나도閔他那島: 지금의 필리핀 민다나오섬Mindanao Island이다.

마록가도摩鹿加島: 몰루카제도Moluccas로, 지금의 인도네시아 말루쿠제도Kepulauan Maluku이다.

다래니해우多來尼海隅: 〈동남양 각 섬 지도〉에서는 토미니만Teluk Tomini의 위치를 잘 그려 놓았는데, 본 지도에서는 오히려 칼리만탄섬 동남쪽으로 잘못 그렸다.

서리백도西里白島: 지금의 인도네시아 술라웨시섬Pulau Sulawesi이다.

지문도地門島: 지금의 인도네시아 티모르섬Pulau Timor이다.

하란속지荷蘭属地: 네덜란드 속지이다.

파랍문도巴拉文島: 지금의 필리핀 팔라완섬Palawan Island이다.

반갑도班甲島: 지금의 인도네시아 방카섬Pulau Bangka이다.

빈당도賓當島: 지금의 인도네시아 빈탄섬Pulau Bintan이다.

비리돈도比里頓島: 빌리톤섬Biliton Island으로, 지금의 인도네시아 벨리퉁섬

Pulau Belitung이다.

소문답랄도蘇門答剌島: 지금의 인도네시아 수마트라섬Pulau Sumatra이다.

하란속지荷蘭属地: 네덜란드 속지이다.

비로도比路島: 지금의 인도네시아 시베룻섬Pulau Siberut이다.

니압도尼押島: 지금의 인도네시아 니아스섬Pulau Nias이다.

손타해협孫他海峽: 지금의 순다해협Selat Sunda이다.

파라도波羅島: 지금의 보르네오섬Pulau Borneo으로, 칼리만탄섬Pulau Kalimantan
이라고도 한다.

반열마생班熱馬生: 〈동남양 각 섬 지도〉에서는 하나의 지명으로 밝혀 놓
고, 이 지도에서는 '반열班熱'과 '마생馬生' 두 지역으로 잘못 나누어 놓았
다. 반열마생은 지금의 인도네시아 반자르마신Banjarmasin이다.

하란속지荷蘭属地: 네덜란드 속지이다.

살마즉도撒馬即島: 〈동남양 각 섬 지도〉에서는 자와섬 북쪽 해상에 그려
놓고 '이안우도利岸于島'에 속하며, '즉即'은 '랑郞'의 오기라고 밝혔다. 본 지
도에서는 이곳을 자와섬 동남쪽의 또 다른 섬으로 잘못 그렸다. 살마즉
도는 지금의 인도네시아 스마랑Semarang이다.

손파와孫巴瓦: 지금의 인도네시아 숨바와섬Pulau Sumbawa이다.

파리도巴里島: 지금의 인도네시아 발리섬Pulau Bali이다.

갈류파도葛留巴島: 지금의 인도네시아 자와Jawa이다.

하란속지荷蘭属地: 네덜란드 속지이다.

동남해東南海: 지금의 태평양Pacific Ocean이다.

신위니도新危尼島: 지금의 뉴기니섬New Guinea으로, 인도네시아에서는 이
리안섬Pulau Irian 또는 파푸아섬Pulau Papua이라고도 한다.

파보아巴補亞: 파푸아Papua는 섬 이름인 경우, 지금의 뉴기니섬 또는 이리

안섬이고, 도시 이름인 경우, 지금의 인도네시아 소롱Sorong을 가리키기
도 한다.

다륵해협多勒海峽: 지금의 토러스해협Torres Strait이다.

아라군도亞羅群島: 지금의 인도네시아 아루제도Kepulauan Aru이다.

갑빈타해항甲賓他海港: 지금의 카펀테리아만Gulf of Carpentaria이다.

익생돈해구益生頓海口: 지금의 오스트레일리아 에싱턴항Port Essington이다.

오대리아주奧大利亞洲: 신아란新阿蘭이라고도 하며, 뉴홀랜드New Holland로,
지금의 오스트레일리아Australia이다.

미간지지未墾之地: 아직 개간되지 않은 땅이다.

신와리사新瓦里士: 지금의 오스트레일리아 뉴사우스웨일스주New South
Wales이다.

파합읍巴合邑: 지금의 오스트레일리아 배서스트Bathurst이다.

실니읍悉尼邑: 지금의 오스트레일리아 시드니Sydney이다.

묵포니읍黙布尼邑: 지금의 오스트레일리아 멜버른Melbourne이다.

비립읍非立邑: 지금의 오스트레일리아 필립항Port Phillip이다.

파합사읍巴哈士邑: 지금의 오스트레일리아 포틀랜드Portland로 추정된다.

아득해읍亞得害邑: 지금의 오스트레일리아 애들레이드Adelaide이다.

홍곡하鴻鵠河: 지금의 오스트레일리아 스완강Swan River이다.

홍곡읍鴻鵠邑: 지금의 오스트레일리아 퍼스Perth이다.

산하읍蒜河邑: 지도상에는 표시되어 있으나, 현재 어떤 지역을 가리키는
지는 미상이다.

북면상미개벽北面尙未開闢: 북방은 아직 개간되지 않았다.

차내지대상미개벽此內地大尙未開闢: 이 땅은 크지만, 아직 개간되지 않았다.

미간지지未墾之地: 아직 개간되지 않은 땅이다.

영길리속지英吉利属地: 영국 속지이다.

파서해협巴西海峽: 지금의 오스트레일리아 배스해협Bass Strait이다.

지면도地面島: 지금의 반디멘스랜드Van Diemen's Land로, 『해국도지』 100권
본 출판 1년 후인 1853년에 태즈메이니아Tasmania로 명칭을 바꿨다.

하팔읍何八邑: 지금의 오스트레일리아 호바트Hobart이다.

오스트레일리아는 태평양에서 가장 큰 대륙으로, 그 크기는 유럽의 면적에 필적하여
동서 9천여 리에 이른다. 근래 처음으로 발견되었기 때문에 아직 3분의 2는 개척되지
않았다. 처음 도착한 사람들은 네덜란드인이나 뒤를 이어 개척한 사람들은 영국인이기
때문에 '뉴홀랜드'라고도 불린다.

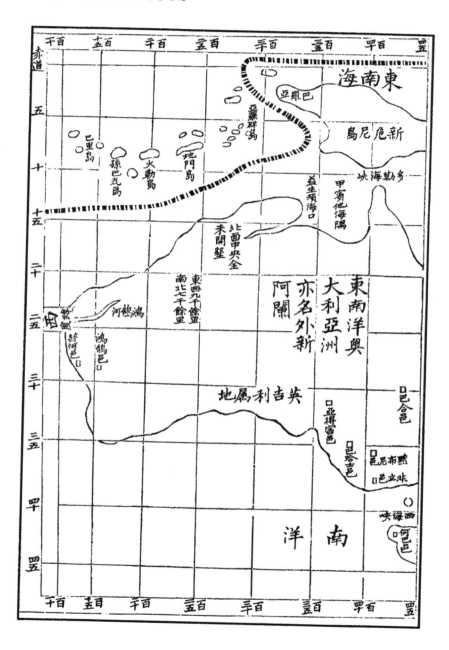

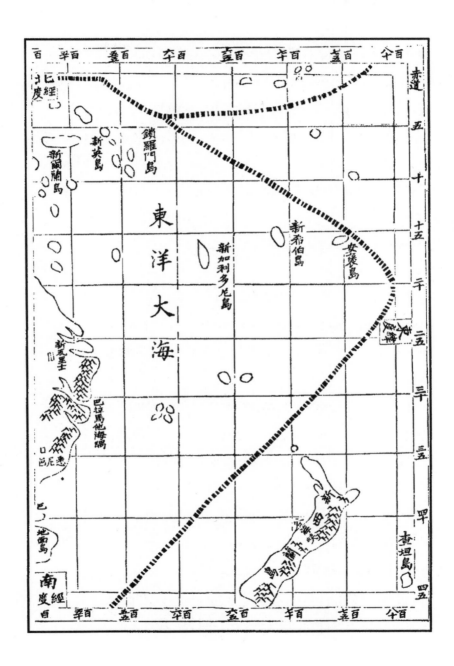

쇄라문도鎖羅門島: 지금의 솔로몬제도Solomon Islands이다.

신영도新英島: 지금의 파푸아뉴기니 뉴브리튼섬New Britain이다.

신이란도新爾蘭島: 지금의 파푸아뉴기니 뉴아일랜드New Ireland이다.

안포도安襃島: 피지Fiji의 바누아레부섬Vanua Levu Island으로 추정된다. 큰 섬
이라는 뜻이다.

신희백도新希伯島: 뉴헤브리디스제도New Hebrides로, 지금의 바누아투Vanuatu
이다.

신가리다니도新加利多尼島: 지금의 프랑스령 누벨칼레도니섬Nouvelle Calédonie
이다.

동양대해東洋大海: 지금의 태평양Pacific Ocean이다.

파랍마타해우巴拉馬他海隅: 지금의 패러매타Paramatta 연해이다.

신와리사新瓦里士: 지금의 오스트레일리아 뉴사우스웨일스주New South
Wales이다.

실니읍悉尼邑: 지금의 오스트레일리아 시드니Sydney이다.

사탄도查坦島: 지금의 뉴질랜드 채텀제도Chatham Islands이다.

신서란도新西蘭島: 지금의 뉴질랜드New Zealand이다.

곡해협谷海峽: 지금의 쿡해협Cook Strait이다.

파서해협巴西海峽: 지금의 오스트레일리아 배스해협Bass Strait이다.

지면도地面島: 반디멘스랜드Van Diemen's Land로, 지금의 오스트레일리아 태
즈메이니아Tasmania이다.

하파읍何巴邑: 지금의 오스트레일리아 호바트Hobart이다.

동남해東南海: 지금의 태평양Pacific Ocean이다.

신위니도新危尼島: 지금의 뉴기니섬New Guinea으로, 인도네시아에서는 이리안섬Pulau Irian 또는 파푸아섬Pulau Papua이라고도 한다.

파라아巴羅亞: 파푸아Papua는 섬 이름인 경우, 지금의 뉴기니섬 또는 이리안섬이고, 도시 이름인 경우, 지금의 인도네시아 소롱Sorong을 가리키기도 한다.

다륵해협多勒海峽: 지금의 토러스해협Torres Strait이다.

갑빈타해우甲賓他海隅: 지금의 카펀테리아만Gulf of Carpentaria이다.

익생돈해구益生頓海口: 지금의 오스트레일리아 에싱턴항Port Essington이다.

아라군도亞羅群島: 지금의 인도네시아 아루제도Kepulauan Aru이다.

지문도地門島: 지금의 인도네시아 티모르섬Pulau Timor이다.

화륵도火勒島: 지금의 인도네시아 플로레스섬Pulau Flores이다.

손파와도孫巴瓦島: 지금의 인도네시아 숨바와섬Pulau Sumbawa이다.

파리도巴里島: 지금의 인도네시아 발리섬Pulau Bali이다.

동남양오대리아주東南洋奧大利亞洲: 외신아란外新阿蘭이라고도 하며, 뉴홀랜드New Holland로, 지금의 오스트레일리아Australia이다.

북면중앙전미개간北面中央全未開墾: 북방과 중앙 전 지역은 아직 개간되지 않았다.

동서 9천여 리, 남북 7천여 리이다.

홍곡하鴻鵠河: 지금의 오스트레일리아 스완강Swan River이다.

홍곡읍鴻鵠邑: 지금의 오스트레일리아 퍼스Perth이다.

산하읍蒜河邑: 지도상에는 표시되어 있으나, 현재 어떤 지역을 가리키는지는 미상이다.

파합읍巴合邑: 지금의 오스트레일리아 배서스트Bathurst이다.

묵포니읍黙布尼邑: 지금의 오스트레일리아 멜버른Melbourne이다.

비립읍非立邑: 지금의 오스트레일리아 필립항Port Phillip이다.

파합사읍巴哈士邑: 지금의 오스트레일리아 포틀랜드Portland로 추정된다.

아득해읍亞得害邑: 지금의 오스트레일리아 애들레이드Adelaide이다.

영길리속지英吉利属地: 영국 속지이다.

남양南洋: 지금의 인도양Indian Ocean이다.

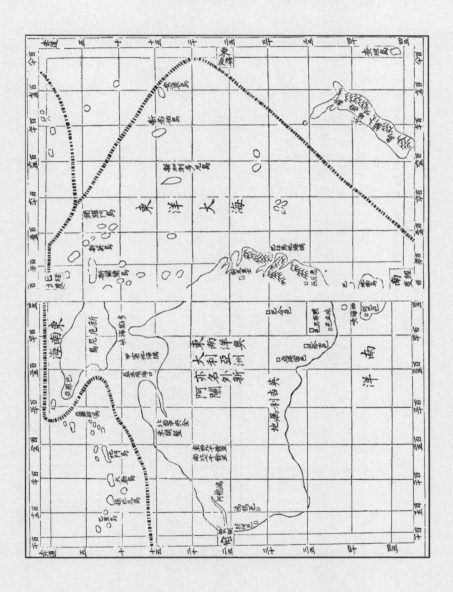

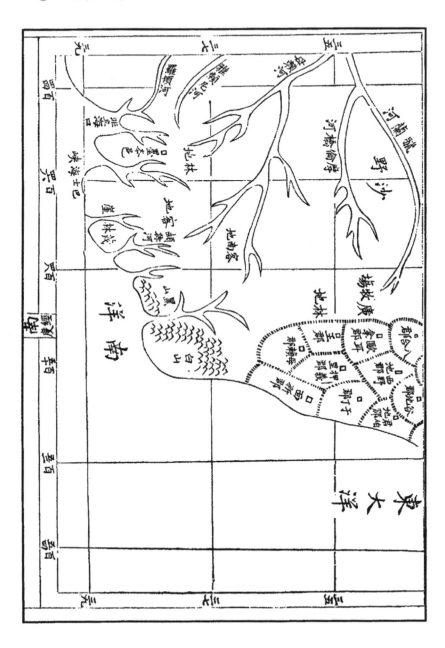

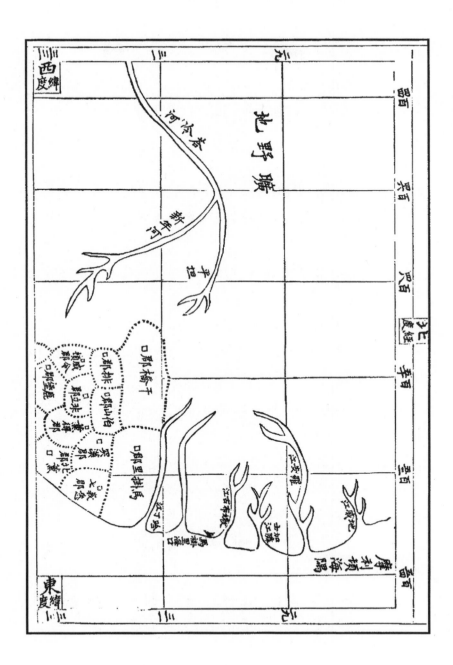

오스트레일리아 뉴사우스웨일스주 지도

광야지曠野地: 대평원 지역이다.

답랭하荅冷河: 지금의 달링강Darling River이다.

신년하新年河: 지도상에는 표시되어 있으나, 현재 어떤 지역을 가리키는
지는 미상이다.

평탄平坦: 평야 지대이다.

마리돈해우摩利頓海隅: 지금의 오스트레일리아 동쪽 모턴만Moreton Bay이다.

지위강地威江: 지도상에는 표시되어 있으나, 현재 어떤 지역을 가리키는
지는 미상이다.

나안강羅安江: 지도상에는 표시되어 있으나, 현재 어떤 지역을 가리키는
지는 미상이다.

가린사강加隣士江: 지금의 클래런스강Clarence River이다.

눈포고강嫩布古江: 지도상에는 표시되어 있으나, 현재 어떤 지역을 가리키
는지는 미상이다.

마패리해구馬褂里海口: 지금의 오스트레일리아 뉴사우스웨일스주의 포트
매쿼리Port Macquarie이다.

합정강哈丁江: 지금의 헤이스팅스강Hastings River이다.

마패리군馬掛里郡: 지금의 오스트레일리아 뉴사우스웨일스주 매쿼리Macquarie
이다.

간교군干橋郡: 지금의 오스트레일리아 뉴사우스웨일스주 케임브리지Cambridge
이다.

아실칠군戕悉七郡: 지금의 오스트레일리아 뉴사우스웨일스주 글로스터Gloucester
이다.

돌한군突漢郡: 지금의 오스트레일리아 뉴사우스웨일스주 더럼Durham이다.

백산군伯山郡: 지도상에는 표시되어 있으나, 현재 어떤 지역을 가리키는지는 미상이다.

배군排郡: 지금의 오스트레일리아 뉴사우스웨일스주 블라이Bligh이다.

북훈군北薰郡: 지금의 오스트레일리아 뉴사우스웨일스주 노섬벌랜드Northumberland이다.

훈득군薰得郡: 지금의 오스트레일리아 뉴사우스웨일스주 헌터Hunter이다.

비립군非立郡: 지금의 오스트레일리아 뉴사우스웨일스주 필립Phillip이다.

위령돈군威令頓郡: 지금의 오스트레일리아 뉴사우스웨일스주 웰링턴Wellington이다.

녹보군鹿堡郡: 지금의 오스트레일리아 뉴사우스웨일스주 록스버러Roxburgh이다.

랍란하臘蘭河: 지금의 라클런강Lachlan River이다.

사야沙野: 사막 지대이다.

마륜교하摩倫橋河: 지금의 머럼비지강Murrumbidgee River이다.

모뢰하母賴河: 지금의 머레이강Murray River이다.

객남지客南地: 지도상에는 표시되어 있으나, 현재 어떤 지역을 가리키는지는 미상이다.

아뢰니하雅賴尼河: 지도상에는 표시되어 있으나, 현재 어떤 지역을 가리키는지는 미상이다.

나돈하羅頓河: 지도상에는 표시되어 있으나, 현재 어떤 지역을 가리키는지는 미상이다.

임지林地: 수풀 지대이다.

묵본읍墨本邑: 지금의 오스트레일리아 멜버른Melbourne이다.

비립해구非立海口: 지금의 포트필립만Port Phillip Bay이다.

파사해협巴士海峽: 타이완과 필리핀의 바탄제도 사이에 있는 바시해협 Bashi Channel이다.

객지客地: 지도상에는 표시되어 있으나, 현재 어떤 지역을 가리키는지는 미상이다.

돈손하頓孫河: 지도상에는 표시되어 있으나, 현재 어떤 지역을 가리키는 지는 미상이다.

애崖: 절벽이다.

무림茂林: 밀림 지대이다.

곡지군谷地郡: 지금의 오스트레일리아 뉴사우스웨일스주 쿡Cook이다.

팔합군八合郡: 지금의 오스트레일리아 뉴사우스웨일스주 배서스트Bathurst 이다.

서야지군西野地郡: 지금의 오스트레일리아 뉴사우스웨일스주 웨스트모얼 랜드Westmoreland이다.

군백지군君伯地郡: 지금의 오스트레일리아 뉴사우스웨일스주 컴벌랜드 Cumberland이다.

구이나군歐耳拿郡: 지금의 오스트레일리아 뉴사우스웨일스주 조지아나Georgiana 이다.

광목장廣牧場: 목장 지대이다.

우정군于丁郡: 지금의 오스트레일리아 뉴사우스웨일스주 캠던Camden이다.

압의리군押義里郡: 지금의 오스트레일리아 뉴사우스웨일스주 아가일Argyle 이다.

왕군王郡: 지금의 오스트레일리아 뉴사우스웨일스주 킹King이다.

임지林地: 수풀 지대이다.

모뢰군母賴郡: 지금의 오스트레일리아 뉴사우스웨일스주 머레이Murray이다.

면신군面新郡: 지금의 오스트레일리아 뉴사우스웨일스주 세인트빈센트 Saint Vincent이다.

백산白山: 지도상에는 표시되어 있으나, 현재 어떤 지역을 가리키는지는 미상이다.

흑산黑山: 지도상에는 표시되어 있으나, 현재 어떤 지역을 가리키는지는 미상이다.

남양南洋: 지금의 인도양Indian Ocean이다.

동대양東大洋: 지금의 태평양Pacific Ocean이다.

地面島圖

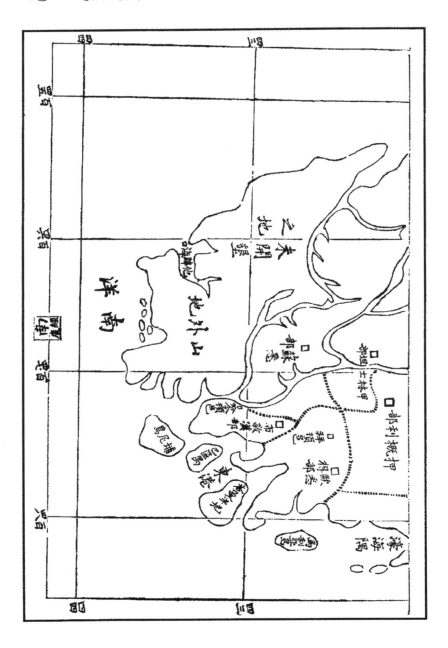

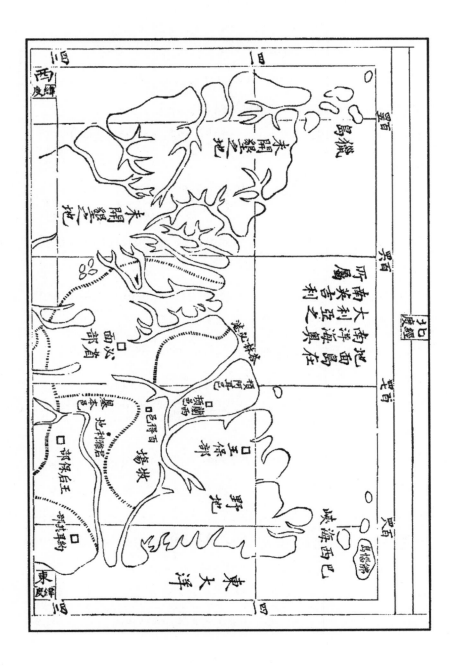

🐚 태즈메이니아 지도

태즈메이니아는 남태평양 오스트레일리아의 남쪽에 위치한 영국 속지이다.

엽도獵島: 지금의 오스트레일리아 헌터섬Hunter Island이다.

미개간지지未開墾之地: 아직 개간되지 않은 땅이다.

답림필항荅林必港: 지금의 오스트레일리아 태즈메이니아 포트달림플Port Dalrymple이다.

돈아이읍頓阿耳邑: 지금의 오스트레일리아 태즈메이니아 조지타운George Town이다.

란서돈읍蘭西頓邑: 지금의 오스트레일리아 태즈메이니아 론서스턴Launceston이다.

필성면부必省面部: 지도상에는 표시되어 있으나, 현재 어떤 지역을 가리키는지는 미상이다.

백득읍百得邑: 지금의 오스트레일리아 태즈메이니아 퍼스Perth이다.

목장牧場: 목장 지대이다.

오본읍墺本邑: 지도상에는 표시되어 있으나, 현재 어떤 지역을 가리키는지는 미상이다.

군아리지君雅利地: 지금의 오스트레일리아 태즈메이니아 캠벨타운Campbel Town이다.

왕후보부王后保部: 지금의 오스트레일리아 태즈메이니아 퀸버러Queenborough이다.

약이기부約耳其部: 지금의 오스트레일리아 태즈메이니아 요크타운York Town이다.

불뇌도佛惱島: 지금의 오스트레일리아 퍼노제도Furneaux Group이다.

파서해협巴西海峽: 지금의 오스트레일리아 배스해협Bass Strait이다.

왕보부王保部: 지금의 오스트레일리아 태즈메이니아 킹버러Kingborough이다.

야지野地: 평야 지대이다.

동대양東大洋: 지금의 태평양Pacific Ocean이다.

미개간지지未開墾之地: 아직 개간되지 않은 땅이다.

타벽해구他辟海口: 지금의 오스트레일리아 포트데이비Port Davey이다.

갑림사탄부甲林士坦部: 지금의 오스트레일리아 태즈메이니아 클라렌스평원Clarence Plain이다.

소실부蘇悉部: 지금의 오스트레일리아 태즈메이니아 서식스Sussex이다.

산외지山外地: 산맥 밖 지역이다.

남양南洋: 지금의 남태평양South Pacific이다.

압개리부押槪利部: 지금의 오스트레일리아 태즈메이니아 아가일Argyle이다.

호해우濠海隅: 지금의 오이스터만Oyster Bay이다.

마리아도馬利亞島: 지금의 오스트레일리아 마리아섬Maria Island이다.

구실득부歐悉得部: 지금의 오스트레일리아 태즈메이니아 카레스터Caledster이다.

배돈읍拜頓邑: 지금의 오스트레일리아 태즈메이니아 브라이턴Brighton이다.

포경한부布敬漢部: 지금의 오스트레일리아 태즈메이니아 호바트Hobart로 추정된다.

합령돈읍哈令頓邑: 지금의 오스트레일리아 태즈메이니아 해링턴Harrington이다.

답만반지荅曼半地: 지금의 오스트레일리아 태즈먼반도Tasman Peninsula이다.

동항東港: 지도상에는 표시되어 있으나, 현재 어떤 지역을 가리키는지는 미상이다.

파닉도巴匿島: 지도상에는 표시되어 있으나, 현재 어떤 지역을 가리키는지는 미상이다.

포니도埔尼島: 지금의 오스트레일리아 브루니섬Bruny Island이다.

찾아보기

해국도지(二) 서적 색인

해국도지(二) 개념 색인

저자 소개

위 원 魏 源(1794~1857)

청대 정치가, 계몽사상가이다. 호남성湖南省 소양邵陽 사람으로 도광 2년(1822) 향시鄕試에 합격했다. 1830년 임칙서 등과 함께 선남시사宣南詩社를 결성해서 황작자黃爵滋, 공자진龔自珍 등 개혁적 성향을 지닌 인사들과 교류했다. 1840년 임칙서의 추천으로 양절총독 유겸裕謙의 막료로 들어가면서 서양에 관심을 갖게 되었다. 같은 해 임칙서에게서 『사주지』를 비롯해 서양 관련 자료를 전해 받고 『해국도지』를 편찬했다. 주요 저작으로는 『공양고미公羊古微』, 『춘추번로주春秋繁露注』, 『성무기聖武記』 등이 있다.

역주자 소개

정 지 호 鄭址鎬

도쿄대학 대학원 인문사회계 연구과에서 박사학위를 취득하고 현재 경희대학교 사학과 교수로 재직 중이다. 주요 연구로 중국의 전통적 상업 관행인 합과合夥 경영 및 량치차오梁啓超의 국민국가론에 대해 다수의 논문을 발표했으며 현재는 귀주貴州 소수민족 사회에 대한 연구를 진행하고 있다. 저서로는 『키워드로 읽는 중국의 역사』, 『진수의 《삼국지》 나관중의 《삼국연의》 읽기』, 『한중 역사인식의 공유』(공저)가 있으며, 역서로는 『애국주의의 형성』, 『중국근현대사 1: 청조와 근대 세계』, 『동북사강』 등이 있다.

이 민 숙 李玟淑

한국외국어대학교에서 중국고전소설로 박사학위를 받았으며, 현재 한국외국어대학교에서 강의하고 있다. 고서적 읽는 것을 좋아해서 틈틈이 중국 전통 시대의 글을 번역해 출간하고 있다. 특히 필기문헌에 실려 있는 중국 전통문화를 이해하고 재구성하는 것에 관심이 많다. 저서로는 『한자 콘서트』(공저), 『중화미각』(공저), 『중화명승』(공저), 역서로는 『태평광기』(공역), 『우초신지』(공역), 『풍속통의』(공역), 『강남은 어디인가: 청나라 황제의 강남 지식인 길들이기』(공역), 『임진기록』(공역), 『녹색모자 좀 벗겨줘』(공역), 『열미초당필기』 등이 있다.

고 숙 희 高淑姬

성균관대학교 대학원에서 중문학 박사학위를 받았으며, 현재 중앙
승가대학교에서 강의하고 있다. 동서양 고전을 즐겨 읽으면서 동서
양 소통을 주제로 한 대중적 글쓰기를 시도하고 있다. 특히 18세기
한중 사회의 다양한 문화에 대해 큰 관심을 가지고 소소한 글쓰기를
하고 있다. 최근에는 법의학과 전통 시대 동아시아 재판 서사에 대
해 깊은 관심을 가지고 연구를 진행 중이다. 저서로는『고대 중국의
문명과 역사』와『중국 고전 산문 읽기』가 있고, 역서로는『송원화
본』(공역),『중국문화 17: 문학』,『백가공안』,『용도공안』,『열두 누
각 이야기十二樓』,『新 36계』등이 있다.

정 민 경 鄭暋暻

중국사회과학원에서 중국문학 전공으로 박사학위를 받았다. 현재
제주대학교 중문과 조교수로 재직 중이다. 중국소설과 필기를 틈틈
이 읽고 있으며 중국 지리와 외국과의 문화 교류에도 관심이 많다.
저서로는『옛이야기와 에듀테인먼트 콘텐츠』(공저),『중화미각』(공
저),『중화명승』(공저)이 있고, 역서로는『태평광기』(공역),『우초신지』
(공역),『풍속통의』(공역),『명대여성작가총서』(공역),『강남은 어디인
가: 청나라 황제의 강남 지식인 길들이기』(공역),『사치의 제국』(공역),
『(청 모종강본) 삼국지』(공역) 등이 있다.